公共管理系列教材

公共部门人力资源管理

主　编　李　志

副主编　　潘丽霞

重庆大学出版社

Public

Administration

内容提要

本书按照公共部门人力资源管理的理论与实践、管理职能模块体系进行编写，系统地阐述了公共部门人力资源管理活动的基本原理、普遍规律、一般方法和最新的管理实践、管理案例。全书共10章，主要包括导论、公共部门人力资源管理的主体、公共部门职位分析、公共部门人力资源规划、公共部门人员的招募甄选、公共部门人才测评、公共部门绩效管理、公共部门薪酬管理、公共部门人力资源培训以及我国公共部门人力资源管理的法治化。每章正文前按照知识和能力素质列举了学习目标，书中穿插了大量的扩展阅读材料，每章末附有本章小结、案例分析、思考与练习。

本书适合高校人力资源管理、公共管理专业学生学习参考。

图书在版编目(CIP)数据

公共部门人力资源管理 / 李志主编. -- 重庆 : 重庆大学出版社,2019.2

公共管理系列教材

ISBN 978-7-5689-1261-7

Ⅰ. ①公… Ⅱ. ①李… Ⅲ. ①公共部门—人力资源管理—高等学校—教材 Ⅳ. ①D035.2

中国版本图书馆 CIP 数据核字(2018)第163874号

公共部门人力资源管理

主　编　李　志

副主编　潘丽霞

策划编辑：尚东亮

责任编辑：李桂英　方　正　　版式设计：尚东亮

责任校对：邬小梅　　　　　　责任印制：张　策

*

重庆大学出版社出版发行

出版人：易树平

社址：重庆市沙坪坝区大学城西路21号

邮编：401331

电话：(023) 88617190　88617185(中小学)

传真：(023) 88617186　88617166

网址：http://www.cqup.com.cn

邮箱：fxk@cqup.com.cn (营销中心)

全国新华书店经销

重庆升光电力印务有限公司印刷

*

开本：787mm×1092mm　1/16　印张：16.75　字数：378千

2019年3月第1版　2019年3月第1次印刷

ISBN 978-7-5689-1261-7　定价：39.50元

前言

公共部门人力资源在国家经济和社会发展中扮演着非常重要的角色,发挥着重要的作用。如何有效构建科学的人力资源管理体制机制,全面激发公共部门人力资源的活力,充分发挥公共部门人力资源管理效益,成为当前公共部门人力资源管理研究的重要课题。

近 10 年来,本书的作者大都在从事公共部门人力资源管理、绩效薪酬管理、职位分析、公共部门与私营部门人力资源管理的比较研究等课程的教学与科研工作,并主持参与了政府机关、事业单位、国有企业、民营企业人力资源管理诊断、职位分析、绩效管理、薪酬制度设计等方面的工作,对公共部门人力资源管理进行了大量的理论探索和实践总结。在习近平新时代中国特色社会主义思想指导下,我们一方面希望反映学术界对公共部门人力资源管理研究取得的进步,以使本书的出版有一定的学术价值;另一方面也希望适度反映我们的研究成果,如在若干章节我们都试图通过公共部门与私营部门的比较来凸显公共部门人力资源管理的特征。此外,作为教材,应该能够清晰地表达出学习的要求,因而在各章节有明确的学习目标、案例分析、思考与练习等内容,以便更好地利于学生学习或者教师教学。同时,本书中穿插了大量的扩展阅读材料,便于读者深入理解和领悟章节内容。最后,本书对每章的核心知识点进行了归纳整理,利于读者掌握本章的重点和难点内容。本书对于爱好、钻研公共人力资源管理的读者具有普遍的适用性。

本书由重庆大学李志博士、教授、博士研究生导师担任主编,重庆大学潘丽霞博士、副教授担任副主编,由李志统稿、定稿。全书共 10 章,各章节作者分别是:第 1 章李志,第 2 章贺芒博士、教授,第 3 章陈培峰博士、副教授,第 4 章蒋瑜洁博士、讲师,第 5 章蒋瑜洁和张金凤博士、讲师,第 6 章张金凤,第 7 章李志和潘丽霞,第 8 章陈培峰,第 9 章刘敏博士、讲师,第 10 章潘丽霞。

本书在编写过程中,查阅了大量的国内外文献资料,引用了大量的相关研究成果。谨向文献资料的著作权人和作者表示衷心的感谢!

本书的编写和出版得到了重庆市高等学校“三特行动计划”特色专业建设项目(行政管理)的资助,以及重庆市人文社会科学重点研究基地——重庆市公共经济与公共政策研究中心的大力支持！也得到了重庆大学出版社的大力支持！特此致谢!

当前国内已经出版了不少公共部门人力资源管理教材,其中不乏优秀作品,尽管我们希望有所创新、在前人基础上有所突破,但是我们深知自身水平有限,本书仍存在疏漏和不足之处,恳请各位同行和广大师生批评指正。

编　者

2019 年 1 月

目录

第1章　导　论

【知识目标】

1.掌握人力资源、人力资源管理的定义。

2.了解公共部门的分类。

3.理解人力资源管理的理论基础。

4.描述公共部门人力资源管理的职能。

【能力素质目标】

1.描述公共部门的特征。

2.掌握公共部门人力资源管理的特点。

3.熟练掌握公共部门人力资源管理的原则。

4.阐述公共部门人力资源管理现状、问题以及发展趋势。

公共部门人力资源管理作为现代管理学理论和管理工作实践的一个新概念,已经被学术界和实践部门普遍接受。但是,这个概念是公共部门、人力资源、管理的复合概念。因此,要准确理解和把握公共部门人力资源管理的内涵,必须先弄清"人力资源""人力资源管理""公共部门"等概念的含义,方能准确地界定公共部门人力资源管理的概念。

1.1　人力资源与人力资源管理

1.1.1　人力资源的内涵

经济学家把为了创造物质财富而投入生产活动中的一切要素统称为资源,外延上包括人力资源、物力资源、财力资源、信息资源、时间资源等内容。对于什么是人力资源,国内学者从不同角度进行了界定。一些学者认为,人力资源是能够推动整个经济和社会发展的劳动者的能力,即处在劳动年龄的已直接投入建设和尚未投入建设的人口的能力;有学者认为人力资源是包含在人体内的一种生产能力,它是表现在劳动者身上的以劳动者的数量和质量表示的资源,它对经济起着生产性的作用,使国民收入持续增长。也有学者认为人力资源管理是企业组织内外具有劳动能力的人的总和。这些概念,尽管存在人力资源究竟是能力还是人口的分歧,但一致的是都认为人力资源一定是以人为载体的资源。同时,必须清楚的是人力资源离不开劳动,以及拥有人力资源的部门或者单位。因此,我们认为人力资源(Human Resource)是指一个国家、地区或者组织中具有劳动能力及相应素质,能从事体力劳动或脑力劳动的人口总和。对于人力资源概念的理解需要注意:人力资源是人和能力素质的结合,人是能力素质的载体;人力资源包括宏观和微观层面的含义;人力资源包括当前和未来的人力资源;人力资源是数量与质量的结合,但质量更为重要。

人力资源具有的特点:

1)生物性和社会性

与物质资源相比,人力资源因为载体是人,是一种“活”的资源,具有自身的衣食住行、繁衍生育等生物性需要。同时,“由于人的本质在其现实性上是一切社会关系的总和”,人的生存和发展离不开群体和社会组织,因此,使得人力资源很自然地表现出社会属性,喜欢与人交往,具有受尊重和自我发展的需要。

2)主观能动性

主观能动性是指人具有自发性、自觉性,能够根据自身的需要对外部世界主动做出反应。以人作为载体的人力资源不像其他物质资源、财务资源、信息资源那样完全被动地接受人类的安排,人力资源会对管理主体的观念、行为产生自己的主观反应,或支持,或反对,或理解……因此要求人力资源管理必须对人力资源有着充分的了解和把握,方能更好调动人力资源的积极性和主动性。

3)时效性

人从出生到死亡具有生命周期性,人力资源的形成、开发、配置、使用和培训均与人的生命周期有关。人从出生到能够进入社会从事生产劳动,需要经历很长时间的学习培养,而后才具有作为人力资源的劳动能力素质,但是年龄的增长会不可避免地带来素质特征的变化,从而使不同年龄的人呈现出不同的人力资源素质特征。

4)自我管理性

人力资源既是管理的对象,又是管理的主体,因而在被管理、被开发的同时,其本身是可以进行自我开发和自我管理的。通常情况下,他们会根据自己的职业发展规划和自己的人生价值取向,设置自己的职业定位,管理自己的职业路径,定位自己的成长目标和道路。

5)连续性

就物质资源而言,人们对其进行一次二次开发后形成相对固定的产品,就此资源和产品而言开发到此结束。但人力资源则不同,除了前述生物学意义上的生产、再生产含义外,人力资源还是可连续开发的资源,尤其是智力型人力资源,其使用过程本身就是开发过程。在知识更新周期缩短,社会经济日趋国际化的时代,人力资源管理者应把自己管理的对象视作需要不断开发的资源,不断地加以有效开发利用,才能使人的资源价值不断增值。

1.1.2　人力资源管理的内涵

人力资源管理顾名思义就是对人力资源的管理，是组织为了更好地实现组织目标，所进行的以人为核心的选拔、使用、培养、激励等活动，通常分为人力资源开发和人力资源管理两个方面，在具体工作内容上主要包括：人力资源规划、职位分析、绩效管理、薪酬管理、员工招聘、员工培训、劳动关系、员工心理援助等内容。

与物质性资源管理不同，人力资源管理具有以下特征：

1）人力资源管理从学科的角度讲，具有明显的综合性

信息管理、财务管理往往涉及的是本学科体系的知识，而人力资源管理则涉及经济学、社会学、心理学、人才学、管理学等多学科，需要借助这些学科的基本理论和相关成果来发展自身的学科理论。

2）人力资源管理活动具有复杂性

人力资源管理活动是人与人之间的交互活动。管理对象的主观能动性，以及人与人之间情感、利益关系的复杂性，使得人力资源管理活动呈现出复杂性。在人力资源管理活动中往往要求管理者不能简单地站在组织一方的角度思考问题，而需要站在管理对象的角度思考问题，注意听取管理对象的意见，强化与管理对象的互动，不能用简单的方法处理人力资源管理问题。

3）人力资源管理具有文化性

不同的文化追求会导致组织人力资源管理方式方法的差异性。无论是宏观角度，还是微观角度的人力资源管理，都具有特定的文化取向和人才观念。比如，一些单位特别强调组织的和谐氛围，一些单位特别强调人的能力素质作用，一些单位特别注重分配的公平性，一些单位则特别注重分配的激励性，这些不同的价值观的背后则是这个组织文化特征的差异。因而，不同文化特征的组织，在人力资源管理理念、制度构建和操作上也会表现出一定的差异性。

4）人力资源管理具有发展性

从传统的人事管理发展到以战略为核心的现代人力资源管理，管人的理念和方法不断在变革之中，人在劳动中的地位越来越得到肯定，有效管理人、充分发挥人的积极性的方式方法也在不断变化发展。如就如何评价人而言，传统的“目测”“口试”，随着人才测评技术的不断发展，逐步发展出人才测评的新方法、新技术。因而，需要人力资源管理从业人员不断学习，提升自己的专业技能水平。

1.1.3　人力资源管理的理论基础

人力资源管理的理论基础是人力资源管理的科学依据，它为人力资源管理的理论研究和实践活动提供相应的科学理论指导。现代人力资源管理主要受到以下理论的明显影响：

1)人力资本理论

人力资本是人们以某种代价获得并能在劳动力市场上具有一种价格的能力或技能，是凝聚在劳动者身上的知识、技术、能力和健康，是对人力资源进行开发性投资所形成的可以带来财富增值的资本形式。

人力资本理论随着市场经济的不断发展，伴随知识经济和世界经济全球化的到来深化了人们对人力资源的认识。

(1)人力资本理论的发展

18 世纪中叶欧洲工业革命后，人类进入工业时代，人的知识和技术因素在生产中的作用日益凸显，人力资本理论由此孕育而生。

亚当·斯密、约翰·穆勒和阿尔弗雷德·马歇尔是早期论述人力资本问题的代表。他们一致认为，劳动者通过教育投资获得的能力，不仅是劳动者的个人财产，于他所在的社会也是财产的一部分；应当将人后天获得的有用能力同工具、机器一样视为资本的一部分，并主张把教育作为国家投资。

美国经济学家西奥多·W.舒尔茨是现代人力资本理论的奠基人，他在 1960 年美国经济学年会上的演说中系统阐述了人力资本理论，并因其对人力资本理论的特殊贡献于 1979 年荣获诺贝尔经济学奖。舒尔茨认为人力资本是现代经济增长的主要因素，并提出了人力资本投资理论，即人力资本的形成是投资的结果，人力资本投资范围和内容包括卫生保健设施和服务，在职培训，正规的初等、中等和高等教育，不是由商社组织的成人教育计划，个人和家庭进行迁移以适应不断变化的就业机会 5 个方面。与舒尔茨同时代对人力资本理论做出突出贡献的还有明赛尔、贝克尔、丹尼森等，他们从不同的角度论证了人力资本投资与个人收入分配、国民经济增长的关系。

继舒尔茨等人之后，卢卡斯、罗默、斯科特等人在不同程度上进一步发展了人力资本理论。与舒尔茨等人不同的是，当代人力资本理论将人力资本作为内生变量纳入了经济增长模型中，建立起了定量模型；并将对一般技术进步和人力资源的强调变成了对特殊知识，即生产所需的“专业化的人力资本”的强调，使人力资本的研究更具体化和数量化。

(2)人力资本理论的主要观点

①人力资本是与物质资本相对应的概念。物质资本指在一定时期内积累起来，用于生产其他消费资料或生产资料的耐用品，体现为产品的物质形态，如厂房、机器设备、各种基础设施、原材料、燃料、半成品等；而人力资本则是体现在劳动者身上的、以劳动者数量和质量表示的非物质资本，表现为蕴含于人身上的各种生产知识、劳动与管理技能和健康素质的存量总和。

②人力资本的特征：第一，人力资本必然附着于人类自身，人力资本与其生物载体——人身不可分离。第二，人力资本具有时效性。人力资本形成与使用具有时间上的限制，这是由其生物基础决定的。第三，人力资本具有可再生性。个体的人力资本的存量可以再生来补偿其折旧，从而保持或提高它的资本功能。第四，人力资本具有能动性，人的主观意志对人力资本的形成和使用具有能动作用。第五，人力资本是一种无形的资本，以潜在的形式存在于人体之中，必须通过生产劳动才能体现出来，因此人力资本难以

直接测度和比较。第六,人力资本具有社会性。人力资本的变化除受各种经济条件和人生理条件的明显约束外,还受到生产关系和社会制度、文化习俗、宗教信仰等因素的制约。第七,人力资本具有收益递增性。在现代经济的发展中,由于知识的外溢性,人力资本投资的收益率会越来越高。第八,人力资本具有个体差异性。人的质量不同,对生产所做的贡献也不同,高质量的劳动力可以获得较高的劳动生产率,对生产的贡献就较大。

③人力资本是促进现代经济增长的首要因素。在经济增长中,人力资本的生产率显著高于物质资本。知识包括一般知识和专业知识,一般知识对于现代增长的作用是产生规模效应,专业知识的作用在于产生要素递增收益。两种效益的结合,不仅使人力资本的收益增加,而且使其他生产要素的收益递增。

④人力资本管理是现代企业经营管理的核心,包括两个层面的内容:一是企业把人力资本作为一种生产要素(即人力资源)进行的经营管理活动,即人力资本管理;二是把人力资本作为主要交易对象进行的买卖活动,即人力资本的运作或运营。人力资本的核心是提高人口质量,教育投资是形成人力资本最重要的途径。

⑤人力资本要素包括:教育投资、科学研究费用、卫生保健投资、劳动力国内流动支出和国际移民费用。

(3)人力资本理论对人力资源管理的影响

人力资本理论凸显了人在物质生产中的决定性作用,发现了投资人力资本的价值,对人力资源管理发展为战略性人力资源管理和人力资本管理起到了重要的推动作用。

①人工成本观念向人力投资观念的转变。随着经济增长方式的转变,对人力投资带来的收益率超过了对一切其他形态资本的投资收益率。由此可见,企业用于员工发展的费用不是简单的成本性支出,而是实现增值的投资性支出。因此,花在员工身上的钱并不是越少越好,科学合理的人力投资不仅回报率高,而且是实现企业价值扩张的最终源泉。

②企业和员工之间新型关系的建立。人力资本是资本化了的劳动力,具有资本增值性,而且它天然地依附于"人",属于个人产权范畴。随着人力资本重要性的凸显,员工以人力资本为生产要素更加平等地参与到企业生产活动之中,企业与其员工的关系也不再局限于雇佣关系,更是投资合作的伙伴关系。

③人力资源战略性开发的重要性愈加凸显。一方面,由于凝聚在劳动者身上的知识、技术、能力和健康作为一种资本形式,能为企业带来巨大的收益,因此,企业必须通过开发性投资不断提升员工个人价值以实现企业效益的最大化;另一方面,由于人力资本的所有权和使用权具有高分离性,以及人力资本的生物性和能动性特征,企业效益实现与员工价值提升之间构成相辅相成的辩证关系。企业在对人力资源进行开发的过程中必须考虑员工个人价值和主观意愿,通过关注员工职业素质的可持续发展达到员工和企业两方面价值共同最大化的目标。

④股票期权和员工持股等多种激励方式的出现。人力资本的生物性特征及其在社会财富创造中的决定性作用使得人力资本持有者在利润分配中的权利得到认可,加之企业和员工之间的关系由雇佣关系向投资伙伴关系的转变,股票期权和员工持股等更为接近利益分配核心的激励方式成为可能。

2)人性假设理论

人性假设理论的核心是从管理者的角度看待被管理者在工作中的特点,或者说员工在管理活动中表现的人性特征问题。

对人性的理解是管理理论和管理方法的基础,管理理论的构建和方法的设计都是以对人性的看法为基础的。麦格雷戈(McGregor)认为,每项管理决策与措施,都是依据有关人性与其行为的假设。在现代以人为中心的管理中,怎样看待人的本性直接关系到对管理活动中人的看法,关系到对管理对象工作动机、态度、工作积极性、才能发挥、群体作用、人际关系以及领导行为、组织结构设计等系列心理现象的理解和解释,进而影响管理者管理决策的进行和管理制度措施的制订与实施。同时,在很大程度上,管理者对管理对象的人性假设也制约着管理者对管理方法与措施的选择。从管理学的研究中可以发现,领导者实施的管理方式、管理措施以及形成的领导风格,都与领导者对人性问题的认识有关。对管理对象人性问题的认识不同,指导思想、手段措施、方法也不同,结果就会有很大的差别。因而在人力资源管理中人性假设理论有着十分重要的影响。

(1)西方人性假设理论

西方学者在长期的管理理论和实践研究中先后提出了不同的人性假设理论,文献分析发现,这些研究都在继承前人研究成果的基础上有所发展。

西方学者先后提出了X理论、Y理论、超Y理论、Z理论4种人性假设理论。1960年,美国工业心理学家麦格雷戈提出了"X"和"Y"两种对立的管理理论。X理论主要认为,多数人天生懒惰,逃避责任,因而必须用强制、惩罚的管理方式,才能使他们积极工作;相反地,Y理论则主要认为多数人是勤奋的,适当的激励可以使他们主动承担责任,适当的管理能够使他们将自我控制、自我指导相结合,能够使其愿意为组织目标的实现努力工作,并将其潜力充分发挥。随后,摩尔斯和洛斯奇(Morse & Lorsch,1970)在批判上述两种理论的基础上提出了超Y理论,认为人的社会性是复杂的,人的需要是多种多样的,不仅是追求高工资的经济人,而且是有情感、社会需求的社会人。威廉·大内(W.G.Ouchi,1981)提出"文化人"的理论——Z理论,认为人的心理与行为归根结底由人的价值观等决定,企业的发展离不开企业员工的价值观,企业精神、企业形象的培育和塑造是企业的最根本任务。

美国心理学家沙因(Schein,1971)在前人研究的基础上提出,从传统管理到管理心理学,实际上存在着4种对人性的假设,他将其概括为经济人、社会人、自我实现人和复杂人。经济人假设的理论基础是X理论,认为人是懒惰的、自私的,经济因素是其主要的驱动因素,管理应体现控制、惩罚的职能;社会人假设认为人的需要是复杂的,人不仅有追逐物质利益的需要,而且有安全、归属、被尊重等高级需要,因此管理需要尊重人多层次的需要;自我实现人假设的理论基础是Y理论,认为人有自我实现的需要,管理重在创造个体充分发挥潜能的客观环境;复杂人假设认为,人是复杂的,不能用单一的人性假设解释某一方面的行为,管理应该因人而异、因环境而异。

西方发达国家的经济和社会发展推动了管理人性观的快速演进,并形成了相应的管理模式。在"经济人"假设下,泰勒、法约尔、韦伯等人提出并发展了古典管理理论,对组织协调企业的劳资关系、提高生产效率等提供了科学的管理思想与理论指导;基于“社会人”假设的人际关系理论对提高劳工生产率及员工满意度有着至关重要的指导意义;在“复杂人”假设前提下,专家学者们提出了管理方式的权变观点和方法,这无疑提高了管理理论的实用性和管理实践的全面性。可见,西方管理人性观的确为人力资源管理工作及发展做出了重大贡献,才得以形成西方居于世界前列的先进管理理念。

(2)中国人性假设相关研究

早在春秋战国时期,“人性”就成为中国古代诸子百家的论题,其中以儒家和法家为典型代表。儒家思想家孟子主张“性善论”,认为“人之初,性本善”,人和禽兽之所以不同,就在于人有仁义,有同情心,有生活秩序,这种看法类似于西方的Y理论。法家早期思想家荀子提出了“性恶论”的看法,认为人与人之间就会相互争夺,破坏秩序,因此主张实行知恶防恶的管理机制,这种看法与西方的X理论有些相近。春秋战国时期的另一位思想家告子则主张“性无善恶论”,提出善和恶都不是天生的,而是后天教育培养的结果,人性如同白纸,是随着外界环境的变化而变化的,这个观点一定程度上与西方的复杂人假设相似。可见,西方20世纪60年代出现的人性假设理论一定程度上受到中国古代思想家的影响。然而,从时间历程来看,中国古代思想家的人性观虽然反映了中国传统文化特色,但对今天的管理来说却失去了其时效性及适用性,毕竟中国政治经济及文化已经发生了翻天覆地的变化。

(3)人性假设理论对人力资源管理的影响

尽管中国古代和西方的人性假设理论在今天未必完全正确,但不可否认的是,任何管理者的管理决策与行为都必然受到管理者关于人性本质及人性行为的假定影响。管理者以他们对人性的假设为依据,然后用不同的方式来组织、领导、控制、激励人们。接受一种人性假设的管理人员会用一种方式来管理,而接受另一种人性假设的管理人员会趋向于用另一种方式来管理。例如,一位管理人员如果深信人不会自觉地去努力干活,那么,有这种想法的管理者必然会在组织内建立严密的控制手段,以保证职工按时来上班,并受到密切的监控。另一位管理人员却深信,人会自觉地去努力干活,因为他们对工作本身和工作的结果有极大的兴趣与责任感,那么,带着这种想法的管理者必然十分重视在组织内贯彻民主与参与管理制度,鼓励职工自我约束,自我管理,而不是对他们实行严密的监控。

麦格雷戈认为,“真正的问题在于管理者的宇宙观和价值观的改变,这个问题解决了,其他如何推行的问题便成为细枝末节了”。管理人员对人性所持的假定,实际上就是管理人员世界观的一部分,即他们要对人为什么要工作,以及应该如何去激励他们和管理他们的看法等,有一个明确的观念。

随着社会的发展,不同的组织和管理者的人性观价值观念的差异,所持的人性假设也会表现出一定的差异,但不可否认的是,每个管理者都会有自己的人性假设基础,并影响着单位的人力资源管理制度和实施效果。

3)激励理论

激励是通过一定的刺激以满足被激励者的需要,从而达到增强其内在行为动力的过程。简言之，就是通过一定的刺激使管理对象产生行为积极性的过程。

(1)激励理论的主要内容

西方的激励理论主要包括内容型激励理论和过程型激励理论。

内容型激励理论集中研究什么样的因素能够引起人们的动机和行为，也就是研究管理者应该使用什么因素来激励被管理者，以促使其产生积极的行为动机。内容型激励理论的典型代表有马斯洛的需要层次理论、阿德佛的生存—关系—成长理论、麦克利兰的成就需要理论、赫茨伯格(F.Herzberg)的双因素理论。

过程型激励理论试图解释和描述动机和行为的产生、发展、持续及终止的全过程，它可以清楚地告诉人们为什么员工在完成工作目标时选择某种行为方式，而不是其他行为方式。典型的过程型激励理论包括亚当斯(J.S.Adams)的公平理论，布鲁姆(Vroom)提出、后经波特尔(Porter)和劳勒(Lawer)发展的期望理论。

实际上，这两种激励的区分也反映了两种截然不同的人力资源管理观点方法。两类激励理论的核心观点和管理要点见表1.1。

表1.1　两类激励理论的核心观点和管理要点

理论类型	代表性理论	核心观点	管理要点
内容型激励理论：涉及引发行为的因素	1.马斯洛的需要层次理论	①人的需要是有层次的，按照强弱和先后出现的顺序排列成等级 ②低层次需要相对满足后才能出现高层次需要 ③人在某一时期优势需要起支配作用 ④激励是动态的，当低一级的需要满足后，就不再是一种激励力量	①人的需要是激励人的重要前提 ②要满足员工不同层次的需要 ③根据不同的需要采取不同的激励措施
	2.麦克利兰的成就需要理论	①人的高层次需要分为权力需要、友谊需要和成就需要 ②高成就需要的人有3个主要特点：高成就者喜欢自己设置目标，高成就者在选择目标时会回避过分困难的任务，高成就者喜欢能够及时给予反馈的任务 ③激励高成就需要的方法：对被激励者进行及时反馈；提供获得成就的楷模；肯定员工们的成就，鼓励多出成果；不要限制创新，以成就激励他们脚踏实地	①高成就需要者是重要的人力资源 ②要制造培养高成就需要者的良好环境 ③把高成就需要者安排到合适的岗位
	3.赫茨伯格的双因素理论	①激发动机的因素有保健因素与激励因素两类 ②不是所有的需要得到满足都能调动员工的积极性，只有被称为激励因素的需要得到满足时才能充分调动员工的积极性 ③对激励也作了内在激励与外在激励的划分	①在管理中要注意保健因素 ②在有效的管理当中，在保健因素的基础上，要关注激励因素 ③要尽可能使对员工的物质激励变为激励因素

续表

理论类型	代表性理论	核心观点	管理要点
过程型激励理论：不仅涉及引发行为的事物，而且涉及行为的选择以及增加所希望的行为反复进行的可能性的因素	1. 布鲁姆等的期望理论	是一种通过考察人们的努力行为与其所获得的最终奖酬之间的因果关系，来说明激励过程并选择合适的行为目标以实现激励的理论 激励力量是由3个因素决定的：一是所获报酬重要性的估价；二是努力工作到绩效提高的期望值（可能性）；三是取得工作绩效到获得报酬的期望值	①确定目标要适宜，既要有挑战性又要有实现的可能性 ②要让激励对象看到努力与取得绩效的关系 ③要处理好成绩与奖励之间的关系 ④要处理好奖励与满足个人需要之间的关系
	2. 亚当斯的公平理论	①一个人做出了成绩并取得了报酬以后，他不仅关心自己所得报酬的绝对量，而且关心自己所得报酬的相对量 ②将自己获得的“报偿”（包括金钱、工作安排以及获得的赏识等）与自己的“投入”（包括教育程度，所作努力，用于工作的时间、精力和其他无形损耗等）的比值与组织内其他人作社会比较，只有相等时他才认为公平 ③当一个人觉得自己的报酬与投入比值比作为比较对象的他人的报酬与投入的比值低时，通常会采取一些措施，以获得自己的公平感	①要关注组织中的社会比较，要为员工提供比较的条件 ②管理人员要多从员工角度去思考公平问题 ③面对员工的不公平感，管理人员要注意改进工作作风，做细致的思想工作

(2)激励理论对人力资源管理的影响

人力资源管理十分重要的任务是充分调动管理对象的工作积极性，提高能力素质，以便更好地完成工作任务要求。而用什么东西来调动工作积极性？如何来调动管理对象的工作积极性？激励理论提供了非常丰富的内容。

激励理论可以很好地指导对管理对象的绩效管理，促进管理对象更好地提高工作绩效；在薪酬管理中，更好地发挥薪酬的激励功能；在培训中，更好地激发培训对象学习动机，增进培训效果。可以说，激励理论为有效解决人力资源的行为动力问题提供了坚实的理论支撑。

1.2　公共部门人力资源管理的一般概述

公共部门是相对于由所有者、合伙人和公司组成的私人部门而言的。私人部门是指提供私人产品，谋求实现自身利益最大化的个人或组织。而公共部门则是以公共权力为基础，依法管理社会事务并提供公共产品，致力于增加公共利益的各种组织或机构。主要包括行政管理部门、公共事业组织、由政府投资的国有企业和社会中介机构。

1.2.1 公共部门的分类比较

依据资金来源、官方控制度、用人自主权、民营化的可能性、服务对象以及组织目标等标准，可将公共部门分为国家政权组织、事业单位、公共企业和民间组织(见表1.2)。

国家政权组织主要是指人民代表大会、政府机关、法院、检察院等，政府机关是最为典型的公共部门。政府机关以公共权力为基础，具有明显的强制性，依法管理社会公共事务，其目标是谋求社会的公共利益，对社会与公众负责，不以营利为根本目的，不偏私于任何集团的私利。政府的权力属于人民，政府代表人民行使公共权力，这种权力的行使往往具有强制性的法律保障，目的是更好地为社会公众服务。

事业单位是指国家为了社会公益目的，由国家机关举办或者其他组织利用国有资产举办的，从事教育、科技、文化、卫生等活动的社会服务组织。目前，事业单位主要分为以下类别：教育事业单位、科技事业单位、文化事业单位、卫生事业单位、体育事业单位、新闻出版事业单位、广播电视事业单位等。事业单位接受政府领导，是表现形式为组织或机构的法人实体。不以营利为目的，财政及其他单位拨入的资金主要不以经济利益的获取为回报是事业单位区别于企业单位的典型特征。

公共企业是指资金全部或者部分由国家投资，为社会提供一般企业所不能提供的公共产品和公共服务的企业组织。对于公共企业，政府主要对投资、主要领导人的任命等进行控制，企业有较大的经营自主权。典型的公共企业有国有的银行、出版集团、高速公路集团，国有的电力公司，国有的燃气公司等。公共企业尽管提供公共产品，但同时公共企业的经营带有一定的营利性。公共企业的公共性是相对的，公共企业既追求社会效益，又追求经济效益。

民间组织，有的称之为“非营利组织”，有的称之为“非政府组织”或“公民社会组织”，它是指除党政机关、企事业单位以外的社会中介性组织。民间组织通常包括社会团体、民办非企业单位和基金会等组织。如民办学校、民办医院、民办的基金会组织等。民间组织具有组织性、民间性、非营利性、自治性和志愿性特征。由于民间组织不以追求利润为目的，并且可以向社会提供众多服务，承担一些政府部门不该做或做不好、企业做却未必有效的社会事务，因而民间组织属于公共部门范畴。

表1.2 公共部门分类及比较

项　目	国家政权组织	事业单位	公共企业	民间组织
资金来源	国家全额拨款	国家全额或部分拨款	全部或部分接受国家投资	自筹资金，接受资助
官方控制度	完全官方控制	部分官方控制	官方控制较小	依法自主管理
用人自主权	依法招录、监管	拥有较高自主权	拥有很高自主权	完全自主
民营化可能	不可能民营化	可部分民营化	视行业而定	完全民营化
服务对象	面向全体公民	有特定服务对象	为付费者服务	视情况而定

续表

项　目	国家政权组织	事业单位	公共企业	民间组织
组织目标	行使公共权力,依法管理社会公共事务,增进社会公共利益	推动教科文卫体等事业发展	增进公众福利,同时谋求自身持续发展	完成组织成员依法设置的合理目标
具体举例	人民代表大会、政府机关、法院、检察院、军队、监狱等	学校、科学研究院、医院、电视台、图书馆等	国家投资的公共交通企业、邮政企业、电力公司、民航企业等	私立学校、民办医院、协会、商会、基金会等

1.2.2　公共部门的特征

从以上四大部门的分析看,公共部门具有以下特征:

1)公共部门是一种拥有公共权力的组织

所谓公共权力是指这种权力是属于全体公民的权力,它不为某个组织、某个私人所独有。由于在管理过程中行使公共权力不可能由全体公民一起来行使,因此全体社会成员通过民主选举和制定宪法、法律的方式,公共权力的所有者将权力授予公共管理组织和公共管理人员。

2)公共部门的基本职能是进行社会公共事务管理与公共服务

任何组织的成立都是以履行相应的社会职能为前提的。作为公共部门而言,之所以要成立这个部门其前提是有必要的职能需要这个部门来履行。作为一个国家,有大量的教育事务、卫生事务、文化事务、交通安全事务等公共事务需要管理,为此就必须成立相应的管理部门以履行相应的职能职责,以便更好地管理社会公共事务和提供公共服务。

3)公共部门所掌握和运用的资源是一种公共资源

管理事务在一定程度上就是进行资源调配和优化利用,而公共部门所掌握的这种可以调配和利用的资源属于公共资源,不能为某个单位和私人独自占有和使用。

4)公共部门所追求的是公共利益或社会利益最大化

私营部门往往追求自身经济效益的最大化,有经济效益是其最主要的追求,作为政府机关、事业单位等公共部门,所具有的公共权力和掌管公共资源的性质决定了其不能追求自身利益,而必须追求公共利益,使公共利益最大化。

5)公共部门向社会提供的是公共产品和公共服务

公共产品与私人产品相对应,是指具有消费或使用上的非竞争性和受益上的非排他性的产品。公共服务是指公共部门在教育、卫生、交通等方面为社会公众提供的服务和保障行为。

1.2.3 公共部门人力资源管理的特点

作为整个社会人力资源管理的一个重要组成部分，公共部门与私营部门在人力资源管理上具有一定的共性，如都是进行选、用、育、留的管理活动，都关注员工的招聘、培训、绩效、薪酬等重要的人力资源管理内容。但是，公共部门与私营部门在组织价值目标、人力资源管理依据、管理对象身份特征等方面的不同，致使公共部门的人力资源呈现出不同特点。

1）公共性

公共组织的本质决定了公共人力资源管理的公共性，公共部门的人力资源管理活动必须以满足社会公共产品和公共服务的需要、利益为出发点，兼顾公平与效益，注重社会效益。与此相对应的私营部门通常更强调经济优先性，追求效率、效益是它基本的价值取向，表现出明显的“纯营利性”。

2）公开性

公共部门所掌握的资源是属于人民的公共资源，公共部门仅仅是受人民的委托代理人民进行公共事务的管理活动，这就要求公共部门的活动必须接受人民的监督，让权力在阳光下运行。因此，公共部门人力资源管理的管理制度、具体操作必须具有公开性，能够经受得起社会的质询和检验，从而保证整个的人力资源管理活动的公平合理性。私营部门因为资源的私有性，加之涉及商业秘密、企业自身的价值取向等因素，因而往往可以秘密进行人力资源管理活动。比如，民营企业可以选择对员工的工资进行保密，而公共部门则必须要公开。

3）政策性

对公共部门的管理必须在国家政策规定下进行，公共部门自身不得自行其是，由此决定了公共部门人力资源管理具有很强的政策性。人力资源管理应该怎么做，政府有关部门对此有大量的政策性规定，必须执行，不得违背。如公务员的招录问题，国家对招录程序、办法等进行了大量的政策性规定，单位的招录编制数、招录岗位的任职资格规定、考试的内容和方法等都有严格的政策规定，单位不得另外搞一套。相比而言，私人部门的人力资源管理活动除了国家的少部分规定，如最低工资标准、辞退员工的规定等外，自己对单位的人力资源管理自主权明显更大。

4）系统性

国家是庞大的组织机构系统，是由若干公共部门组成的有机整体，部门与部门之间有着非常密切的分工合作关系，在人力资源管理政策、具体实施上往往有着非常一致性的要求。因而，人力资源的规划、招募、工资福利、职位晋升等往往需要按照统一的政策和原则进行整体规划和运筹。目前私营部门比较典型的组织结构包括职能式、事业部式、矩阵式、多维立体式等几种形式，往往规模都不大，组织结构相对单一，人力资源管理运行起来较为简单，系统性明显不如公共部门。

5)稳定性

公共部门组织结构和政策都相对稳定,由此决定了公共部门人力资源管理的理念、制度、具体方式方法都具有很强的稳定性,适应市场能力弱,面对整个人力资源管理的变化反应速度慢。其优点是有利于保障人力资源管理的连续性和一致性,不会出现朝令夕改的人力资源管理制度变化,其不足是面对外部的变化反应不及时,容易使人力资源管理成为组织发展的障碍。

1.2.4　公共部门人力资源管理的职能

所谓公共部门人力资源管理的职能是指公共部门对本部门人力资源进行管理应该履行的基本职能,是公共部门开展人力资源管理工作的总方向和特有任务。

公共部门人力资源管理与公共部门的行政事务管理、业务管理、财务计划审计管理一样,属于公共部门管理的重要内容。唐纳德·克林格勒、约翰·纳尔班迪等学者都曾较为系统地研究了公共部门人力资源管理的职能(见表1.3),结合国内外的研究,我国的公共部门在具体职能上,主要有如下几个方面的内容。

表1.3　克林格勒和纳尔班迪有关公共部门人力资源管理的职能划分

职　能	目　标
人力资源规划	预算准备和人力资源计划;在员工之间划分与分配工作任务(工作分析、职位分类、工作评估);决定工作的价值是多少(工资或薪酬)
人力资源获取	招募、选录、甄别、任用员工
人力资源开发	适应、培训、激励及评估员工,提高其知识、技能与能力
纪律与惩戒	确立、保证员工与雇主之间的期望、权利与义务的关系,建立惩戒途径与员工申诉程序;健康、安全以及员工宪法权利保障等

1)人力资源规划职能

人力资源规划职能是指公共部门对自身人力资源的现状、未来的人力资源需求和供给关系进行预测和分析,制订未来人力资源保障计划或者规划的职能。具体来说就是对当前公共部门人力资源的数量、质量、结构、保障机制等进行分析,在此基础上对未来一定时期内,公共部门人力资源的需求数量、需求质量、需求结构与社会可能提供的人力资源的数量、质量、结构进行预测,并制订规划以确保公共部门人力资源的供求关系能够达到平衡。

2)人力资源获取职能

人力资源获取职能是指公共部门吸纳人才充实队伍的职能。其内容包括公共部门人力资源的选拔、招聘、委派、考试录用和合理配置等。公共部门人力资源的获取要求公平公正与科学选用的有机统一,按照国家的人才选用标准和程序,实现人才的合理招录和选用,以达到人岗匹配、事得其人、人尽其才、才尽其用的要求。

3)人力资源保障职能

人力资源保障职能是指公共部门所负有的对人力资源的保护性责任。为了确保公共部门人力资源更好地履行其管理社会公共事务的职责,公共部门必须为其人力资源提供必要的工作和生活条件保障,主要包括工资、保险、福利、安全以及其他方面的基本权利保障。如当前面对公共部门人力资源工作压力大、心理问题多的现状,一些公共部门加大员工心理援助力度,为职工提供心理咨询、心理讲座辅导等便是典型的人力资源保障职能的体现。

4)人力资源评价职能

人力资源评价职能是公共人力资源管理中需要对员工所完成的工作业绩、能力素质等进行评估的职能。具体任务上需要对岗位价值、员工的能力素质、员工工作业绩等进行评价评估。通过岗位价值评估,从而建立起单位内容的岗位价值体系链;通过对员工能力素质进行评估,以便能够确定员工与岗位的匹配度,从而决定把员工放到什么样的岗位上;通过对员工的工作业绩表现进行评估,以便确定员工工作业绩的好坏,从而决定应该给予员工什么样的待遇、奖励。

5)人力资源激励职能

人力资源的激励职能是指公共部门要充分调动员工的工作积极性,促进员工更好地完成工作任务的职能。在具体内容上,通常要求公共部门制定对员工进行物质和精神激励的激励机制,以便能够更好地对员工的工作行为表现和工作业绩给予相应的奖惩,使员工的行为表现能够更好地符合组织发展要求。

6)人力资源开发职能

人力资源开发职能是指公共部门肩负的提高员工能力素质,使其能够更好满足公共部门当前岗位要求以及组织未来需要的职能。在具体内容方面,通常要求公共部门为员工提供教育和培训,以满足提升员工能力素质的需要。

1.2.5 公共部门人力资源管理的原则

公共部门人力资源管理的原则,是由长期公共人力资源管理活动的经验总结和公共部门资源管理活动的特点所决定的,是在公共部门人力资源管理活动中需要遵循的基本准则。

概括起来主要有以人为本原则、整体效益原则、法治原则和员工参与原则等。

1)以人为本原则

以人为本原则就是公共部门在人力资源管理过程中必须以人为出发点,把人作为组织管理的起点和归宿,围绕着激发和调动人的主动性、积极性、创造性展开人力资源工作,以实现公共部门发展与员工发展的协调统一。在具体的人力资源管理活动中:要把员工的职业生涯发展提升作为人力资源管理活动的核心,通过人力资源管理活动能够使员工能力素质得到提高,能够更好地满足更高职位、更大挑战的要求;要满足员工的情感需要,尊重员工、关心员工,增强员工对公共部门的组织归属感和忠诚度,提升组织凝聚力;要满足员工的物质生活需要,使员工能够有良好的物质生活保障和安全感,能够过上较为幸福的生活。

总之,以人为本原则要求公共部门要为员工提供优良的成长发展环境、人际环境、工作环境,切实做到发展人、尊重人、激励人、保障人,充分体现组织管理的人性化特征,尽可能地实现个人目标与组织目标的统一。

2)整体效益原则

公共部门人力资源管理做得好的标准不在于单纯的经济效益提升,而主要取决于整体工作效率、宏观经济效益和综合社会效果3个方面的有机统一。整体工作效率是指全体公共人力资源工作协调的速度、节奏和成效;宏观经济效益是指公共人力资源在实现组织目标的过程中把人力、物力和财力的消耗减小到最低程度,并有助于促进社会经济的发展;综合社会效果则是指公共人力资源为社会经济、政治和文化等各方面事业提供服务的程度和公共利益的实现程度。用最小的成本消耗获取最优的整体效益,始终是公共人力资源管理与开发的基本目标之一。贯彻和落实整体效益原则的前提和基础是实现公共部门人力资源群体结构的优化,实现不同年龄、不同性别、不同专业知识水平、不同素质与才能的人力资源优化组合,将群体的内耗力和破坏力降到最低程度,使群体的凝聚力、向心力和创造力组合成强大的集体合力。同时,贯彻和落实整体效益原则需要有效处理好局部和整体利益之间的关系,要敢于和勇于为了更大的利益放弃和牺牲局部利益。

3)法治原则

公共部门的人力资源管理活动是代表着人民意志,满足公共利益的人力资源管理活动。由于公共部门具有很强的政策性,要保证公共部门人力资源管理工作的公共性质,必须要坚持法治原则。坚持和贯彻法治原则其基本要求是公共人力资源管理的依据、内容、规范、过程以及目标等方面必须严格按照政策办事,保证公共部门人力资源管理活动的权威性和合法性,从而增强人们对公共部门人力资源工作的认同感和信任度。

4)员工参与原则

参与原则是指公共部门人力资源管理活动中要充分地吸纳管理对象参与、监督,以便提高人力资源管理质量,增进人力资源管理对象对人力资源管理工作的满意度和认同感。由于人力资源管理活动的选、用、育、留内容涉及员工的切身利益,员工对人力资源管理活动有着很强的敏感性和关注性,因此,在公共部门的人力资源管理活动中,一定要充分发挥职代会、工会等群团组织的作用,利用微信、QQ等现代媒体建立丰富的员工参与平台,更好地吸纳员工对人力资源管理的意见和建议。

1.3　公共部门人力资源管理的现状和发展趋势

随着经济全球化和国际竞争的加剧、知识经济时代的到来、“新公共管理”理念的传播与实践,当今公共部门正面临着内外部环境的巨大变化,而这也促使公共部门积极转变职能,不断创新管理方法。在我国经济“新常态”的背景环境下,我国公共部门正面临创新治理体系、深化行政体制改革、改善政府绩效等一系列改革任务,在公共部门改革的大背景下,人力资源的重要性越发突出,积极转变公共部门人力资源管理模式以服务于公共部门改革目标成为迫切要求。

当前我国的公共部门人力资源管理正处于持续的改进过程中,其变革是从传统人事行政管理体制和模式逐步迈向现代的组织人力资源管理制度,但鉴于我国的政治背景和干部人事制度的历史沿革,我国公共部门人力资源管理的改革和发展在积极借鉴西方发展成果的基础上,又有其独特性和特殊性。本节从管理理念、管理制度、管理内容和管理技术 4 个方面对我国公共部门人力资源管理的现状和发展趋势做了梳理,以期为公共部门人力资源管理的改革和研究提供参考。

1.3.1 公共部门人力资源管理现状及问题

1)公共部门人力资源管理理念亟待进一步优化和完善

长期以来,我国公共部门人力资源管理沿袭着传统人事管理的理念,缺乏对现代人力资源管理理念的系统认识。

人力资源是公共部门最具战略性的优势资源。就宏观人才政策层面,我国高度强调“人力资源是第一资源”,凸显重视特殊人才的价值。然而落脚到公共部门,对具体的人力资源管理的战略性认识明显不足,人才资源的战略地位和价值未能得到充分重视;公共部门人力资源配置明显不够优化,人才与岗位“错位”现象突出;绩效管理、激励、培训开发等人力资源管理重要环节与组织战略目标的匹配度明显不够。

当前,我国公共部门的人力资源管理普遍还停留在人事管理阶段,注重以制度为本、以事为中心,将人力视为成本而非资源,注重对现有人才的利用,实施以事为中心的考评,把人看作完成组织目标的工具,强化对人的控制和约束,而忽视人员自身的主观能动性和个人发展意愿。进一步解放思想、优化人力资源管理理念成为公共部门人力资源管理必须解决的重要课题。

在我国公共部门中,“单位人”“官本位”观念根深蒂固,在用人上“唯上”意识明显,过度依赖组织安排,缺乏竞争意识、主动意识和责任意识,使得公共部门的活力不足、效率低下。

目前我国公共部门在一些人力资源管理环节上尚存在“人治”大于“法治”现象,法制观念还不够强;加之我国还未建立起完善的公共部门人力资源管理法律法规。在这种情况下,我国公共部门人力资源管理的法制化、规范化尚需要进一步加强。

2)在人力资源管理的制度建设和实施上仍然有大量的工作需要完善

我国的公共部门人力资源管理制度在解决人员招录的科学性与公平性、人治现象等方面都取得了明显的改革成效,但仍不能完全适应我国政治体制发展和经济体制改革要求。在人力资源管理的一些关键模块上仍然存在科学性和先进性不足的问题。如在人员的退出机制上,公共部门普遍存在一般人员能进不能出,进入公共部门就等同于进入保险箱,就获得了铁饭碗;在激励措施上,普遍存在收入差距过小,收入与绩效关联度差,干多干少一个样的现象还很突出;在职位晋升上,普遍存在能上不能下等问题。诸多制度需要优化与完善,以进一步提升人力资源管理水平。

3)人力资源管理技术和方法亟待科学化、信息化

我国公共部门人力资源管理技术发展、完善的历程主要是将西方先进人力资源管理技术本土化并加以推进的过程。根据新公共管理运动的思想,我国公共部门不断向企业学习人力资源管理技术,目前员工制、派遣制、绩效考核 KPI、平衡计分卡 BSC、人力资源管理职能外包等技术和方法在公共部门已经被接纳,但鉴于人力资源管理理念、组织性质、实施环境和背景的因素,我国公共部门人力资源管理的技术和方法仍然落后于西方发达国家、落后于私营部门,很多先进管理技术并没有发挥应有的作用。

随着网络技术的快速发展,信息化技术在私营部门人力资源管理中得到很好的发展,诸如在人才测评、绩效薪酬管理、员工培训中信息化平台建设等方面已经取得了明显成效。然而,目前信息化技术在我国公共部门人力资源管理中的运用还处于探索阶段,信息化程度尚不够。

1.3.2　公共部门人力资源管理发展趋势

西方国家公共部门人力资源管理理论与实践是在企业人力资源管理理论的基础上不断发展而来的。自20世纪80年代以来,西方发达国家出现了新公共管理学派、新公共服务学派等各种有关组织管理的前沿学派。几乎所有这些学派所主张的思想或多或少都是一种将企业人力资源战略思想引进公共部门,以促进公共部门人力资源管理效率提升。基于西方公共部门人力资源管理的变革,以及当前我国公共部门人力资源管理问题的解决,未来将会产生以下趋势。

1)人力资源管理理念将会发生积极转变

传统的人力资源管理往往将组织成员看作战略目标的被动执行者,注重对人的控制和约束;但随着我国公共部门对人力资源的管理由传统人力资源管理向现代人力资源管理的变革,人力资源管理与组织战略之间的关系越来越紧密,组织战略的形成与实施越来越依赖于组织中员工的知识、技能、信念和行为。人才资源将更多地被视为组织提高核心竞争力、获得持续竞争优势和达成战略目标的优势资源。

随着人力资源管理在组织战略管理中扮演的角色愈加重要,公共部门对人力资源价值的认识愈加深刻,公共部门人力资源管理也愈发突出人的根本地位,坚持以人为中心的管理思想。由此,公共部门将会更加开放管理对象参与决策机会,更加重视管理对象的发展自主性,更加重视组织和管理对象共同愿景的打造,更加重视发展并维持组织成员之间的依赖、开放的沟通等。

当今各国都十分重视公务伦理问题,许多国家都通过开展伦理道德教育活动,建立健全伦理准则,以及设立专门的伦理监督管理机构等手段,促使公职人员形成良好的职业道德操守。相应地,我国的国家政权性质和公共部门职能本质要求公职人员必须严格

坚守伦理道德。然而,在我国公共部门职能不断扩张的过程中,出现了大量公职人员的不道德行为,导致政府公信力下降;此外,我国公共部门职业伦理建设无论是法规方面还是监管机构方面都不完善。因此,随着"以德治国"观念的深入,公职人员的职业伦理必定会越来越受到重视。

随着我国公共部门管理职能的不断扩大,管理水平要求的不断提高,法治化成为今后公共部门人力资源管理的必然要求。一方面,公共部门人力资源管理的法律法规体系将进一步完善,配套管理细则将不断完善;另一方面,公共部门人力资源管理的法治行为将不断规范,公共部门治理模式的变革迫切要求公共部门人力资源管理改变过去人治、无序的状态。

2)公共部门将会更加注重向私营部门学习先进的人力资源管理制度

随着公共部门职能从"守夜者"到"积极的干预者"再到"市场调节与政府干预相结合"的转变,公共部门人力资源管理的价值、内容和目标也在不断调整变革。一方面,随着公共部门职能的市场化和社会化,其人力资源管理也应逐步迈向市场化和社会化,向精简、高效和高素质模式转变;另一方面,随着公共部门人力资源管理理念的变革,公共部门人力资源管理将越来越注重向私营部门学习先进的人力资源管理经验和模式,从而全面提升公共部门的人力资源管理水平。

3)将进一步改革和完善公共部门人力资源管理的重要内容

(1)重视绩效管理,完善评估体系

绩效管理对于实现组织战略目标,提升员工素质和组织业绩有着十分重要的作用。未来的公共部门将在现有考核基础上,进一步完善绩效管理环节,优化绩效管理流程,提升绩效管理质量,让绩效管理更好地发挥在组织目标实现中的作用。

(2)拓展激励办法,增强激励有效性

良好有效的激励机制对激发公共部门活力、提升组织成员工作效率起着重要作用,这要求我国公共部门的激励机制坚持公平、公开、公正、择优的原则,并通过对人力资源管理实践各环节的变革建立起合理的分配机制、有效的评估体系和公平的竞争机制。为此,要进一步完善绩效管理与报酬分配、级别调整和职务变动等激励措施之间的关系,全面探索除物质激励以外的多元激励模式,更好地提升公共部门员工的工作积极性。

(3)完善培训体系,塑造学习型组织

在现今信息爆炸的知识经济时代,公共部门为组织成员提供有助于知识更新和技能提升的培训开发是提高公职人员自身素质、优化公共部门绩效的必然选择。公共部门将更加注重学习型组织建设,建立健全培训开发体系,使公共部门员工能够始终保持先进的思想意识、高超的工作技能、优良的个性品质,为促进组织发展起到更大的作用。

(4)人才测评技术将在公共部门得到更好的应用

人才测评是以心理测量学、应用统计学以及人力资源管理科学为基础,通过标准化的技术和方法对各类人员的能力、个性等进行评价的一门学科(活动)。科学的人才测评将有利于组织的干部晋升、人员招录、择优汰劣。随着公共部门人力资源管理要求的提高,在组织选人、职位晋升、能力素质诊断等方面将会越来越多地使用人才测评技术,从而高质量地实现人员与岗位的匹配,全面提升公共部门人力资源管理质量。

4)公共部门将更加注重人力资源管理技术的研发和推进

随着公共部门电子政务的不断发展,公共人力资源管理信息化、电子化成为未来发展的趋势。充分利用网络技术可以使公共部门人力资源管理的招聘、培训、福利支付和内部沟通等各个环节简化程序、提高效率。

公共部门业务外包是20世纪80年代政府改革与新公共管理学说结合的一大建设性成果,指的是利用基层政府部门自治、企业合约承包、第三部门业务承揽等措施,化外部人力资源为内部人力资源。随着公共部门对业务外包可行性的积极探索,公共部门人力资源管理中出现了越来越多的外包行为。例如,公共部门经常将考试、绩效考核、流程再造中许多事务委托给专家处理;政府机关与高校进行合作,将公职人员的培训委托给高校。

5)"互联网+"时代的公共部门人力资源管理工作的数据化

"互联网+"时代的到来,对公共部门人力资源管理必定产生冲击。相比于传统人力资源管理模式,网络时代影响下的公共部门人力资源管理工作将呈现出更强的数据化特点。主要体现为公共部门人力资源部门在进行人员选拔、录用的时候,可以以数据为载体对相关应聘人员进行考核。与此同时,基于数据化特征的公共部门人力资源管理机构相关负责人还可以继续通过数据挖掘等形式,对人力资源的价值进行量化管理,选拔出更多优秀的人才,进而有效推动组织发展目标的实现。

由此可见,基于数据的人力资源人才选拔、决策与管理工作,是提高公共部门人力资源管理效率的有效途径之一。

【本章小结】

从人力资源、人力资源管理的内涵出发,梳理人力资本理论、人性假设理论、激励理论对人力资源管理的影响。结合我国公共部门的概念、分类和特征,提出公共部门人力资源管理具有公共性、公开性、政策性、系统性和稳定性的特点。在此基础上,分析了公共部门人力资源管理的职能,探讨了公共部门人力资源管理应遵循以人为本、整体效益、法治、员工参与原则。同时,对我国公共部门人力资源管理在管理理念、管理制度、管理内容和管理技术4个方面的现状和发展趋势做了梳理,以期为公共部门人力资源管理的改革和研究提供参考。

【案例分析】

【案例 1.1】浙江金华市金东区“五十问五验证”，考准“忠诚度”从严选干部

针对部分干部政治现实表现亮“黄灯”，易出现“带病提拔”“带病上岗”等问题，浙江金华市金东区出台《关于开展干部政治表现专项考察的实施细则》，积极探索建立领导干部政治现实表现负面清单制度，开展政治现实表现专项测试和负面计分测评考察，全面考准考实干部“忠诚度”。

明确“五十问”认定情形，划出防止干部“带病提名”的“红线”。该区将干部政治现实表现划分为 8 大类 50 个问答，着重考察干部在意识形态斗争中是否立场坚定、在重大政治活动等重要场合讲话中是否坚持原则、在触及自身利益时是否顾全大局、在“治危拆违”等急难险重工作中是否态度坚决、在进退留转时是否服从组织决定、个人重大事项是否如实报告等。具体情形细化标准，便于考察识别时对号入座，如在意识形态斗争中是否立场坚定，会考察干部是否有“参与散布有损党和国家形象的言论，或极力煽动群众同党和政府对立”；“参与炒作社会热点，攻击或影射攻击党和国家”等 5 种情形，在触及自身利益时是否顾全大局中重点考察干部是否有“透露或泄露政策给他人以谋取个人利益”；“征地拆迁中纵容或指使他人对抗组织、公然要价”等 5 个方面，整个“忠诚度”专项考察内容既紧扣政治性主题，又贴近重点中心工作等实际。

严密“五验证”考察操作程序，堵严干部“带病提拔”的“暗门”。该区严格执行干部政治现实表现“五验证”专项考察，采取“一对一”或“二对一”面谈了解的方式，编紧织密干部“忠诚度”考察的“经纬度”，不留“暗门”和漏洞。一是在干部工作所在地开展走访调研验证，逐个听取党委领导、分管领导、共事同志、服务对象和群众代表的意见评价，对民主测评和调查问卷结果进行分析研判；二是在干部联席会议成员单位中开展信息搜集验证，针对有待考察的 50 项负面清单，翔实地搜集相关问题的线索或证据；三是在干部出生地、居住地开展印证性考察验证，了解掌握干部品德、行为规范等情况；四是在干部本人报告与集体面谈时开展“忠诚度”兜底性考察验证，对干部本人谈话进行录音录像，技术性鉴别干部是否有对组织有所隐瞒的行为，甚至公然对抗组织的行为；五是在干部的“生活圈”“关系圈”“朋友圈”等开展随机暗访抽查验证，重点掌握干部有无不良兴趣爱好和相关隐性的违法违纪行为，通过立体化、全程式的考察研判，考准考实干部“忠诚度”。

突出“忠诚度”考察结果运用，强化干部“带病上岗”的责任追究。该区将干部政治现实表现“忠诚度”的总分值与考察设定值进行比对，凡是政治表现分低于 60 分的，实行一票否决，予以免职、降职等岗位调整或取消其拟提拔任用资格；凡是政治表现分等于或高于 60 分且低于 80 分的，即时设置半年期限的观察期，视情况予以进一步跟踪考察，待政治表现分晋升上一级别且没有一票否决事项后再予以留用或提拔使用；凡是政治表现分等于或高于 80 分以上且没有一票否决事项的，可按干部选拔任用工作程序予以提拔或转任重要岗位使用。对出现干部政治表现“忠诚度”把关不严、审核不清、结论不明时仍提拔任用的，通过查找纪实“痕迹”等路径，追查到专项考察组责任人，根据情节轻重，对考察组责任人员予以批评教育、责令作出检查、诫勉、调离岗位等处理；对“带病上岗”的干部予以诫勉、取消考察对象（后备干部人选）资格、改任非领导职务、免职、降职等处理。

案例讨论：

1.政府机关对党政干部有着非常高的要求，这究竟是为什么？

2.政府机关作为公共部门具有什么特点？

3.政府机关的人力资源管理具有哪些性质和特征？

【思考与练习】

1.什么是人力资源？人力资源有什么特点？

2.什么是人力资源管理？人力资源管理有什么特征？

3.如何认识人力资源管理的理论基础？

4.公共部门人力资源管理有哪些特征？

5.公共部门人力资源管理有哪些职能？

6.当前公共部门人力资源管理存在哪些问题？未来应该做出哪些变革？

第2章　公共部门人力资源管理的主体

【知识目标】

1.了解管理主体的概念。

2.掌握管理主体的类型及特征。

3.掌握管理机构的职能及特征。

4.了解管理者的素质及能力。

【能力素质目标】

1.区分管理机构的类型及相应的职能特征。

2.识别不同类型和等级的管理者所具备的素质和能力。

3.区分成功的管理者与有效的管理者。

4.研究管理者的价值所在。

5.了解优秀的管理者有效地进行人力资源管理的方法。

公共部门人力资源管理是指公共部门中的各类公共组织依据人力资源开发和管理的目标,对其所属的人力资源进行的战略规划、甄选录用、职业发展、开发培训、绩效评估、薪酬设计管理、法定权利保障等多项管理活动。而管理主体是指掌握管理权力,承担管理责任,决定管理方向和进程的有关组织和人员。管理者和管理机构是管理主体的两个有机组成部分,因而可将公共部门人力资源管理主体分为管理机构和管理者两大部分。综上所述,公共部门人力资源管理主体指在公共部门,以实现公共利益为目的,运用公共权力,为科学、合理、有效地发挥公共部门人力资源的作用而进行一系列管理活动的管理机构和个人。

2.1　公共部门人力资源管理机构

我国公共部门人力资源管理的职责分属于组织内的直线管理机构与组织外的专业化的人力资源管理机构。本文依据管理部门的边界将其细分为公共部门人力资源外部管理机构和内部管理机构,它们共同参与公共部门人力资源管理的多项活动,承担不同层次公共部门人力资源管理的职责。外部管理机构是负责一定区域内公共部门人力资源规划与管理的政府组成部门,如中央政府与地方政府的人力资源管理部门。内部管理机构是指公共组织内承担该组织人事管理工作的内部机构。根据公共部门人力资源外部和内部管理机构的职能及范围来划分,外部管理机构主要负责宏观层次和中观层次的公共部门人力资源管理活动,而内部机构主要负责微观层次的公共部门人力资源管理活动。

2.1.1　外部管理机构

我国公共部门人力资源的外部管理机构主要是人力资源和社会保障部及其下属部门,该部门于 2008 年 3 月 11 日十一届全国人大一次会议第四次全体会议“国务院机构改革方案”审议通过组建,同时组建国家公务员局,由人力资源和社会保障部管理,不再保留人事部、劳动和社会保障部。2008 年 3 月 31 日人力资源和社会保障部正式挂牌,人力资源和社会保障部是统筹机关企事业单位人员管理、统筹城乡就业和社会保障政策的国家权力机构。由此,公共部门人力资源外部管理机构包括中央人社部、各省(自治区、直辖市)人社厅、各地级市和县(区)人社局。

此外,党委的组织部门、政府国有资产管理委员会等单位的组织部和人事部门都对政府机关、事业单位、国有企业等公共部门的人力资源负有管理责任。

1)外部管理机构的职能

在外部管理机构中,公共部门人力资源管理职能由中央人社部、地方人社局的下属各部门承担,主要包括政策研究、法规制定、就业促进、人力资源市场、职业能力建设、专业技术人员、事业单位人事、劳动关系、工资福利、调解仲裁、劳动监察、公务员招录等方面的管理工作。公共部门人力资源外部管理机构的主要职能如下:

(1)进行宏观人力资源统计、预测和规划的职能

公共部门人力资源规划是公共部门根据一定时期组织发展战略需要,在对外部环境和本部门人力资源需求状况进行分析和预测的基础上,为确保组织对人力资源数量、质量和结构上的需求,制定本部门人力资源管理的行动方针的过程。首先公共部门外部人力资源管理机构要从宏观上对公共部门的人力资源基本情况和职位空缺等信息进行统计,这为人力资源预测和规划奠定了基础。其次,公共部门的外部环境处在不断变化之中,制定人力资源规划需要对其进行分析预测,将复杂多变的环境纳入组织的考虑范围,人力资源管理机构通过对环境的分析预测,增强人力资源管理的适应性和科学性。最后,制定公共部门人力资源规划是整个公共组织战略规划的有机组成部分,人力资源管理机构通过制定公共部门人力资源规划,能够促进公共组织战略目标的实现。以外部管理机构中的人社部为例,在其内设机构中,规划财务司需要拟订人力资源发展规划和年度计划,承担有关信息规划和统计管理工作;人力资源市场司需要拟订人力资源市场发展规划等。人力资源规划的制定一方面是国家战略规划在人力资源管理中的体现,另一方面也是公共部门人力资源发展方向的体现。

(2)制定基本制度、政策、管理权限和管理标准的职能

外部管理机构处于公共部门人力资源管理的宏观层次和中观层次,承担着制定公共

部门人力资源管理政策和制度的职能,它是一个进行综合性管理的组织。外部管理机构需要明确人力资源管理的程序、方法和规则,通过制定公共部门人力资源管理的基本制度、政策和管理标准,能够起到促进公共部门人力资源管理有序发展,以及维护公共部门人力资源市场秩序的作用。以人社部为例,法规司需要起草相关法律法规草案和规章,承担机关有关规范性文件的合法性审核工作;人力资源市场司需要拟订人力资源市场发展政策,拟订国(境)外人力资源服务机构市场准入管理制度,拟订人员调配政策;事业单位人事管理司需要拟订事业单位人员和机关工勤人员管理政策;劳动监察局需要拟订劳动监察工作制度;工资福利司需要拟订机关、事业单位工作人员工资收入分配、福利和离退休政策,牵头拟订驻外使领馆工作人员、驻港澳地区内派人员和机关事业单位驻外非外交人员工资政策等。一系列人力资源管理制度和政策的制定有助于加快建立统一规范的人力资源市场,促进公共部门人力资源合理流动、有效配置。

事业单位是公共部门的重要组成部分,其在人力资源管理过程中会遇到大量的问题,人力资源管理部门就需要对此进行相应的管理规范,以保证事业单位的各项人力资源制度能够规范、科学、有效进行。如面对事业单位工作人员转岗过程中应具备什么条件才能转、如何转等一系列问题,重庆市人力资源和社会保障局出台了《重庆市事业单位工作人员转岗管理办法(试行)》,从而有效地指导并促进了各事业单位转岗工作的顺利开展,见资料 2.1。

【资料 2.1】重庆市事业单位工作人员转岗管理办法(试行)(摘录)

第一章　总　则

第一条　为规范事业单位工作人员岗位转换,根据《事业单位岗位设置管理试行办法》(国人部发〔2006〕70 号)、《重庆市事业单位岗位设置管理实施办法(试行)》(渝人发〔2008〕2 号)等规定,制定本办法。

第二条　转岗是指事业单位内部在编、在岗工作人员在岗位设置结构比例限额内,根据工作需要,从现岗位类别聘用到其他岗位类别的转换流动。

第三条　转岗应本着工作需要、人岗相适、从严控制的原则,坚持公开、平等、竞争、择优,按照规定程序、权限及要求,采取考试、考核相结合的方式进行。

第四条　本办法适用于我市除参照《中华人民共和国公务员法》进行管理以外的事业单位。

第二章　转岗条件

第五条　转岗人员应具备下列基本条件:

(一)遵守宪法和法律法规。

(二)具有良好的品行。

(三)具备岗位所需的专业、技能等方面的资格条件。

(四)适应岗位要求的身体条件。

第六条　转换流动到管理岗位还须符合以下条件:

(一)具有大学专科及以上学历,其中少数民族地区乡镇事业单位人员可以放宽到中专学历。

（二）女性专业技术人员 50 周岁及以下，女性工勤技能人员 45 周岁及以下，男性专业技术人员、工勤技能人员 55 周岁及以下。

（三）专业技术人员在本单位连续工作满三年且转岗前三年年度考核均被确定为合格及以上等次；工勤技能人员在本单位连续工作满五年且转岗前五年年度考核均被确定为合格及以上等次，其中有两次及以上被确定为优秀等次。

（3）策动和领导实施人力资源开发计划与培训的职能

与公共部门内部管理机构人力资源开发与培训职能不同，外部管理机构主要是为公共部门人力资源开发与培训提供政策制度支持，组织动员公共部门开展一系列人力资源开发与培训活动，而不是举办相关招聘、培训活动。通过策动和领导公共部门人力资源开发与培训，不断更新公共部门人员的知识和技能使其适应社会发展的需要，跟上时代前进的步伐。仍然以人社部内设机构为例，职业能力建设司承担的职能有：拟订城乡劳动者职业培训政策、规划，拟订高技能人才、农村实用人才培养和激励政策，在国家教育工作方针政策指导下，拟订技工学校及职业培训机构发展规划和管理规则，指导师资队伍和教材建设，完善职业技能资格制度，组织拟订职业分类、职业技能国家标准和行业标准；专业技术人员管理司的主要职能包括：拟订专业技术人员管理和继续教育政策，承办深化职称制度改革事宜，健全博士后管理制度，承担高层次专业技术人才规划和培养工作，承担组织享受政府特殊津贴专家的选拔工作，拟订吸引国（境）外专家、留学人员来华（回国）工作或定居政策，拟订国（境）外机构在国内招聘专业技术骨干人才管理政策。总体而言，外部管理机构承担着公共部门人力资源开发计划与培训的顶层设计职能，目的是提高公共部门工作人员的知识、技术和能力水平，改善其工作效率，进而促进公共部门及其成员的良性发展。

（4）服从和执行国家政策和规定，提供补充性的公共人力资源服务的职能

公共部门人力资源管理的外部机构作为各级政府的职能部门，其首要职能就是服从和执行国家政策的规定。如推动农民工相关政策的落实，协调解决重点难点问题，协调处理涉及农民工的重大事件，指导、协调农民工工作信息建设等。同时外部管理机构也要承担补充性的公共人力资源服务职能，即中央与各地方的人力资源管理部门要为所管辖区域的公共部门提供补充性的公共人力资源管理服务。如提供公共部门人力资源管理咨询服务，按规定承办管辖区域内有关单位接收大中专毕业生、人员调配事宜，承办转业军官的接收、安置和培训工作，以及指导公共部门人才队伍建设等职能。

（5）制定区域人力资源发展规划的职能

各级公共部门人力资源管理外部机构一方面需要贯彻执行上级人力资源管理规划和政策，另一方面也要制定其所管辖区域的人力资源发展规划。从中央人力资源管理机构到地方人力资源管理机构，公共部门人力资源外部管理机构的管理层次、管理活动也从宏观层次下落到中观层次，地方人力资源管理机构所承担的管理职能更加具体、管理范围更加明确。比如中央人社部直接管辖 31 个省（自治区、直辖市）、兵团人社厅，制定全国性、综合性的人力资源发展规划和政策，各省（自治区、直辖市）人社厅，各地级市、县（区）人社局制定区域性、局部性的人力资源规划和政策。中央与地方人力资源管理机构

的内设职能部门相似,管理内容大致相同,但中央人社部制定的人力资源发展规划要符合国家发展战略要求,而地方人社局制定的人力资源发展规划不仅要符合本级政府发展战略,而且要符合上一级外部管理机构的人力资源发展规划。各级人力资源外部管理机构因地制宜,制定具有区域特色的人力资源发展规划,促进地区公共部门人力资源发展。以重庆市人力资源和社会保障局为例,进一步说明公共部门人力资源外部管理机构的职能,一方面认真贯彻和严格执行上一级人力资源管理部门的政策指示,另一方面也会依据当地的人力资源特征,因地制宜地采取有效措施来更好地管理和开发本区域内公共部门当中的人力资源,见资料 2.2。

【资料 2.2】重庆市人力资源和社会保障局主要职责

一、贯彻执行人力资源和社会保障法律、法规、规章和方针政策;拟订人力资源和社会保障相关发展规划并组织实施。

二、拟订人力资源市场发展规划,规范人力资源市场,促进人力资源合理流动、有效配置;综合管理人力资源市场和流动调配工作;负责人才开发和管理工作。

三、负责促进就业工作,拟订就业发展规划,贯彻就业再就业政策,完善公共就业服务体系,实施就业援助;负责高校毕业生就业指导和服务工作。

四、负责劳动者职业培训和高技能人才培养和激励工作,拟订职业培训发展规划,实施职业培训制度和职(执)业资格制度。

五、贯彻落实各项社会保险及其补充保险政策和标准;承担社会保险及其补充保险基金行政监督责任。

六、负责就业、失业、社会保险基金预测预警和信息引导,拟订应对预案,实施预防、调节和控制,保持就业形势稳定和社会保险基金总体收支平衡。

七、负责公务员的招录和综合管理工作;依法对公务员履行职责和执行公务进行监督、检查;承办法定、委托或授权管理领导人员的人事任免事项;会同有关部门拟订荣誉和奖励制度,综合管理奖励表彰工作。

八、牵头推进事业单位人事制度改革;负责事业单位工作人员的招聘、综合管理和机关工勤人员的管理工作;牵头负责事业单位经济责任审计;贯彻执行专业技术人员管理和继续教育政策;牵头推进深化职称制度改革工作;负责职称、专家综合管理和高层次专业技术人才选拔、培养工作。

九、负责机关事业单位人员工资福利工作和企业职工工资收入分配调控工作;负责机关企事业单位人员工(公)伤和离退休工作。

十、会同有关部门拟订并组织实施军队转业干部安置计划;负责部分企业军队转业干部解困和稳定工作;协调落实军队转业干部随调随迁家属的政策性安置工作。

十一、拟订农民工工作规划,推动农民工相关政策的落实,协调解决重点、难点问题,维护农民工合法权益。

十二、组织开展劳动、人事争议调解仲裁和劳动关系协调工作;组织实施劳动保障监察,依法查处有关案件。

十三、负责人才、智力引进以及人力资源和社会保障领域的跨地区交流与合作工作。

2)外部管理机构的特征

(1)政治性和权威性

公共部门人力资源外部管理机构是各级政府职能部门之一,是承担人力资源管理的国家权力机构,因此,外部管理机构具有政治性和权威性。一方面,外部管理机构所进行的一切管理活动都必须以维护基本政治制度为前提,必须符合政治与经济制度的要求,并且作为政府组成部门之一,外部管理机构接受上级政府的领导。另一方面,外部管理机构掌握社会公共权力,在社会价值的权威性分配中起关键作用,其制定的有关人力资源管理的各项制度及措施,对公共部门人力资源的诸多方面加以规定和限制,保证公共部门严格依照法律法规的权限对人力资源进行合理而有效的开发。

(2)系统性和全局性

外部管理机构是一个公共管理职能异常庞大的组织体系,是按照统一的组织原则建立起来的具有同一目标和职责的有机整体。公共部门人力资源管理的系统性不仅体现在它自身是一个完整的行政系统,更体现在它与外界经济、政治、文化环境,以及其他社会组织系统的相互作用上。一方面,它从外部环境中输入物质、能量、信息资源;另一方面,它又向外部环境输出人力资源管理制度、政策、规划,促进公共部门人力资源开发与管理。外部管理机构的全局性体现在其对公共部门人力资源供求状况进行宏观和中长期统计、预测、规划,制定社会人力资源管理的基本制度、政策规定、管理权限、管理标准,维护人力资源的基本管理秩序。

(3)统一性和层级性

作为政府职能部门的公共部门人力资源外部管理机构是典型的国家行政机关,为实现行政目的,必须实行统一管理,保证政令统一。同时,为了让行政指令和信息在纵向渠道上迅速传递,就必须逐级授权,依次分工,分级负责,所以外部管理机构是一个横向部门分化、纵向层级节制的庞大组织结构体系。合理划分职责和权力是政府管理体制的必然要求,划分人事行政管理权限,建立相关的管理制度,明确职责范围并建立完整统一的原则,是政府部门人力资源有效管理的基础。因此,人力资源外部管理机构在上级机关的统一领导下,承担着不同层级的人力资源管理职能。

(4)公共性和公益性

公共部门人力资源外部管理机构作为公共部门,公共性是其根本特性,失去公共性,公共部门也就失去了存在的理由。公共部门尤其是政府组织,作为委托权力的执行者,应按照社会的共同利益和人民的意志,从保证公民利益的基本点出发,制定与执行公共政策。公共性对公共部门工作人员的职业伦理也提出了特别的要求,公职人员需秉持“公共性”与“公益性”的理念,竭诚为人民服务,公职人员的行为必须在道德上、伦理上满足公共性的基本要求,并在政策制定与执行过程中,防止部门和个人偏私的利益驱动。公共部门的人力资源管理不允许谋求部门和个人的自身利益,公共管理包括公共部门人力资源管理,必须以公共利益为其最基本的价值取向。

2.1.2　内部管理机构

公共部门人力资源内部管理机构依据专业化程度可分为专业化的人力资源管理部

门和非专业化的人力资源管理部门。专业化的人力资源管理部门主要指负责机构整体的“人力资源战略规划、甄选录用、职业发展、开发培训、绩效评估、薪酬设计管理、法定权利保障”等多项管理活动的各类公共组织中的人事管理机构,例如人力资源部、人事处等。非专业化的人力资源管理主要指公共部门里除了专业化人力资源管理部门之外的其他职能部门里所涉及的人事管理工作。根据其定义可知内部管理机构主要负责微观层次的人力资源管理活动。

1) 内部管理机构的职能

(1) 内部专业化管理机构的职能

①人力资源规划。人力资源规划是公共部门按组织目标对人力资源进行数量上、质量上、结构上的需求与供给的预测,制定必要的措施、政策,确保组织在需要的时间和需要的岗位上获得各类所需人才的过程,主要包括晋升规划、补充规划、培训开发规划、人员调配规划、工资规划等。一方面,公共部门人力资源规划是以组织战略目标为基础的,是为实现公共组织战略目标服务的;另一方面,公共部门人力资源规划要对未来的情况进行预测分析,以增强人力资源管理的适应性和科学性。

②人力资源获取。人力资源获取是指公共部门从组织内外招募、甄别、选拔和录用合格人员,主要包括招募、甄选、任用与人力测评等。公共部门人力资源的获取大致可以分为准备、招募、甄选、录用和评估 5 个阶段,这 5 个阶段前后相连,缺一不可。在任职人员招聘活动的职责分工中,涉及 3 个相关部门:一是公共组织内的某个具体用人单位;二是该公共组织中的人事管理部门,即公共部门人力资源内部管理机构;三是对该公共组织有行政管理权限的人事主管机构,即公共部门人力资源外部管理机构。因此,内部管理机构在人力资源获取过程中需要协调好与相关部门的关系。

③人力资源开发。它是指为了保证员工拥有与工作岗位相匹配的知识和技能,并在此基础上不断提高工作绩效,同时也使员工得以不断发展的一系列政策、方法和程序等,主要包括职业管理、管理人员开发、教育培训与工作轮换等。公共部门人力资源开发与培训是以任职人员为主要对象、以工作为中心的定向培训。其目的是使受训者掌握履行岗位职责所必须具备的知识能力和技巧,从而使之提高效率和工作水平,改进工作方式。

④人力资源保障。它是指为维持员工的工作能力、保障员工权益而制定的一系列政策、措施等,主要包括薪酬福利、权利与义务、健康与安全、劳动关系、纪律与奖惩。薪酬对调动公务人员的工作积极性,保障公共部门的有效运转发挥了重要作用,内部人事管理部门要根据按劳分配原则、正常增资原则、平衡比较原则、物价补偿原则、法律保障原则、权变管理原则制定科学合理的公共部门薪酬制度,同时也要制定其他的人力资源保障制度。

⑤人力资源研究。人力资源研究是公共部门人力资源管理的一个重要职能,这一职能越来越受到人们的重视。每一个组织所面临的人力资源管理问题都是具体的、特殊的,研究一套适合本组织的目标、任务、环境、工作特点、员工特点的人力资源管理系统是必要的,也是可行的。人力资源管理系统主要包括人力资源战略管理、分类管理,以及人力资源管理改革等。

以重庆大学人事处为例,进一步说明公共部门人力资源内部管理机构的职能(资料2.3)。

【资料2.3】重庆大学人事处的职能

重庆大学人事处负责重庆大学校内人事分配制度方案的调研、拟定、组织实施;机构、编制、人事、劳资、队伍建设、教职工聘任与聘后管理。

一、贯彻执行国家有关人事工作的方针、政策,负责拟定出我校执行的具体方案;

二、队伍建设规划、计划的研究、拟定及组织实施;

三、校内人事分配制度改革方案的拟定、组织实施,负责行政、业务机构的增设与调整、职能的界定,教职工定岗、定编,调配、各类人员的补充计划及实施;

四、教职工工资、岗位津贴、福利计划的编制与管理工作;

五、中青年学术带头人和学科梯队的稳定、培养、引进及有关专家申报和兼职教师聘任工作;

六、三个月以上的教职工公派出国的计划、选派、联系和回归(配合各院进行)工作,因私出国(出境)等校内有关事宜;

七、教职工岗前及各种业务、技术培训;

八、教师、各类专业技术人员及教育职员的聘任、聘后管理、考核、奖惩等事宜;

九、人才引进、人员流动(退休、辞职、借调等),富余人员管理,临时用工及返聘人员管理;

十、机构、人事、劳动工资方面的统计报表事宜;

十一、博士后流动站的申报及博士后的日常管理;

十二、完成学校临时交办的其他工作。

(2)内部非专业化管理机构的职能

公共部门内部除了人事处、人力资源部等专业化的人力资源管理部门之外,其他的职能部门也在一定程度上承担了人力资源管理的相关工作,如部门内部人员的调整,人才的培养和选拔等。以某大学为例,学校的人事处负责整个学校的人力资源管理工作,而财务处、教务处以及各个学院等的职能部门内部,也涉及对该部门的人力资源、工作事务的管理工作,这样部门内部的管理在一定程度上也构成了人力资源的内部管理机构。这种类型的内部管理机构侧重于对具体工作事务的管理,围绕人岗匹配的问题,更多地促使人力资源更高效地完成部门内部的工作事务。

2)内部管理机构的特征

(1)执行性和法律从属性

公共部门内部人力资源管理机构一方面要贯彻落实外部人力资源管理机构的政策和制度,服从国家人社部制度的相关规定,依法进行人力资源管理活动;另一方面,内部管理机构所进行的人力资源管理活动也是为实现公共部门战略目标服务的,因此内部管理机构体现出明显的执行性与法律从属性。

(2)相对独立性

一方面,公共部门人力资源内部管理机构具有从属性,从属于公共部门权力机关,需要执行外部管理机构制定的政策制度;另一方面,内部人力资源管理机构所进行的管理活动是依法进行的,其所进行的人力资源管理活动得到了公共部门权力机关的授权,为了确保公共部门人力资源管理的专业性、有效性,必须对内部管理机构适当放权,保证其依法行使职权的独立性,实现权责统一,权责一致。

(3)适应性和创造性

人力资源管理活动离不开组织内外部环境的影响和制约,而且正是对环境的认知和把握,决定了组织人力资源战略管理的目标和方向。公共部门处在不断变化着的环境中,这就决定了公共部门人力资源内部管理机构要不断制定新的管理措施来适应、预测甚至是影响环境。内部管理机构具有执行性,并不意味着只是机械地、被动地执行政策,内部管理机构还必须具备一定的创造性,这样才能在面临风云变幻的各种局面时,采取随机应变、机敏灵活的措施,创新人力资源管理方式。

(4)社会性和服务性

由于公共部门掌握着国家和社会所赋予的公共权力,承担社会公共责任,为社会提供公共产品或公共服务,所以公共部门人力资源内部管理机构具有一定的社会性和服务性。服务性是公共部门人力资源管理的基本属性,服务性既体现在公共组织提供的公共产品的性质上,又体现在公共组织提供的公共产品的特点上,即公共产品大多以服务产品的形式体现。不同于企业人力资源管理,公共部门人力资源管理是为了提高公共人力资源素质、提升公共人力资源的价值,不是为公共组织自身谋求福利,而是为全体公民提供服务,为社会公众谋求公共利益。

(5)公共性和公益性

公共性是公共部门的本质属性,公共部门的一切行为,都必须符合公民的意志、利益和需求,有利于增进社会公共利益。公共部门人力资源管理必须紧紧围绕为社会提供公共产品和服务的组织目标来进行。公共部门人力资源管理的权限来源于国家和社会,肩负着谋求公共利益的责任,是为全体人民谋求公共利益,增进全社会的福祉,与企业追求自身利润最大化的要求完全不同,因此,在学习借鉴企业人力资源管理的理论和方法时应有所选择。

2.2 公共部门人力资源管理者

2.2.1 管理者类型

依据著名的公共部门人力资源管理专家克林纳对公共人事管理部门和管理者的角色分类方法,结合我国公共部门人力资源管理的特点,我们从管理主体掌握权力大小的角度,将公共部门人力资源管理者划分为以下 3 种类型。

1)直线管理者和监督者(领导者)

直线管理者和监督者是指公共部门人力资源管理职能部门的各级负责人。每一个直线管理者和监督者都肩负着完成公共部门人力资源管理的部门目标和对部门进行管理的职责。公共部门人力资源管理具有快速发展的特点，直线管理者和监督者往往是具有较强责任心并且精通业务的骨干，但公共部门人力资源管理又有效率与公平的要求，直线管理者和监督者又必须成为“准财务经理”“准人事经理”“准项目经理”等多种角色。如此多的管理功能必须要和公共部门人力资源管理的职能相匹配，才可以使直线管理者和监督者在角色和定位中找到平衡。直线管理者和监督者是指在公共部门人力资源管理范围内，围绕公共部门任务，对相应的员工进行包括激励、沟通、授权、培训等方面的人力资源管理者。

直线管理者与监督者的基本任务是完成本部门的组织目标，因此他们在日常工作中更注重具体的工作流程和结果。但是作为直线管理者与监督者的“人力资源管理”是其本职工作，也是直线管理者与监督者不可或缺的一项工作，核心价值就是要带领部门员工共同实现本部门的工作目标，因为每一个直线部门的工作不可能由某个个体单独完成，必须由直线管理人与监督者通过规划、组织、指挥、协调和控制部门员工来完成，而且不能简单地以完成年度工作目标作为衡量工作业绩的唯一依据，还需要直线管理者与监督者通过良好的沟通、有效的激励、恰当的集权与授权、有计划的员工培训和人才培养等方式，使公共部门人力资源管理在完成工作目标的基础上，实现可持续的发展。因此，要做到这些就要求所有的直线管理者与监督者都具备基本的人力资源管理理念，并掌握现代人力资源管理工具和方法。通过工作分析明确界定下属员工的权力和责任，评估岗位合理性与不同岗位的相对价值，有效地分解并管理所属部门的目标，理解并执行公司的薪酬体系并发挥其激励作用，有效地管理员工的绩效，进行有效的人才招聘、甄选和离职管理，帮助员工规划其职业生涯并建立学习型组织等。经过培训直线管理者与监督者建立起良好的公共部门人力资源管理体系。

2）专业型管理者（人事主管专家）

专业型管理者是指以人力资源专家为主体构成的、需要较多专业化知识的“专家中心”管理者群体，通常在人事部门工作，其职能为行政人员，为直线管理者或监督者提供支持和服务。这类管理主体的主要职责是指导和帮助设计并实施人力资源管理制度，从事薪酬设计和管理、培训开发与发展、招募甄选、组织沟通、组织变革等管理活动，充当管理顾问角色。人事主管专家须运用专业化的标准与判断来适当地回应冲突的要求，以及满足各种冲突价值和制度支持者的期望。

当代公共部门人力资源管理已不再满足于被动地以事择人的事务性管理，专业型管理者在组织中所处的地位使其自身通过积极、主动的规划和开发行为，推进公共部门不断适应内外部环境的要求，促进组织自身的变革和创新。变革过程既是组织结构、运行机制的变化过程，也是组织群体和个人社会心理、态度、行为变化的历程。在变革中，由于利益、安全感、对未来的不可预知性和不信任的态度，员工往往采取某些消极和抵抗的行为，从而导致他们与组织间的心理默契的瓦解。其间，人事主管专家在促进组织变革和化解变革中出现的问题等方面发挥着重要的管理作用。

第一，专业型管理者通过对组织可持续发展的深度思考，使自己成为组织改革的积极影响者和推进者。人事主管专家利用人力资源管理的专业知识,学习外界的先进经验,引入新的管理理念、思想和技术方法,以此为组织选择各个目标和方向提供直接的参照依据。而且,他们作为组织变革决策的参与者,也不断地参与策划,使人力资源管理部门适应于组织的转变和组织的灵活性,从人力资源管理方面保证组织变革过程的可行性。

第二,专业型管理者不仅是组织变革进程的重要推动者,而且他们还通过多种途径使所有组织成员认同组织变革。人力资源部门常常通过有计划的培训和教育活动,讨论组织发展的共同愿景,建立员工的共同价值观。同时,人事主管专家也通过与组织结构变化相适应的人事管理制度改革方案,如工作再设计、全面质量管理等,实质性地促使组织变革的实现。

第三,专业型管理者帮助员工化解改革中面临的问题和困境,减少员工对变革的恐惧和忧虑,化变革阻力为改革动力。人力资源部门鼓励员工参与组织变革方案的讨论和制订;通过职业生涯发展规划,为员工寻求广阔的发展空间;为员工提供心理咨询、福利保障计划等,降低员工的心理焦虑,增加其对组织的信任;与员工一起商讨绩效提高的方法,帮助员工改进生产力水平;通过有效的激励措施,鼓励员工积极创新;授权于员工,建立员工自主管理。参与促进组织发展的学习、工作团队,推进改革的顺利完成。

3)人力资源活动管理者

人力资源活动管理者是指以"现场管理者"的身份管理现场管理中要管理的对象,管理对象从大的方面可分为人员、设备、材料、方法和环境等五大部分,围绕这些对象而展开的各种管理目标中,最根本的可概括为提升管理品质、降低管理成本、确保任务完成、确保人员健康、保持员工工作环境舒适等五点。人力资源活动管理者也称通用型人力资源管理者,作为人力资源具体管理活动的主要主体,拥有相应赋予的权力,负责那些与机构目标实现直接关联的管理活动,承担公共部门人力资源管理过程中的具体事务和活动,推行各种人事管理政策,发展人力资源管理技术和管理方式等。贯彻执行上级人力资源管理中关于各项基础管理的规章制度,熟悉通用型人力资源管理的规范及检验评定标准,从而在公共部门人力资源管理过程中起到重要作用。

人力资源活动管理者的职责主要是负责组织对人力资源发展、劳动用工、劳动力利用程度指标计划的拟订、检查、修订及执行;同时负责制定公共部门人事管理制度,设计出合理的人事管理工作程序,研究、分析并提出改进工作意见和建议。人力资源活动管理者需要建立人事档案资料库,规范人才培养、考查选拔工作程序,严格遵守《劳动法》及地方政府劳动用工政策;负责对员工劳动保护用品定额和计划管理工作。人力资源活动管理者需要推行岗前培训与技能、业务的专业知识培训,以及专业技术知识与综合管理知识相结合的交替教育,完善培训模式及体系。

2.2.2 公共部门人力资源管理者的素质

1)政治素质

公共部门人力资源管理主体的政治素质主要包括政治立场、政治品德和政治水平。

政治立场需要与中国共产党的领导保持高度一致,且需要秉持为人民服务的基本理念,表现出较高的政治水平,才能够在从事各项管理活动中,保持正确的出发点,这是公共部门人力资源管理主体应具备的重要素质。公共部门人力资源管理主体的一个重要任务是依照公共利益的要求,使用宪法和法律授予的公共权力,对社会资源和价值进行权威性分配,并推行公共政策。与私营部门人力资源管理者相比,这就要求公职人员作为公共权力的具体执掌者和行使者,具备较高的政策认知能力,需要具有对公民利益的充分理解。很多政策的制定是出于对政治意图的考虑,而不仅仅是成本、技术和管理的考虑。尽管很多国家的公务员制度将公务员"价值中立"的去政治化设定为一个核心的制度,但是,当今国家的公共部门人力资源管理依然具有明显的政治性。例如,在重要官员的人事任用方面,公共部门要考量公职人员使用中的多元政治价值的平衡,要融合多方的政治利益;而相当数量的官员是通过政治选任和委任进入公职领域的,可见人事政策制定过程中就体现出较高的政治性要求。

2)文化素质

对公共部门人力资源管理主体来说,应具备基本的文化素质。需要掌握相关专业技能,需要具备一定的专业知识并掌握一定的科学管理方法,通过培训、学习,不断拓展自身的文化素质,以更好地解决在人力资源管理的过程中遇到的各类问题。尤其是人力资源管理专家,更需要具备较高的专业素质,来帮助公共部门人力资源实现更好的管理。

3)思想素质

思想素质也是公共部门人力资源管理主体需要具备的素质之一。管理者需要站在他人或员工的立场思考问题,在管理的同时,积极主动关心员工,时时刻刻为员工着想,当员工遇到困难,需要帮助的时候要挺身而出。避免出现对下属员工漠不关心、只以工作内容为导向的情形,同时公共部门人力资源管理者需要重视自我认知与自我反省,在不断自我认知与反省的过程中,寻找正确管理员工的方式与方法。

4)心理素质

公共部门人力资源管理主体具有良好的心理素质是解决众多问题的前提,因为他们是公共部门人力资源管理的灵魂,如果管理者情绪不好,会直接影响公共部门的执行力,因此,需要公共部门人力资源管理主体有很好的自我心理调节能力,既要通过自我的心理调节实现与下级员工的良好人际关系,也实现对组织的良好管理,让所管理的员工有激情、有信心地工作。培养公共部门人力资源管理者的心理素质,就是要发挥、发展、培养、提高、训练公共部门人力资源管理者智力与非智力因素的潜能、能量、特点、品质与行为。

2.2.3　公共部门人力资源管理者的能力

1)知识技能

克林纳和纳尔班迪认为,人们要想进入公共部门人力资源管理这一领域,首先必须对自己的职业生涯进行合理的规划;其次,需要针对公共部门人力资源管理事务的要求,不断丰富自身的知识和技能。在公共部门人力资源管理日益复杂化的今天,人力资源管理者应该主动学习以下知识:资料浓缩技能,迅速获得、整理、检视资料并得出结论;资料搜寻技能,了解不同资料的本质和来源,并知道其存取途径;知识多元技能,能够进行多元的逻辑思考,例如学习行政法,了解法规、规章对公共部门人力资源管理的影响;模型构建技能,从概念和理论中整理总结出具有应用性的管理模式;观察技能,能够观察、发现四周的细致变化;自我了解技能,了解自我的各项特质和优缺点;事业展望技能,对组织未来进行预测、展望的能力。

2)组织管理技能

公共部门人力资源管理主体需要具备的组织管理技能主要包括:组织目标管理认知能力,以人为中心,以成果为标准,自上而下地确定工作目标,并在工作中实行"自我控制",自下而上地保证解决问题,实现目标的能力;了解组织各个部分的功能及关系、了解组织结构、权力分配、管理方式等,知晓组织决定的影响力;授权技能,对职责和责任的分配能力;组织规划技能,制订并组织实施计划。

3)技术技能

公共部门人力资源管理主体需要具备的技术技能主要包括:对成人学习的认知,了解成人如何获得知识、发展职业技能和态度,以及在学习中存在的差异;技能确认技术,确定某一工作、职务或者角色所应具备的基础知识和技能;专业认知,对某一专业知识和特征的整体性认知;研究技能,对变化和新事物及时地了解、分析和掌握的能力,以及推进组织创新的能力;计算机应用技能,了解并能够使用计算机技术的能力;电子系统操作技能,了解并能使用、开发应用于教育、培训系统的各种电子信息技术;目标调配技能,具体描述、制定和调整目标的能力;绩效观察技能,跟踪、描述员工行为绩效及其效果的技能;培训理论与技巧,了解培训的作用和需求,发展其常用的方法和技巧;后勤支援技能,有效规划、使用和协调组织资源的能力。

4)人际关系技能

公共部门人力资源管理主体具备的人际关系技能主要包括:员工指导技能,协助员工个人了解其需求、价值观、目标和能力;反馈技能,将沟通的信息或结果传达给员工个人;团队组织技能,了解影响团队运行的要素和需求的能力;协商技能,妥善解决冲突,获得双赢的结果;呈报技能,清晰的口头报告能力;询问、倾听技能,通过询问,搜集资料信息,了解事情的走向;关系建构技能,建立个人与团队的信息网络;写作技能,具备书面资料的书写、整理和呈现的能力。

2.2.4 公共部门人力资源管理主体的特征

1)政治性

政治性是指为维护和发展公共利益而处理公共部门内部以及与其他阶级、民族、国家的关系所采取的直接的策略、手段和组织形式。公共部门人力资源管理中,政治性的体现主要来自政治领导机构和由直线管理者与监督者推行的、实施的涉及各个领域,在各种社会活动中占主要地位的活动,进而起到对公共部门内部的权力分配和使用等作用。

2)权威性

公共部门人力资源管理主体必须具有使人信服的力量和威望,让管理对象对结果不产生怀疑,从而提高公共部门的效率。必要时需要通过提高直线管理者与监督者的业务水平,减少有悖常理的具体管理行为与管理方法。权威性与严肃性是密切相关的。如果直线管理者与监督者真正做到了严肃性,做到了公正、公开,自然会提升下属员工心目中的直线管理者与监督者的权威性,这也是我国公共部门直线管理者与监督者权威性的体现。

3)合法性

公共部门人力资源管理主体的合法性建立在权力合法性的前提下,还必须建立在公共部门人力资源管理者共同认可的权力基础上,可以是传统型、法理型和个人魅力型这3种基本权力类型。这也是公共部门人力资源管理者区别于企业等私人部门人力资源管理者的显著特征之一。

4)制度性

由于公共部门人力资源管理具有较强的政治性,因此很大程度上也缺乏像私营部门人力资源管理的自主性和灵活性。表现在各个部门人力资源管理活动是在国家宪法、法律、规章的约束下进行的,所有活动均需法律授权;各个部门的活动受到公众的高度监督,且部门之间存在着较强的相互依赖性,相互牵制。在公共部门,制度性体现为要求其成员共同遵守并按一定程序办事的规程,它是一种行为规范,是用来规范和约束通用型人力资源管理者的思想行为的,是需要公共部门人力资源管理者共同遵守的规章、条例、规章、办法的总称。只有公共部门人力资源管理者保证了良好的秩序,各项人力资源管理工作才能正常开展。制度性保证公共部门的有效运转,是达成公共部门目标的可靠保证,也是实现公共部门人力资源管理公平、公正、公开的必要条件。

5)公益性

公共部门人力资源管理者的公益性特征主要体现在非营利性和具有社会效益性上。因为公共部门所处理的事务主要以公共利益为主,所以公共部门人力资源管理者的公益性是以谋求社会效应为目的,具有规模大,服务对象受益面宽,服务年限长,影响深远等特点。

6)人文关怀性

公共部门人力资源管理者的人文关怀性,一般认为其核心在于肯定人性和人的价值,尊重下属员工的理性思考,关怀管理对象的精神生活等。具体包括:尊重下属的主体地位和个性差异,关心丰富多样的个体需求,激发主动性、积极性、创造性,促进管理对象自由全面发展。这也成为公共部门人力资源管理者亟须形成的特征。

【本章小结】

在当今公共部门人力资源管理活动中,我们从概念自身出发,并依据著名公共部门人力资源管理学者的相关研究,结合我国公共部门人力资源管理的特点,将公共部门中人力资源管理的主体分为管理机构和管理者两大类型。其中管理机构又可分为内部管理机构和外部管理机构;管理者也可分为直线型管理者、专业型管理者和人力资源管理活动管理者三大类型。在此基础上,进一步对管理主体的能力及特征等进行深入探讨,以促进公共部门人力资源管理主体和客体间的良性互动,实现人力资源的最优配置。同时,也帮助公共部门人力资源管理者认清自己的管理职能及应该具备的能力素质,依据管理客体的特点,采取有效的管理方式,促进公共部门人力资源更好发展。

【案例分析】

【案例 2.1】人员分类与选拔的关系

某处长和他的 4 个科长举行定期工作会议。他习惯于每次会议只讨论一个主题。这一天讨论的主题是各科所管辖的 20 位管理人员的素质问题。

"我们这个部门很少出现优秀的管理人员。"处长说,"我们有五六个杰出的管理人员,但是更多的人表现不好,当你向我推荐候选人时,你是如何去物色的呢?"

"我认为最好的技术人员可以成为最好的管理人员。"有一个人说,"他们会得到同事和部属们的重视,他们都看重技术高的能人。我发现这样的人可以非常有效地训练新的管理人员,并努力工作。他们自己也能做好最需要的工作。"

"也许这就是问题的所在,"处长说,"那样的人从来不会去学习管理,因为他把时间都耗费在技术工作上了。"

"当我考虑每件事时,"另一位科长说,"我会根据一个人的资历来推荐他。这种方法是很流行的,因为似乎每个人都指望以此来继承职位。"

"那么你认为,"处长说,"年龄是管理人员的唯一,或者最起码是最重要的资格? 这种说法容易违背所学过的管理学知识。我们能说候选人在得到职位之后,就有了精通管理知识的能力和愿望吗? 这符合实际吗?"

随后的讲话中,大家所拥护的好像是平日与人相处融洽、给人印象好、有进一步晋升的能力、严格的责任感等。处长明显变得沮丧起来。在会议结束时,他叹道:"难怪在选聘管理人员上我们有 40%的失败率!"

案例讨论:

1.从上述案例中,你认为大家在推荐管理者时使用的是哪种分类方法。

2.上级部门在选拔和任用管理者时,最看重管理者哪些方面的能力和素质。

3.造成上述现象的深层原因是什么?

【思考与练习】

1.公共部门人力资源管理主体的类型及分类依据是什么?
2.我国管理人事制度的政治领导机构的类型及职能有哪些?
3.和企业相比,公共部门人力资源管理的主体有什么特征?

第3章　公共部门职位分析

【知识目标】

1.了解职位分析的概念。

2.了解职位说明书的概念。

【能力素质目标】

1.选择满足特定目标的职位分析方法。

2.确定职位分析之前需要搜集的相关资料。

3.解决职位分析过程中遇到的各种困难。

4.获取与分析职位分析的数据。

5.撰写职位说明书。

6.应用职位说明书到人力资源管理的其他环节。

7.阐述职位分析的价值。

8.解释职位分析的技术要领。

3.1　公共部门职位分析概述

3.1.1　公共部门职位的内涵

1)公共部门职位的定义

职位通常也称岗位,是指在一定时期内,组织要求员工个人完成的一项至多项责任。职位与员工一一匹配,两者数量相等,是组织的基本元素。职位也是社会分工的必然产物,人类组成社会便具备了职位产生的理由。

公共部门职位是指符合一定标准,由上级组织分配给公职人员的职务和职责的集合体,它强调的是工作人员担任的不同性质和类别的职位,而不是担任该职位的个人。

2)公共部门职位的构成

公共部门与职位的结合是政治理论特别是国家、政府理论发展的产物,公共部门职位由职务、职权和责任3个要素构成。

职务与职位是两个不同的概念,前者是主要职责在重要性和数量上相当的一组职位的集合或统称,虽然有基于不同职位性质的内涵,但更强调担任职位的个人品位等级;后者强调的是某一时期内某一主体所担负的一项或几项相互联系的职责集合。例如,某县科技局局长、公安局局长是两个不同的职位,但他们同属乡科级正职层次的领导职务。

职权是指公共部门职位范围以内的权利,以保证员工履行职责,完成工作任务。职权是履行职责的重要保障。

责任是指担任一定公共部门职务的人对某一工作的承诺,具有约束任职者工作行为的意义,意味着任职者必须做什么或不能做什么。职权的大小与职位的高低往往是成正比的;同时,职权与职责也要对等,避免出现权大责小或权小责大的问题。

3.1.2　职位分析的内涵

1)职位分析的定义

职位分析又称工作分析,是指对某个特定的工作职位的目的、任务或职责、权力、隶属关系、工作条件、任职资格等相关信息进行全面收集与分析,以便对该职务的工作做出明确规定,并确定完成该工作所需要的行为、条件、人员的过程。

2)职位分析的对象

①职位的输出特征,即一项工作最终结果的表现形式,如产品、劳务等。

②职位的输入特征,指为了获得上述结果,应当输入的所有影响工作完成的内容,包括物质、信息、规范和条件等。

③职位的转换特征,指一项工作的输入是如何转换为输出的,其转换的程序、技术和方法是怎样的,在转换过程中,人的活动、行为和联系有哪些。

④职位的关联特征,即工作在组织中的位置、工作的责任和权力是什么,对人的体力和智力等有什么要求。

3)职位分析的内容

具体来说,职位分析就是要为人力资源管理活动提供与工作有关的各种信息,重点要回答“某一职位是做什么的?”和“什么样的人最适合这个职位?”这两个问题,前者的答案实际上就是工作描述,后者的答案称为工作规范或者任职资格。

一般可以用6个W和1个H加以概括:Who,谁来完成这些工作? What,这一职位的具体的工作内容是什么? When,工作的时间安排是什么? Where,这些工作在哪里进行? Why,从事这些工作的目的是什么? Whom,这些工作的服务对象是谁? How,如何来进行这些工作?

4)职位分析的信息来源

①职位分类资料,如职位描述、职业数据以及其他的政府和行业的公开资料。如美国劳工组织发布的《职位分类大典》(The Dictionary of Occupational Titles),我国政府颁布

的《中华人民共和国职业分类大典》等。

②内部文件,如政府文件、规章制度、已有的工作描述、档案合同,以及其他的书面材料。

③人员信息,如目标职位的直接上级、同事、下级和服务对象,以及组织中相关的其他人员。

5)职位分析的结果

职位分析的主要结果是形成职位描述和任职资格说明书,为人力资源管理的各项活动提供标准,保证人力资源管理活动的公平、公开和透明。绩效指标、薪酬等级、招录、培训等需要根据职位描述和任职资格说明书来加以确定。

职位描述也称工作说明书,其基本要素包括工作名称和标志、工作概要、工作职责和工作环境,还可以包括工作关系、工作权限、工作程序、工作范围、工作业绩、工作负荷、工作特点和领域等要素。

任职资格说明书包括的基本要素是胜任工作所需的能力,如体能、技能、知识、能力或其他要求。

3.1.3 公共部门职位分析的思想来源

1)社会分工思想的产生

职位分析起源于社会分工思想。关于社会分工的思想,许多中外学者,如管仲、荀况、苏格拉底、柏拉图和亚当·斯密等,都曾论述并强调社会分工对提高工作效率、促进个人能力发展和社会发展的作用。

(1)管仲的四民分业定居思想

管仲主张将社会职业化分为士、农、工、商四大类,各按其职业“群萃而州处”。从社会分工的角度看:第一,同业聚居有利于交流技术,促进生产发展;第二,有利于信息沟通,对商品生产和流通有很大的作用;第三,有利于本职业的发展,为本行业提供稳定的劳动力;第四,有利于养成专业技术氛围,为社会技术教育提供良好的环境。

(2)荀况的群体分工思想

荀况把分工称作“曲辨”,特别强调分工的整体功能。“人,力不若牛,走不若马,然牛马为用,何也?曰:人能群,彼不能群也。”认为,群体的力量产生于合理而科学的分工,通过分工使群体获得更大的力量。

(3)劳心劳力之分

在“樊迟请学稼”的对话中,人们认为孔子看轻农业,鄙视体力劳动。事实上,孔子的思想体现了社会分工的观念和重视脑力劳动而轻体力劳动的思想。而孟轲“劳心者治人,劳力者治于人”的论断也是讨论如何区分社会工作的伦理问题。

(4)柏拉图的分工思想

在《理想国》中,柏拉图认为:个人的工作才能存在差异,工作的具体要求也存在差异,每个人应当做适合自己的工作;工人要专门化,做力所能及的工作,特定的工人从事特定的工作从而提高效率,创造出更多的财富;做适合的工作是管理目标。

(5)色诺芬的比较优势思想

古希腊历史学家和社会活动家色诺芬认为,不仅要研究整个社会的分工,即宏观的分工,而且要研究单个工场中的分工,即微观的分工。人们创造的财富大不相同,职业间经济差距明显。他认为一个人不可能精通一切技艺,所以劳动分工是必要的。社会分工能使产品制作得更加精美,还能提高产品的质量。

(6)亚当·斯密的社会分工论述

亚当·斯密在《国富论》中指出,分工与国家财富之间存在紧密的联系,分工在管理上对提高劳动生产率有 3 个优势:分工可以更快地提高劳动者的技术熟练程度;分工能够让每个人专门从事某种作业,能够减少从一项作业转到另一项作业所消耗的时间;分工可以促进专门从事某项作业的劳动者时常改革劳动工具和发明机器。

2)早期的职位分析理论

19 世纪末 20 世纪初,早期的职位分析理论随着古典管理理论的逐步发展而完善。这时的职位分析理论主要是由于社会分工的需要而产生的,主要以泰勒的科学管理思想、法约尔的一般管理理论以及韦伯的理想行政组织理论为代表。它们的主要特点是结构化、非人格化、规范化和等级化。

(1)泰勒的科学管理理论

泰勒科学管理思想的提出,代表着管理开始成为一门独立学科,在亚当·斯密分工论述的基础上,泰勒开展工时研究和动作研究,确保每一个动作的标准和所需要人员的品质,让工作和人相互适合,真正地实现人岗匹配。与此同时,泰勒实现了对工作流程的梳理,指出了工作中无效的环节,这有利于规范生产流程、明确岗位职责。在分工的基础上,早期的管理思想发展了最初的职位分析技术:动作研究、工时研究和工作标准化。

(2)法约尔的一般管理理论

亨利·法约尔第一次清楚地区分了“经营”和“管理”的概念,把管理分解成为计划、组织、指挥、协调和控制五大职能,并提出了管理的十四项原则。一般管理理论对于职位分析的最主要贡献在于对“组织”这个概念本身进行了规范。法约尔的管理职能与管理原则为职位分析提供了正确的理论指导。

(3)韦伯的理想行政组织理论

韦伯在管理思想上的主要贡献在于提出了“理想的行政集权制理论”,被世人称为“组织理论之父”。韦伯指出理想的行政组织就是一种一切以制度至上的组织,组织内部必须建立起绝对的权威,所有人都必须遵守规章制度,每一个员工只可以服从制度,而非某个人。在这种理论下,员工间的等级关系决定了组织的结构,制度的存在规范了工作的流程,进而推动组织结构和流程的发展。

3.1.4 公共部门职位分析的意义

1)职位分析的作用

职位分析对组织的战略落地和组织优化具有十分重要的意义。

(1)实现战略传递

通过职位分析,可以明确职位设置的目的,从而明晰该职位如何来为组织整体创造价值,如何来支持组织的战略目标与部门目标,从而使组织的战略在直线指挥系统上能够得以落实。

(2)明确职位边界

通过职位分析,可以明确界定职位的职责和权限,消除职位之间在职责上的相互重叠,从而尽可能地避免由于职位边界不清晰导致的扯皮推诿,防止职位之间的职责真空,使组织的每一项工作都能够得以落实。

(3)提高流程效率

通过职位分析,可以理顺职位与其他流程上下游环节的关系,明确职位在流程中的角色与权限,消除职位设置或者职位界定所导致的流程不畅、效率低下等现象。

(4)实现权责对等

通过职位分析,可以根据职位的职责来确定或者调整组织的分权体系,从而在职位层面上使职责找到一致落脚点。

(5)强化职业化管理

通过职位分析,在明确职位的职责、权限、任职资格等的基础上,形成该职位工作的基本规范,从而为职工职业化素养的培养打下良好的基础。

2)公共部门职位分析的特殊意义

早期政治恩赐制度下的传统职位管理从未对职位进行过分析与分类,公共职位的主要目的是他们作为"分赃物"的功能,而非满足公共管理的需要。随着公共部门改革的推进,人们越来越倾向于把科学管理应用于公共管理事务,把公共组织从政治压力下剥离出来。

在公共部门进行职位分析是职位分级分类的前提。我国实行职位分类的范围是国家行政机关。国家行政机关的职位分类,主要内容包括设置国家公务员的职务和等级序列两个方面。职务根据规定的机构规格、编制限额、职位等设置。我国实行公务员职务与职级并行制度,职务分为两类:领导职务和非领导职务。我国国家公务员的级别,按照其所任职务及所在职位的责任大小、工作难易程度以及国家公务员的德才表现、工作实绩和工作经历确定。在职位分类的基础上对国家公务员进行分级,是我国公务员制度的一大特色。级别的含义和功能在于:级别是职务、能力、业绩、资历的综合体现;级别是确定公务员工资待遇及其他待遇的重要依据;级别是对不同类别职务进行平衡比较的统一标尺。

通过职位分析,根据职位的工作性质、责任轻重、难易程度和所需资格条件,分成若干不同的类别和等级,从而对组织职位进行分类管理。

3.2　公共部门职位分析的实施

公共部门通常在以下情况下需要进行职位分析：

①缺乏明确完善的书面职位说明书，员工对职位的职责要求不清楚。

②虽然有书面的职务说明，但说明书描述的具体职责内容和工作所需的知识技能与实际情况不符合。

③在部门内部经常出现推诿扯皮、职责不清或决策困难的现象。

④当需要招聘某个职位上的新职工时，发现很难确定用人的标准。

⑤当需要对在职人员进行培训时，发现很难确定培训的内容。

⑥建立一个新的组织或者成立一个新的部门时。

⑦由于战略的调整和组织发展，使工作内容、工作性质发生变化时。

⑧因办公技术创新，工作效率明显提高，需重新进行定岗、定员时。

那么如何进行科学的职位分析？在具体实施中需要重点把握以下方面。

3.2.1　明确职位分析的内容

职位分析内容的确定是进行职位分析最重要和最基本的环节，也是职位分析人员进行操作的依据。根据职位分析的目的和用途不同，职位分析的内容也有不同的侧重点，但从一般意义上来讲，每一项职位分析都要包括两方面的内容：一是职位描述，二是任职说明。

1）职位描述

工作行为研究的结果常常表现为有关工作流程与行为的描述，当分析的重点是任务的时候，职位分析的结果常常是职位任务描述。职位描述应当具体说明该项职位的特点和环境背景，主要解决职位内容与特征、职责权任、职位目的与结果、职位标准与要求、职位职责与条件、职位流程与规范等问题。职位描述既包括对职位内容的描述，也包括对职位背景的描述。

（1）对职位内容的描述

①职位的职责或职能，即该职位上的工作人员的主要责任范围。如人事处长的职责是负责本处室的人力资源管理活动，并与所属部门的总体策略协调一致。职位内容是指所担当的职位任务，即完成该职位职能所需要从事的一系列活动。如该人事处长的职位任务即负责人事调动、培训及档案管理等。

②操作执行层面的具体事项，包括在完成一项任务时需要执行的步骤。如该人事处长在完成人事调动任务时，需要在调动书上签字盖章等。

（2）对职位背景的描述

①报告关系，即该职位在公共部门组织结构中的地位，也就是说处于哪个层级系统，其上级部门和下属部门分别是哪些。

②监督关系，即该职位在公共部门中所需要接受的监督及进行监督的性质内容等。

③职权及判断自由程度，即该公职人员在完成该项职位时拥有多少职权和自由判断的程度等。

④职位条件和物理环境，即职位地点的温度、光线、湿度、噪声、安全条件和地理位置。

⑤社会环境，即职位群体中的人际关系，完成职位所需要的人际交往的数量和程度，与各个部门之间的关系，职位地点内外的文化设施，社会习俗，职位群体中其他人的个人情况，如年龄、性别和性格等。

⑥聘用条件，即公职人员在该公共部门中的有关职位安置情况，包括职位时数、工资结构、支付工资的方法、薪资待遇、职位的晋升机会、职位的季节性进修的机会等。

2）任职说明

任职说明又称职位要求，它包括从事某项职位的公职人员所必须具备的各种条件。

①一般要求，主要包括年龄、性别、学历和职位经历等。

②生理要求，主要包括健康状况、力量与体力、运动的灵活性和感觉器官的灵敏度等。

③心理要求，主要包括观察能力、记忆能力、理解能力、学习能力、解决问题能力、创造性、数学计算能力、语言表达能力、决策能力、特殊能力、性格气质、兴趣、爱好、态度、事业心、合作性和领导能力等。

3.2.2 做好职位分析的准备

1）确定分析目标

特定的目标决定了职位分析的范围、对象、内容和方式方法等。如果编写职位说明书并以此制订招录条件，那么分析的侧重点就应该是该职位的主要职责以及对任职者的要求，如果以制订绩效考核标准为目的，那么侧重点可以是每项工作任务的标准、时间、数量和质量等。

2）制订实施方案

方案的主要内容包括职位分析的目标、任务、实施步骤与时间安排、小组成员的构成、所需要的信息、现有资料的搜集与分析、搜集信息的方法与渠道、职位分析的成果形式等，还包括以上环节的主要注意事项。

3）组建分析小组

小组的成员一般由三类人员组成，一是部门的领导；二是人力资源管理部门及熟悉部门情况的专业人员；三是外部的专家和顾问，他们具有丰富的经验和专业的技术，可以防止职位分析出现偏差。

4）搜集背景资料

搜集背景资料主要包括职业的分类情况、部门职能和结构情况以及工作流程情况，可以借鉴职位分类大典和职业分类词典等工具书，了解职位的基本情况。

5）培训分析人员

其目的是使职位分析人员思想统一，就职位分析的程序、内容和最终的职位分析文件达成共识，主要内容包括对流程安排、对象背景、理论知识、沟通技巧、观察能力、记录能力和文字表达等的培训。

3.2.3　选择职位分析的方法

1）职位分析方法的体系

职位分析的方法可以分为定性和定量两种，定性的方法主要包括现场观察法、访谈法、工作日志法、文献分析法、主题专家会议法、关键事件分析法、参与法等；定量方法主要包括工作定向问卷、工作者定向问卷和360度反馈法等。

职位分析的方法还可以分为人员导向的方法和工作导向的方法，前者主要包括职位分析问卷（PAQ）、管理人员职位描述问卷（MPDQ）、工作要素法（JEM）、临界特质分析系统（TTAS）等，后者主要包括职能工作分析方法（FJA）、任务清单分析系统（TIA）、关键事件法（CIT）等。

观察法、工作日志法、访谈法、问卷法等是职位分析的基础方法。不同的职位分析方法在满足不同分析目标，达成分析过程的信度与效度情况，以及不同工作性质、分析对象等的针对性上存在差异，在使用的时候需要根据实际情况进行取舍。

2）通用职位分析方法

（1）直接观察法

职位分析常用的是直接观察法，就是在自然状态下，有目的、有计划地直接观察任职者的工作情况。这种方法对主要由身体活动构成的工作进行分析非常有效。但是，当工作中包含许多难以测量的脑力活动时（如侦查员、法官的工作），观察法就可能不太准确。此外，对于负责处理一些突发事件（如抢险、紧急事故处理）的职位来说，由于这些事件偶尔才会发生，所以运用直接观察法也很困难。

直接观察法通常和访谈法结合使用。方式之一是首先运用观察法对任职者在一个完整工作周期中完成的工作进行观察并记录下来，然后在积累的信息已经足够多的时候再与任职者进行面谈。方式之二是在任职者工作时，一边对其进行观察，一边进行访谈。通常运用第一种结合方式，这样可以在不受影响的情况下观察任职者的工作，也可以减少任职者因变得焦急而不按常规工作的可能。

观察法的优势在于，通过观察，分析者能够确定花在工作任务上的实际时间，而不是估计时间。观察不易受偏见或误解的影响。当任职者对自我工作表述方面欠缺时，分析人员可以通过观察来获得正确的信息。使用直接观察法，分析者能够通过比较记录去核查结果的一致性，可以根据职位分析的实际需要有选择性地搜集各种不同的信息。

观察法的不足在于，可能出现的误差很多，如遗漏细节、以偏概全、晕轮效应、信息扭曲、刻板印象、主观判断等。直接观察法的成本也比较高，主要是选聘和培训观察分析师的成本较高，对于工序复杂的大型国有企业来说，对有代表性的工作进行观察，往往需要

1~3年。

(2)工作日志法

工作日志是任职者一天中工作活动的记录,工作日志分析法要求每个任职者将自己所从事的每一项工作按照时间顺序以日志的形式记录下来。工作日志提供的信息一般真实可靠,所以向职位分析人员提供的是一个非常完整的工作图景。如果再辅以访谈法,工作信息的搜集效率会更高。

工作日志的内容主要包括活动方式、活动对象、活动结果、频次、起始时间、活动地点、工作联系、性质及重要性程度等。

工作日志法的优势在于获取信息的准确,且获得信息的过程简单,成本较低。如果工作日志的记录很详细,就能够获得访谈法、问卷法等方法无法获得或者观察不到的细节。

工作日志法的不足在于:使用的范围较小,工作日志的填写可能会干扰员工的工作;分析人员无法对日志的填写过程进行有效的监控,导致任职者填写的活动详细化程度可能会与工作者的预期有差异。例如,任职者可能不会按照规定的填写时间及时填写工作日志,导致填写的信息不完整;如果部分非常重要但发生频率低的任务没有发生在填写时间区间内,而任职者没有填写,就会导致重要信息的缺失;如果日志填写的时间短,则搜集的信息难以覆盖工作的全部。由于用工作日志法搜集的信息量大,归纳分析工作较烦琐。

(3)访谈法

访谈法是对工作人员进行引导性的提问和交流,获取对职位分析有帮助的各种直接信息和间接信息的方法。访谈法简单、快捷、高效、可靠,是唯一适用于各层各类职位的职位分析方法,也是对中高层管理职位进行深度职位分析获得最好效果的方法。但访谈法不能单独使用,要与其他方法一起使用。访谈法也是招录和人才测评的主要方法之一。访谈法可分为非结构性访谈、半结构化访谈和结构化访谈。

访谈法最大的缺点是搜集到的信息容易失真。由于职位分析经常被用作改变薪酬的依据,员工往往将职位分析与工作绩效评价混同,会夸大某些职责或人为地弱化某些职责。

为了提高信息的真实性,访谈法必须依据结构化问卷或逐项核对式问卷进行;访谈前必须对访谈者进行培训,包括培训职位分析理论与技术;事前必须与被访谈者进行沟通,至少提前一周告知被访者,最好有书面访谈指引;访谈必须确保找到了解目标工作的职工;访谈期间应尽快与被访谈者建立融洽的关系,使被访谈者全力配合访谈;访谈者在访谈中要对被访谈者提供的信息及时反馈与确认,并复述要点。

(4)问卷法

问卷法是指根据职位分析的目的、内容,事先设计好职位问卷,由被调查者填写,然后分析人员根据他们的回答,确定职位工作的重要性、难易程度及其与其他职位工作的关系,形成对职位分析的描述信息。问卷法主要是定量分析,可以获得具体、详细的职务信息。问卷可以自行编制,也可以使用已有的问卷。

运用问卷法首先要考虑如何安排问卷的结构,有两种极端的问卷结构:一种是结构极其完整的问卷,将与职位相关的特定任务与工作全部罗列出来,任职者只需回答是否要做这些工作,如果是,再注明完成每项工作任务要花多长时间。另一种是完全开放式的问卷,只简单要求任职者回答诸如"描述你的工作任务"之类的问题。实际操作中,问卷法的运用通常介于这两种极端情况之间,既有结构性问题,又有开放式的问题。此外,还要合理设计问卷包含的提问,以便能准确真实地搜集所需信息。

制作结构化问卷时,首先要通过定性分析,找到有效搜集各种职位信息的分析要素、指标;其次要用语言恰当描述这些要素、指标;再次要给每一要素指标语句赋予恰当的评定等级数字,便可形成一份初步职位分析调查问卷;最后使用这一份初步问卷进行规范的抽样式调查,并进行信度、效度检验,就可能得到一份较为科学的正式职位分析调查问卷。使用这一职位问卷,就可以搜集到较为科学的职位分析信息。

3)常用工作分析问卷介绍

(1)职位分析问卷

职位分析问卷(Position Analysis Questionnaire,PAQ)是麦科密克(E.J. McCormick)在1972年提出的一种适用性很强的职位分析问卷,是以人为中心,基于计算机软件的系统性职位分析方法。最初用统计推理的方法进行职位间的评价,以确定相对报酬。后来,研究者发现职位分析问卷提供的数据也可以作为其他人力资源管理工作的依据,如工作分类、工作设计、职业生涯规划、培训、绩效考核及职业咨询。当前职位分析问卷在国外已经广泛应用,效果良好。

职位分析问卷应由职位分析人员来填写。职位分析人员对被分析的职位必须相对熟悉。职位分析问卷有严格的结构,包括6个分量表、33个维度、187个题目。每个题目都有一个级别的分数,通过计算6个分量表的分数,可以确定工作在6个方面的需求情况,在此基础上可以对工作进行比较和分类,从而制订工作描述和任职资格说明书。职位分析问卷的6个部分如下:

①信息输入。它描述的是工作人员在工作时所接触到的各种信息,包括知觉解释(即工作人员对感觉到的事物的解释)、信息的使用(即如何使用各种已有的信息资源)、视觉信息获取(即在工作中通过对设备、材料的观察获取信息的多少与程度)、直觉判断(即对感觉到的信息所做出的判断)、环境感知(即对各种环境条件的感受)、知觉运用(即在工作中使用各种知觉的程度)。

②思考过程。它描述的是工作中需要进行哪些推理、决策、计划和信息处理活动等问题。

③体力活动。它指的是工作中需要完成的体力活动以及使用哪些机器、工具和设备等,包括身体活动(即工作过程中除了坐立之外的其他身体活动)、控制身体协调(即工作中操作控制机械的情况及其流程)、技术性活动(即工作中从事技术性或技巧性活动的情况)、使用设备(即工作中是否使用大量的各种各样的装备、设备)、手工活动(即从事与手工操作性相关的活动情况)、身体协调性(即工作中是否需要身体一般性协调)。

④人际关系。它指的是在工作中需要与哪些人发生何种内容的工作联系,包括信息

互换(即相互交换相关信息情况)、一般私人接触(即从事一般性私人联络和接触的情况)、监督和协调(即从事监督、协调等相关活动的情况)、工作交流(即与工作相关的信息交流)、公共接触(即公共场合的相关接触)。

⑤工作环境。它指的是工作时所处的自然环境和社会环境,包括潜在压力环境(即工作环境中是否存在压力和消极因素)、自我要求环境(即对自我严格要求的环境)、工作潜在危险(即工作中的危险因素)。

⑥职务的其他特征。它指的是其他有关工作的行为、特征、条件,包括典型性(即典型性工作时间和非典型性工作时间的比较)、事务性工作(即从事事务性工作)、着装要求(即自我选择着装与特定要求着装的比较)、薪资浮动比例(即浮动薪酬与固定薪酬的比率)、规律性(即有规律工作时间与无规律工作时间的比较)、强制性(即在环境的强制下工作)、结构性(即从事结构性和非结构性工作活动情况)、灵活性(即敏锐地适应工作活动、环境的变化要求)。

职位分析问卷的优势。职位分析问卷具有较好的信度和效度,因而通过职位分析问卷搜集的数据较为可靠;操作性强,可方便、快捷地使用计算机处理和解释问卷得分;相对其他职位分析方法而言较为省时,应用较为广泛。

职位分析问卷的不足。职位分析问卷内容是针对基本工作要素而不是具体工作任务,因此不能精确区分不同职位,通常要结合使用职位分析的其他方法来开发职位说明书;职位分析问卷也不适合管理职位的职位分析;职位分析问卷对职位分析人员的专业性要求很高,问卷的指导语、项目描述和评价标准都需要职位分析人员具有很强的阅读能力。

研究者们对职位分析问卷的缺点进行了改进,以职位分析问卷为基础发展设计了工作元素调查问卷(Job Element Inventory,JEI),它包括153个与工作成功有关的工作元素,3级评分,由任职者自己完成。这种方法最大的优点就是使用简单,节省了大量费用和时间。

(2)管理职位描述问卷

管理职位描述问卷法(Management Position Description Questionnaire,MPDQ)是最具有针对性的一种方法。它是由美国著名职位分析专家托诺(W.W.Tornow)和平托(P.R.Pinto)于1976年针对管理工作的特殊性而专门设计的以管理岗位为分析对象的职位分析方法。与职位分析问卷法相似,MPDQ也是一种以人员为导向、高度结构化的职位分析问卷。

MPDQ通过对管理者的工作进行定量化测试,对管理者所承担的责任、拥有的权限、管理工作特征和任职条件等内容进行信息搜集与分析。在MPDQ的各种版本中,总共涉及1 500多个描述工作行为的题目,最终版本的MPDQ内容精简为15个部分、274项工作行为。

MPDQ的15个组成部分的内容含义分别介绍如下:

①一般信息。一般信息是指岗位代码、岗位名称、岗位任职者的姓名、工作职能范围、人力资源管理职责、财务管理职责和预算权限以及管理下级的类型和人员数量等描

述性信息。

②决策。决策主要包括决策活动和决策复杂程度。决策活动是一个过程,可以反映出决策过程中的各项行为,为岗位描述和岗位评价提供信息;决策的复杂程度与决策背景因素相关,可以为岗位评价提供依据。

③计划与组织。计划与组织主要描述战略计划的制订与执行情况。

④行政。这部分内容主要评估管理者的文件处理、公文写作与管理以及记录等行政管理活动。

⑤控制。这部分内容主要包括项目跟踪、质量控制、财务预算、产品生产、工作成效分析和其他商业活动等。

⑥督导。这部分内容主要描述的是与监督、指导下属相关的活动和行为。

⑦咨询与创新。咨询与创新主要描述技术性专家的工作行为,一般是为某类或某项工作以及直接或间接的下属提供专业性和技术性工作咨询与指导,比如律师、心理学家的行为通常属于这一部分。

⑧联系。联系主要包括内部联系和外部联系,搜集的信息包括联系对象、联系目的和联系方式与方法等。

⑨协作。协作主要描述内部联系过程中的工作行为,通常表现为部门内部与部门之间的协作活动。

⑩表现力。这部分内容所描述的行为通常表现在营销活动、谈判活动和广告宣传活动中管理者的表达能力上。

⑪监控商业指标。这部分内容的适用对象多是企业的高级经理人,商业指标包括财务指标、经济数据指标、市场类指标等。

⑫综合评定。这部分内容根据上述部分将管理活动划分为10种职能,要求问卷填写者评估这10种职能分别占整个工作时间的比重以及它们的相对重要程度。

⑬知识技能和能力。这部分内容要求问卷填写者分析为了高效完成工作所需要的知识、技能和能力要求,包括对31种素质的评定。本部分内容还要求问卷填写者回答为保证高效完成工作所需要接受的培训。

⑭组织层级结构图。这部分内容给出了一般性的组织层级结构图,让问卷填写者填写他们的下属、同级、直接上级和上级的上级分别是什么职位。搜集这部分信息有助于薪酬专家快速确定岗位任职者在组织中的位置。

⑮评论。问卷的最后一部分要求问卷填写人员反馈对问卷的看法。

3.2.4　公共部门职位分析的结果

1)公共部门职位分析的主要结果形式

职位分析的结果一般为工作描述,它是职位分析的直接结果形式,其表现形式有职位说明书、资格说明书和职务说明书等。工作描述指用书面形式对组织中各类职位的工作性质、工作任务、工作职责与工作环境等所做的统一要求。工作描述必须反映该项工作区别于其他工作的信息,说明有关工作是什么、为什么做、怎么做,以及在哪里做等。

工作描述的基本内容包括工作识别、工作概要、工作关系、工作职责、工作条件与工作环境等方面。

资格说明书又称工作规范,是职位分析结果的另一种表现形式,主要说明任职者需要具备的资格条件及相关素质,是以“人”为侧重点,可以分为管理职位资格说明书和一般员工职位资格说明书。

职位说明书,又称工作说明书,是对各类工作职位的工作性质、任务、责任、权限、工作内容与方法、工作应用实例、工作条件与工作环境,以及人员资格条件等所做的统一要求,是对工作描述中有关职位工作的规范化说明,是以“事”为侧重点,对职位进行全面、详细和深入的说明,是目标管理的基础。职位说明书的内容包括工作描述和资格说明书,既包括对“事”的说明,又包括对“人”的说明,是二者融为一体的职位分析结果。

职务说明书是工作描述再生形式中最为完整的一种,它包括资格说明书和工作说明书中所有甚至更多的内容。

2)职位说明书的编制

职位说明书在编制的时候,需要遵守一定的规则。需要准确选择职位说明书的格式,可以采用叙述形式,也可以采用表格形式;界定职位,指明工作范围和性质;选用专业的词汇来表示,比如分析、搜集、分解、监督等;使用规范文字填写;使用正确的表述方式,如使用简明直接的语言,每个句子应该以动词开头,省略不必要的词语,每个句子必须反映出一定目的,使用让读者一目了然的表达方式等;使用统一格式,注意整体的协调,做到美观大方;多层次、多角度地审核把关,邀请管理者、人事部门、外聘专家等共同审核把关。

职位说明书的编写没有固定的模式,但大多数模式都包括以下几项:

①职位名称。它是指每一个职位的称谓。职位名称应填写全称,包括职位所在单位以及内设机构的名称、主要工作项目的工作性质统称、领导职务或非领导职务的具体称谓。如××市人事局办公室主任。

②职位代码。它是指每一个职位的代表号码。职位代码由四部分数目组成:第一、第二部分分别为所在单位的代码,一律采用国家质量监督局规定的标准代码;第三部分为职位代码,从 00 开始编排;第四部分为职位在本部门的顺序号,由所在单位人事部门负责编码,从 01 开始编排。

③工作项目。逐步列出职能分解和职位设置时归并在该职位上的全部具体工作项目。

④工作概述。按照工作项目简要说明工作的内容、程序、职责及权限等。

⑤工作标准。列出各个工作项目所应达到的质量、数量的基本标准及时限要求。

⑥所需知识能力。本职工作必须具备的资格条件、常识、才能、技术和经验,如学历、掌握知识的科目及程序、工作资历,以及从事某些工作的经历、技术水平和对某种工作熟练程度的要求等。

3)公共部门职位说明书的应用局限性

从企业借鉴而来的职位说明书在公共部门职位管理的应用中显现出了局限性。

首先,不能适应公共组织使命变化要求的弹性工作分配过程。在等级森严的职业阶梯中,任职者要想升迁到更高一级的职位,必须具有低一级职位的工作经验,而不管其表现出来的能力和知识是否足以证明其能胜任更高的职位。同时,各级管理者也常常扮演着阻碍任职者由一类工作职位转向另一类工作职位的角色。因此,职位说明书有可能束缚该职位任职者日后的职业生涯发展。此外,随着公共事业的飞速发展,新的公共组织不断出现,原有的公共组织也在不断变革和发展,工作会随着组织目标的变迁而发生变化,传统的职位说明书对某一职位的静态描述将某工作或组织冻结在某一点上,限制了组织因工作变化而要求重新调配人员的能力。

其次,没有明确组织发生变化之后工作任务、绩效标准和最低任职资格之间关系的调整。由于组织环境、组织使命的变迁,组织中职位的工作任务也会相应发生变化。这时,工作绩效标准如何调整,任职的最低资格将如何变化,传统职位说明书并没有明确规定。如财政全额拨款的某公共组织变为部分财政拨款后,组织必然要考虑如何创收,部分职位的绩效标准必然要考虑经济效益,这些部分的最低任职资格也必须考虑任职者的经营技能和知识结构。

最后,传统的职位说明书并没有包含足够的信息,任职者难以认清自己的角色。传统职位说明书所列出的一般职责条款,如秘书职位的职责描述,适用于一系列职位,对具体涉及的工作任务性质的描述模糊不清,忽视了不同情况下具体职责的差异。而且像"其他临时分配的工作"这样的一般性条款,为管理者可能分配的任何额外工作提供了变通空间,却没有为任职者留下通过表现其特定能力以改变其工作的余地。因此,传统职位说明书尽管表现出某种程度的灵活性,但仅仅是单方面的,强调的是组织对工作采取层级式的自上而下的控制。此外,传统职位说明书仅仅对工作有概括性的说明,还缺乏一些与该职位工作有关的详细信息。因此,管理者还需运用一个调节期,以辅导任职者如何工作才能适应组织任务的需要。

4)传统职位说明书在公共部门的改进

针对上述局限性,传统的职位说明书需要作出相应的改进,如澄清组织对任职者的期望是什么;理顺组织任务、绩效标准和最低任职资格条件之间的关系;对职位的相关描述更具体明晰。

改进的职位说明书应包含下列信息:

①工作任务。对该职位而言,哪些工作任务更重要?对具体的工作任务,什么职责最重要?

②工作条件。哪些条件可使工作更容易(如为工作提供书面指南)或更困难(如面对愤怒的服务对象)?

③绩效标准。是否能为每一项任务从数量、质量或时限等方面设立与组织目标相关的合理的绩效水平?

④知识、技能和能力。在上述条件下,履行每项任务所需知识、技术与处理能力的最低标准是什么?

⑤资格。为确保任职者获得必要的知识、技术和能力,需要什么样的教育背景、工作

经验及其他资格?

⑥变化空间。组织环境或组织任命发生变化导致工作任务改变后,是否为相关的绩效标准、资格要求等留下相应改变的空间?这种改变的空间有多大?在什么情况下必须重新进行职位分析并重新编制职位说明书,而非简单地改变?

上述改进显示了一种结果导向,更加关注组织产出(某项工作产生的实际效果)而非投入(组织中应当设置哪些职位)。它们给出了组织对任职者的明确预期,还促使管理者及任职者认识到,组织环境或组织自身发生重大变迁后,组织职位的工作任务也会有很大变化,随之会导致绩效标准和最低任职资格之间关系的调整。但这种调整从严格意义上来讲,不属于职位说明书的简单改进,因为此时需要针对新的情况重新进行职位分析,重新编写职位说明书。

3.3 我国公共部门职位分析的现状与趋势

3.3.1 我国公共部门深化职位分析的紧迫性

长期以来,我国公共部门人事管理模式建立在"职务管理"的基础之上,围绕着"人"来开展,采用经验管理的方法,重视对现有人才的利用,实施以"事"为中心的规范的例行的事务性考核。这种以职位为核心的传统的人事管理的优点在于能够形式化说明需要完成的活动,并且在一段时期内也曾将这种优点体现得较为明显。

职位分析是组织人力资源管理的基础,由于公共部门长期以来对"职位"研究和管理的忽视,导致其他人力资源管理职能的失灵。比较美国和我国公共职位分类管理制度,最大差距是美国公共职位分类建立在工作分析基础上,我国公共职位分类未使用职位分析方法。因此,传统的人事行政管理模式需要加速向现代人力资源管理模式转变。

1)传统人事管理亟待改革

从概念范畴看,传统人事管理是基于组织正常运转的需要,根据一定的原则、制度和方法,对人事工作所进行的计划、组织、协调、监督、控制等一系列管理活动,是一种事务性、执行性、战术性、局部性、管制性的管理,影响范围有限,主要由人事部门人员执行,基本上不涉及组织高层战略决策。而现代人力资源管理则是一种战略性、长远性、主动性、系统性、整体性、服务性的人力资源的开发与管理,通过人力资源部门的创造性活动,科学合理地配置使用各类人员,使人的能力、创造力和潜力得到有效的开发和发挥。

从管理的内容来看,传统人事管理是孤立、静态的管理,造成录用与使用、使用与培训、培训与晋升奖励等环节互相脱节;在横向上形成人员的"部门所有制",把员工视为部门的财产,只重视对人才的拥有而不重视其使用,人才闲置、浪费、压制现象较为普遍。现代人类资源管理注重人力资源的整体性开发与利用,把人看成具有"内在建设性潜能"的主体因素,把人看作使组织在激烈的竞争中脱颖而出的关键性因素;在管理程序上体现了全过程的动态管理特征,把人员的录用、培训、考核、使用、调动、升降、奖惩和退休等有机地联系起来,注意通过教育、培训、授权、激励等一系列方法发掘人的潜能,提升品位,增值资本,从而使人力资源在使用过程中产生更大的效益。

从管理的效果来看,传统人事管理活动缺乏系统性,处于被动的执行层、操作层,被认为无须特殊专长、不需要专业知识、不需要良好的管理水平和综合素质,是一般人都能胜任的工作,被定位为后勤服务工作。而现代人类资源管理进入决策层、战略层,是在一整套先进的管理理念的指导下,积极主动地进行战略性、前瞻性的决策活动。人力资源部门的职责不仅是为组织输送优秀员工,而且要善于发现人才、培养人才,为组织创造积极向上、充满活力的环境。

2)公共部门缺乏系统的职位分析

1916 年,我国开始了人事心理学的研究。中华人民共和国成立后,开展了以功效学为代表的劳动心理学研究,职位分析开始起步。在 1984—1985 年,为了探索干部的德才和工作绩效的评定方法,心理学家在杭州开展了有关企业管理干部职位分析和测评的研究。他们运用个案法、工作日志法、问卷调查法和现职干部评定法等方法,对企业各个层次和部门的干部的工作任务及职位特征进行了比较全面的分析,包括工作内容、时间分配、技术难度、任务紧迫性、人际交往频率、职责和工作负荷等。这些研究明确了企业各级管理者的职责,初步确定了任职者所应具备的心理素质、知识和能力水平等条件。为各级管理者的选拔、培训、考核、调动、晋升打下了基础,取得了较好的效果。

随着改革开放和社会主义市场经济的建立,政府对社会进行全方位控制的管理模式开始松动,适合机关、事业、企业单位不同特点的分类管理模式逐步确立,但管理意识落后、管理手段简单、管理功能单一的问题仍不同程度存在,政府从宏观角度对人力资源的开发和利用工作仍存在很多不足,也就是说,政府现行的人事管理模式的弊端还没有完全消除。

总的来看,我国的人事制度改革仍处于发展阶段,大多数公共部门未对公共职位开展有效的工作分析。有些公共部门虽然做了职位分析,但是没有将职位分析的结果运用到人力资源管理中去。或者在机构改革中,并没有将职位分析做相应的调整,不能适应组织当前的需要。

职位分析的缺乏,工作规范的科学性和合理性就会存在质疑,公职人员的录用标准也就会存在很大的主观性或模糊性,在为某职位选拔、配置人员时,更多的是从大的专业分类方面来确定招录条件,最后录用的人员往往成为只能基本达到职位要求的“通才”,职位胜任力并不突出,可以说,政府传统的职位分析已经很难在动态的人力资源管理环境中发挥基础的作用了。

3.3.2　我国公共部门职位分析的困惑与不足

我国公共部门人事管理正逐步建立起较为完善的制度和机制,但是在职位分析方面所存在的问题仍然十分尖锐,不容忽视。

1)公共部门职位分析存在的不足

(1)职位分类简单模糊,职位分析不严格

目前实行的职位分类仅是名义上的职位分类,缺乏具体的职位分析、职位评价和职位说明书等实质性内容。我国的职位分类更多的是继承我国古代官吏的品级制度和传统的干部行政级别制度,并吸收职位分类中制订《职位说明书》的做法,强调职务、级别与工资相联系。现行的《职位说明书》制订不合理,非常笼统,流于形式,可操作性差,没有体现出不同职位的录用条件、工作性质、职责等的差别。作为一种过渡性的管理体制,还存在着分类过于简单、笼统,范围太小,职位分析不严格等问题。

(2)职位分类未与工作职责、绩效目标等形成关联

美国等西方国家公共职位分类主要外在特点是通过对公共职位分析,形成职位说明书,建立公共职位与工作职责、绩效目标等人力资源管理要素的内在关联,通过职位分类形成因事设职、因职择人、各司其职、各负其责的分类管理制度,从而使人称其职,人尽其才,按劳取酬,各得其所,使公共部门管理和服务职能以及行政责任能够分解落实到具体公共职位。20 世纪 80 年代后,我国一些公共部门实行了职位责任制,但它们存在简单罗列若干个工作内容和内容简化等问题。较具有代表性的职位说明书内容过于简单,项目不全面。

(3)工作标准和流程不规范、不透明

由于没有规范的职位分析,导致工作流程和标准不规范,有时虽然工作标准和流程规范、透明,但由于没有向社会和大众进行公开,留下暗箱操作的空间,社会和公众难以对公职人员进行有效监督。这种情况在不少行政审批和执法环节很常见,给负责处理这些事务的工作人员留下自由裁量权,为利用职位之便留下寻租空间。因此,目前我国公共部门职位管理的一个重要工作是尽快通过工作分析建立工作说明书和权力运行流程图,实现工作标准化、流程的规范化和透明化,这不仅有利于提高效率,而且有利于遏制腐败。

2)我国公共部门职位分析面临的困惑

在公共部门开展职位分析,是将科学管理的原理应用于行政事务管理的结果,力求达成提高公共部门效率的目的。职位分析起源于西方的人力资源管理理论,并广泛应用于企业中的人力资源管理,而我国公共部门人力资源管理的理念和模式既不同于西方,又不同于企业,故不能简单照搬两者的做法。在实际引入职位分析时,公共部门常面临着如下困惑:

(1)部分职位不满足职位分析的前提条件

组织战略、结构和职位相对稳定是进行职位分析的前提条件,在一个职位随时发生变化的组织中,职位说明书将变得毫无意义。现阶段部分公共部门的职能主要是承担执行上级政府决策的任务,工作模式上属于被动执行型,加之当前正值政府职能转型期,造成了部分部门,如基层政府日常工作的不稳定性和事前无法预测性;另一方面,各科(室)、各职位之间承担着许多共性的工作,职责界限不明晰。因此,部分职位的许多日常

工作的完成主要靠领导亲自调配和员工自身的主动,组织的发展和业绩水平多依赖于领导的个人魅力和能力。目前全面引入职位分析时机是否成熟?对于这些弹性的工作内容如何在职位说明书中加以体现?如何解决职位之间职责界限不清,职位描述缺乏特点的问题?这些问题是公共部门在引入职位分析时需要解决的。

(2)现有部分职工达不到职位任职资格要求

公共部门进行人事制度改革,实行职责管理的目的是要做到"人人有事做,事事有人做",解决内部人员之间"忙闲不均"、吃"大锅饭"的现象。目前部分部门内部仍然面临着结构性人力资源缺乏和过剩的问题,一部分人不但完成本职工作,而且还承担着大量其他职位的工作,但还有一部分人根本无法胜任本职工作却又不能淘汰。职位分析秉承的原则是"对岗不对人",如果不考虑现有人员的能力状况,仅按照职位客观要求编制职位说明书,就可能造成能力弱的人不符合职位要求无法上岗,更不用谈完成工作了。之前没有职位说明书时,领导还可以灵活调配人员,一旦有了这种刚性的制度性文件之后,领导就可能失去调配人员的权力,不利于整体工作的完成。如果硬性调配,职位说明书就失去了意义。那么,到底是应该围绕"职位"还是围绕"人"来写职位说明书,这是公共部门全面引入职位分析的又一困惑。

3.3.3　我国公共部门职位分析的发展趋势

公共部门运行的效率高低,对一个地区经济和社会发展起着至关重要的作用。实现公共部门人力资源管理的科学化,随着时代的演进显得越来越重要。职位分析是人力资源管理的一项基础性工作。职位分析的科学性和合理性直接关系到人力资源管理后续工作的有效性。目前,职位分析技术方法作为现代人力资源管理的基础方法在世界范围内已得到普及,已被一大批管理先进的工商企业所应用。如何把职位分析引入公共部门的人力资源管理,既是时代发展的要求,也是提升公共部门人力资源管理水准的需要。

1)创新职位分析方法

目前我国公共部门缺乏具体、翔实的职位分析,职位分析的直接结果——工作说明书的科学化程度较低,实质性内容不足;职位分析缺乏具体的规范性文件和正式法规,制度化程度偏低。有的公共部门即使进行了职位分析,最终也只是将职位说明书"束之高阁",并未进行充分利用。同时,作为人力资源管理的一项基础性工作,职位分析不是一劳永逸的,而是具有持续动态发展的特征。随着社会、政治、经济、文化、生态环境的变化与发展,公共部门的结构、发展战略、工作流程都在发生变化,这些变化必然需要公共部门重新进行职位分析,但目前公共部门的职位分析滞后于社会环境和发展战略的变化。在公共部门,一方面需要全面引入职位分析;另一方面,也要认识传统职位分析方法在公共部门应用的局限性,不断创新职位分析方法。

公共部门人力资源管理的特点在于职位与职位之间的边界比较模糊,且具有动态性和灵活性。学界对职位分析的批评往往在于认为职位分析旨在增加职位之间的界限,而非减少这种界限。而一些观点认为,增加工作界限的原因不在于职位分析本身,而在于职位分析的目的,即狭隘的职位描述。也有学者认为应该用团队职位分析取代传统的职位分析。根据公共部门职位的特点以及职位分析理念的变化,在全面引入职位分析的时候,首先要提供更多的职位相关信息,以使人力资源管理更好地为组织的成功做出贡献;其次,技术方面的变化为职位分析和更新信息带来新的机会,需要在描述项种类、信息来源、信息搜集等方法以及分析单位等方面创新职位分析的方法体系。

2)加强分级分类管理

在公共部门进行职务分析,加强分级分类管理,对于提升组织效率、激发服务热情具有重要意义。比较美国和我国公共职位分类管理制度,最大差别是美国公共职位分类建立在工作分析基础上,我国公共职位分类尚未使用工作分析方法。目前,我国大多数公共部门未对公共职位开展有效的工作分析,尚处于由“大一统”的公务员管理模式转变为公共职位分类管理模式的过程中。

成熟的公共职位分类应形成横纵清晰的公共职位分类管理系统。横向的职系划分,结合纵向的职级、职等划分,规划出各职系的晋升通道,并通过各节点职位位置,明确上下职级以及平级的职位,制订不同针对性的培训计划和薪酬制度。

2018 年新修订的《公务员法》增加了非领导职务的等级,取消了非领导职务的人数限制,将有效改善公务员受职数限制长期得不到晋升、待遇得不到改善的困境,对于保障新入职的年轻公务员以及基层公务员的利益具有重要作用。

对于基层政府组织内部,不同层级、不同类别的职位在工作的性质、工作稳定性方面存在较大的差异。从横向职位分类看,通常分为管理类、业务类和行政后勤类。从纵向职位层级看,高层领导者通常承担领导者、联络者、监控者、传播者、发言人、创新者、突发事件处理者、组织计划者和谈判者的角色,工作呈现创新性、非程序化的特点;中层管理者作为中间环节,工作的内容主要是组织执行;基层员工的工作程序性、标准化的要求相对更高。因此,需要根据职位类型的差异分层、分类进行职位分析,撰写职位说明书。这样,就可以解决职位描述缺乏特点的困惑。

3)引入胜任力模型

胜任力模型是职位分析的理论基础。在任何一个职位上,都有一些人做得很出色,有些人成绩平平,是什么因素导致了这样的差别呢? 美国哈佛大学心理学家麦克莱兰(Crol L. McClelland)认为是胜任力带来了这种差别。胜任力是指能将某一工作中有卓越成绩者与表现平平者区分开来的个人的潜在特征,主要包括动机、特质、自我形象、态度或价值观,以及某领域的知识、认知或行为技能。麦克莱兰在 1973 年就指出,学业成绩、能力和智力不能预测人们的职业成功和生活中的重大成就,而是胜任力决定了人们的职业成功。胜任力模型就是为了完成某项工作、达成某一绩效目标所要求的一系列不同胜任力要素的组合。

传统的公共部门职位分析是一种岗位导向的分析方法,注重工作的内容和组成要素,对职位要求进行定性和定量的描述。在选择担任某职位的人员时,往往也只要求其能够完成职位规定的内容,在为某职位选拔人员时往往是能基本达到要求,过得去就行了,公共部门内部很难达到“人—职”的最佳匹配。显然,传统的职位分析已经不能在动态的人力资源管理环境中发挥中心和基础的作用了,而以胜任力为基础的职位分析则是代替它的好方式。

与传统人事管理关注“事”“岗位”或者“工作”不同,以胜任力模型为基础的公共部门人力资源管理关注的焦点是“人”,这是公共部门人力资源管理改善的关键所在。基于胜任力模型对“人”的关注,人力资源管理的选、用、育、留四个阶段分别对应公共职位的考试录用、绩效管理、培训开发、薪酬管理和职业发展管理等核心职能,在这四个阶段中,胜任力模型通过提供“标准”,借助适宜的测评方式落地,人才测评的结果又由人力资源管理的各项职能承接,借此实现胜任力模型作用的发挥。

【本章小结】

职位分析是公共部门人力资源管理和人员分类管理的基础。本章在界定公共部门职位分析概念和思想来源的基础上,着重分析了公共部门职位分析的流程。首先,明确职位分析的内容包括职位描述和任职说明;其次,职位分析前需要做好相关准备工作;再次,职位分析的方法主要有直接观察法、工作日志法、访谈法、问卷法;最后,职位分析的主要结果形式是工作描述和工作规范,形成职位说明书。同时,公共部门应用传统职位说明书时需要进行相应的改进。在此基础上,深入探讨了我国公共部门深化职位分析的紧迫性、面临的困惑以及发展趋势,促进我国公共部门职位分析理论与实践的深入发展。

【案例分析】

【案例 3.1】基层公务员的“忙”与“乱”

两年前进入某职能部门的张帆(化名),最近在朋友圈发布了一条状态:“作为一个现代文秘,你必须写得了材料开得了会,做得了接待喝得了酒,擦得了桌子拖得了地,然后最恐怖的事叫作:领导临时交办的其他事情。”

许多公务员,尤其是基层公务员,常常抱怨自己的工作又忙又乱。对于“白加黑”“五加二”的无休止加班感到非常无奈,称自己的工作是“被上帝诅咒的职位”。据反映,越到基层和窗口单位,公务员的工作负荷越大、繁复程度越高。比如,拆迁这个“天下第一难事”,一些地方都“承包”到了区县以下公务员个人身上。再如,创建卫生城市、文明城市,如今大小城市都搞“网格化管理”“干部下一线”,基层公务员清早戴着红袖章上街在路口维护交通秩序,高峰期过后又要挽起袖子进社区打扫卫生。还有逢年过节前去困难户、“五保户”家送温暖、做服务,整治违章建筑,拆除乱搭乱建、清理小摊小贩……

除了庞杂的工作量,基层公务员抱怨最多的是机构的“多合一”,特别是在乡镇一级,基层公务员多是“万能手”。某市委一位处长说:“我这个处现在是‘一人处’,处里上上下下、里里外外的事都是我做,同时还兼任其他两个职务。”

对于自己的工作状态,公务员普遍表示“忙一点可以接受”,但很多工作其实并非“分内之事”。某地级市的一位公务员举例说:“去年要争创全国文明城市,我们作为配套部门,要出各种文件,准备各种材料,耗费大量精力和人力,完全没有精力管其他事情。这种情况一年要来两次,真让人崩溃。”

工作的被动状态也令一些公务员心理状态甚为焦灼。“领导一句话,你不想干也得干,不能干也得干,还得干得漂亮,干得让领导满意。”一名公务员表示,感觉自己工作唯一的评判标准就是“领导满意”。

案例讨论:

1.为什么基层公务员会对“领导交办的其他事情”感到恐怖?

2.为什么基层公务员的工作会出现“忙”与“乱”的情形?

3.材料中的公务员实际在抱怨什么?

【思考与练习】

1.为什么要在公共部门开展职位分析?

2.在公共部门开展职位分析的困难有哪些?

3.如何根据公共部门职位的特点选择恰当的分析方法?

4.如何更好地发挥职位说明书的作用?

5.如何理解传统人事关注“事”,而现代人力资源管理关注“人”?

第4章 公共部门人力资源规划

【知识目标】

1.掌握公共部门人力资源规划的概念。

2.描述公共部门人力资源规划的影响因素与原则。

3.描述公共部门人力资源需求和供给预测的技术方法。

4.描述公共部门人力资源规划的一般程序与编写内容。

【能力素质目标】

1.能够区分公共部门和私营部门人力资源规划。

2.明确公共部门人力资源规划的影响因素与原则。

3.能够运用公共部门人力资源需求和供给预测的技术方法。

4.掌握公共部门人力资源规划的一般程序与编写内容。

【导入案例 4.1】娇瑟福集团的发展困境

娇瑟福集团是一家致力于维护发展中国家女性健康的国际非政府组织,从 1988 年创立以来近 30 年里,娇瑟福集团由原来仅有 20 多名员工的小组织发展成为一个在全球 23 个国家拥有 3 000 多名员工的现代化国际非政府组织。

然而,随着组织规模的发展壮大,特别是女性健康行业竞争的加剧与个人发展的瓶颈,娇瑟福集团面临的人力资源管理方面的问题日益突出。组织业务在不同国家迅速地扩展,同时不同发展中国家女性健康行业的服务层次也在不断提升,经营开始走向多元化,现有的人员已经无法满足新增业务对技能方面的要求,特别是有相关经验的不同国家的当地员工与国际化管理干部的缺乏,严重地影响了其业务的发展。然而,正是在这个时候,又有几个非常重要的核心员工由于个人发展瓶颈而离职,使娇瑟福集团的国际化发展蒙受了巨大的损失。高层领导开始意识到,如果这个问题不认真地加以解决,组织今后在扩大业务的国际化市场范围的过程中将会更加困难。

为此,娇瑟福集团聘请人力资源管理咨询专家进行了大规模的调查研究。调查结果表明,该组织的高层次人才多采用本国员工派遣的形式,国际化调动非常频繁,升迁多由高层管理者仓促任命;各国当地一线员工多采用当地校园招聘的形式,但招聘人才的条件与专业却是由人力资源部根据情况确定的,员工的工作安排随意性较大,专业不对口的现象较为普遍;该组织的员工对自己的工资与福利待遇较为满意,但组织的培训多根据现有的环境与条件安排,因此,员工对自己的个人发展的满意度不高,不少人有了离职“跳槽”的想法。

思考:从人力资源管理职能角度来看,娇瑟福集团在管理方面的症结是什么?具体表现在哪些方面?你认为应该从哪几个方面来着手解决这些问题?

参考答案:

娇瑟福的人力资源管理方面的问题较多,主要的症结在于缺乏有效的人力资源规划。具体来说,主要表现为以下四个方面。第一,从组织外部来讲,缺乏合理的外部人力资源的补充计划。第二,从组织内部来看,由于缺乏晋升计划、员工的培训与开发计划,使员工的内部补充渠道不畅,培训开发与职业发展严重不足或流于形式。第三,缺乏组织人力资源的合理配置。第四,组织缺乏对人力资源特别是核心人才的必要保留计划。

解决问题的建议主要有以下三个方面。第一,在对组织内外环境分析以及人力资源供给与需求的预测基础上,制订切实可行的外部人员补充计划,查明需要补充的空缺职位所要求的人员数量和类型、招聘的可能来源,以及吸引优秀人才的方法。第二,根据组织的人员分布状况和层级结构,制订人员的提升政策与规划。将有能力的人提升到适合其能力发挥的岗位上,激发员工的工作动机,以使组织获得更大的效益。第三,根据“一人一职”的原则,制订切实可行的人力资源的配置制度与政策,充分发挥员工的特长和能力。

当单位需要某类员工而在人才市场获取不到时,怎么办?

当单位已经付出某方面的培训费用,但由于许多老员工的离开又必须再次付出这方面的培训费用时,怎么办?

当单位为了避免人才短缺而大量储备人才,最终造成人才浪费和人工成本的上升时,怎么办?

当单位培养的员工“跳槽”成为竞争对手的骨干力量时,怎么办?

要解决以上问题就必须做好人力资源规划。

公共部门人力资源规划有助于公共部门预见未来,减少未来的不确定性,以便更好地帮助公共部门应对未来的各种变化,解决和处理复杂的问题。有效的人力资源规划通过对公共部门在不同时期内、不同内外组织环境下、不同的组织战略目标下的人力资源供需的预测,对公共部门所需的人力资源进行有效的开发与管理,保障公共部门战略目标的实现。

近年来随着管理方式的更新,公共部门人力资源规划方式也由计划型逐渐转变为市场型,即在国家宏观调控下通过市场对人力资源进行总体规划和合理配置,以改变过去按计划调配造成的人力积压或人力短缺的矛盾。当下的公共部门人力资源规划需要我们真正重视、合理设计并使之发挥作用,要求规划设计者在思想认识、信息运用、科学方法与措施等方面实现转变。例如,充分重视人力资源规划;建立完善的人力资源信息系统;运用科学有效的方法对人力资源需求和供给做出预测;正确地对规划进行评估,及时反馈与修正规划,从而增强公共部门适应环境变化的能力。

4.1　公共部门人力资源规划的一般概述

什么是公共部门人力资源规划？它有什么作用？与私营部门人力资源规划比较,区别在哪里？弄清楚这些问题,对有效认识和做好公共部门人力资源规划有着重要的意义。

4.1.1　公共部门人力资源规划的内涵及特征

1)公共部门人力资源规划的内涵

规划是对期望的未来以及到达于此的现实途径的构想。公共部门人力资源规划,是指公共组织为了实现其战略目标,运用科学方法与技术,对所属人力资源的供需进行预测并在此基础上合理配置的计划,进而确保公共部门在人力资源的数量和结构上满足需求的过程。也就是说,公共部门人力资源规划是指预测公共部门的人力资源供需,并使之平衡的过程。公共部门人力资源规划是保障公共组织目标和任务实现的关键环节,发挥着公共部门人力资源管理活动的纽带作用,利于公共部门人力资源的合理开发及有效配置和利用(见图 4.1)。

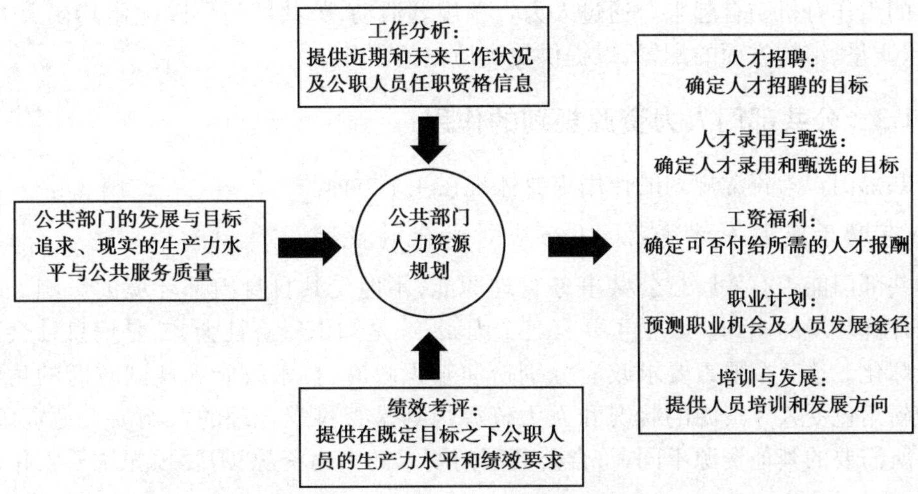

图 4.1　公共部门人力资源规划在公共部门人力资源管理中的位置

公共部门人力资源规划可分为宏观人力资源规划和微观人力资源规划。

宏观人力资源规划具有战略性,是公共部门自身战略发展规划的重要组成部分,它从整个公共组织系统的角度出发,在分析组织结构和预算状况走势以后,确定一定时期内对人员的总体需求,以求部门的职位与人员数量、质量在总体上达到均衡。

微观人力资源规划是指公共部门根据本部门的需要及预算情况,在工作分析的基础上,确定本部门在一定时期内对人力资源的需求,制订人力资源获取与分配计划,并为相关人力资源管理活动环节奠定基础。

2)公共部门人力资源规划的特征

公共部门与私人部门的人力资源规划尽管都是解决组织未来的人力资源供给与需求的平衡问题,但是由于组织性质的差异,公共部门与私人部门的人力资源规划有不同的特点。

第一,公共部门人力资源规划是与公共领域的政策目标、政府财政预算紧密联系在一起的。政府预算的准备或批准过程把公共部门人力资源管理纳入一个大的政治环境中。人力资源规划是协调外部政治环境与诸如工作分析、工作分类和工作评估以及补偿等组织内部的公共人事管理核心活动的一部分。公共部门人力资源规划就是要把部门管理者提出的"期望目标系列"与由财政约束、政治理念与政治目标所造成的政治现实之间协调起来。

第二,公共部门的人力资源规划不仅受到公共部门本身的约束,而且受到社会各个治理主体的制约。公共部门的人力资源规划过程的主要参加者,除规划部门自身外,还涉及上级主管部门,以及其他利益相关者等主体。尽管每个参与者会根据情况的变化而变化,但各方都将坚守自己的角色地位,而各部门的目标应当与公共领域的整体目标保持一致。相比而言,私营部门制订自己规划的主体往往只有自身独立参与。

第三,公共部门的价值在于提供公共产品和公共服务、公共设施和公共教育等,为了提供更为有效和更为公平的公共服务,公共部门人力资源规划必须和人力资源管理的其他环节的工作有机结合起来。通过人力资源规划活动,公共部门可以优化其在人力资源的数量、质量、结构方面的配置,以提供更高质量的服务。

4.1.2 公共部门人力资源规划的作用

公共部门人力资源规划的作用主要体现在4个方面。

1)有助于获取人才资源,从而应对时代的挑战

公共部门能否有效履行公共事务管理职能,不但受其自身内部环境的影响,而且受到组织外部环境的制约。其中主要有三个因素:一是知识经济社会,二是信息社会,三是经济全球化。这三个要素要求政府分别扮演知识政府、技术政府和规则政府的角色,而这三种新角色受人才资源的状况和人力资源规划是否科学合理的影响。人力资源与公共部门所需要的其他资源不同,符合公共部门要求的人力资源,需要预先统筹安排,从长计议。

2)有利于减少运行成本,提高工作效率

从效率角度来看,衡量工作效率高低的标准之一,就是公共部门投入与产出的比率,投入越少,产出越多,则表明效率越高。公共部门在履行公共事务管理职能时,必然需要一定的人力资源,人力资源过少,满足不了履行职能的需要;人力资源过多,则造成人力、物力和财力上的浪费。同时,为了保证人力资源本身正常的生活和工作需要,公共部门必须支付一定的成本。因此,通过合理规划,在宏观上严格控制人力资源在录用与甄选、考核与奖惩、培训与教育、任免与升降、调配与交流、辞职与辞退、工资福利与社会保险、

退休与退职等管理环节上的成本支出,努力探索减少投入和增加产出的途径,提高货币资本和人才资本的双向使用效率,进而提高工作效率。

3)有助于适应人力资源的刚性特征

人力资源的供给与需求都存在着某种“刚性”,即人力资源的供给和需求趋势难以被影响和改变的特性。公共部门人力资源管理自然也存在这种“刚性”。人才的稀缺性是导致人力资源供应呈刚性的主要因素,虽然社会上存在着大量的失业人口,但人力资源仍会短缺,公共部门要招募到适合工作需要的人才绝非易事。另外,人力资源的某些自身特性,如年龄、性格、禀赋等无法改变的因素,也是造成人力资源供给呈刚性的原因之一。因此,公共部门必须适应人力资源的刚性特点,做好人力资源规划工作。

4)有利于人力资源的优化和配置,以及及时调整人力资源结构

公共部门通过对人力资源进行规划,明确了对不同种类、不同层次的人力模式和数量的需求从而使培训和开发工作有了明确的目标。这样,不但可以优化公共部门的人力资源,而且可以使其得到合理配置。同时,公共部门现有的人力资源的结构可能存在不完善的地方,需要有计划地加以调整,需要在对人力资源现状进行盘点、分析之后,做出通盘的考虑和周密的调整规划。

4.1.3　公共部门人力资源规划的影响因素

公共部门人力资源规划的科学性和合理性不是由单一因素决定的,而是受到诸多相关因素的影响。由于公共部门所处环境的复杂性和公共部门的特殊性,在实施人力资源规划的过程中,必须从组织内部和外部若干影响因素中分析并把握公共部门人力资源规划的可行性,将公共部门人力资源规划建立在现实性和可操作性的基础上。

公共部门人力资源规划的影响因素主要分为外部影响因素和内部影响因素两个方面。

1)公共部门人力资源规划的外部影响因素

外部影响因素是指公共部门外部客观存在的影响公共部门人力资源规划的各种因素,主要包括经济因素、政治法律因素、政策法规因素及社会因素等。

(1)经济因素

经济因素指一个国家、地区乃至全球的经济环境。经济因素会直接影响具体的公共部门组织的经营管理状况。在经济蓬勃发展时期,公共部门对人员的需求就会增加,而在经济衰退甚至经济危机期间,公共部门对人员的需求就会大大减少,社会的失业率也会大大增加。经济因素包括经济发展的速度和经济体制两个方面。经济发展的速度不但决定了人力资源的供给状况,而且决定了人力资源的需求状况。当经济发展速度较快时,劳动力供给市场会出现“供不应求”的现象,公共部门人力资源需求也会急剧增加。反之,当经济发展速度较慢时,劳动力供给市场会出现“供过于求”的现象,公共部门由于受经济衰退的影响,对人力资源的需求也会大幅下降。

(2)政治法律因素

政治法律因素是指政治法律制度,是直接影响人员需求的重要因素。政治因素主要

包括公共部门的职责范围、权力的运行方式和主要领导人对人力资源的认识和重视程度以及人才的政治待遇和社会地位,这些都会影响公共部门人力资源的规划。法律因素是指在一定时期内政府颁布并实施的关于人力资源管理的相关法律法规。公共部门在进行人力资源规划时,要认真了解现行法律法规对人力资源规划的影响,使人力资源规划在法律法规允许的范围内进行。

(3)政策法规因素

由于公共部门是拥有公共权力为社会提供公共产品的部门,在人力资源规划上必然受到国家政策法规因素的影响和制约。如国家实行的人员退休计划、休假制度、加班制度、女职工的保障制度等会明显影响组织的人力资源供给和需求,从而必须在人力资源规划上做出相应的回应。

(4)社会因素

社会因素主要包括社会发展的状况和社会结构的变化,人口的数量、质量、结构及分布,科学技术的发展,教育的发展程度等。社会发展和社会结构变化不但会影响公共部门目标的形成与组织结构的构成,而且会影响公共部门职能重心的转移。科学技术的发展和应用也会影响公共部门人力资源需求结构的变化。新的科技成果转化和技术革新会直接影响组织的人员需求结构和需求数量的变化。如计算机技术的普遍应用和推广,就会使公共部门增加管理技术型人才的需求,减少可以被计算机替代的人力需求。教育的发展程度一方面决定了人力资源供给的质量,另一方面又决定了人力资源的需求状况。

以上这些外部因素及其变化都会影响公共部门人力资源的规划。

2)公共部门人力资源规划的内部影响因素

内部因素是指由公共组织内部环境的变化而影响公共部门人力资源规划的各种因素,主要包括公共部门组织目标和职能重心的变化、组织内部人力资源的结构、公共部门内部人力资源的流动、公共部门内部科学技术的使用情况等。

(1)公共部门组织目标和职能重心的变化

公共部门组织目标是指公共部门组织在一段时期内,希望通过组织努力将能达成的目标。组织目标会随着内外部环境的变化而做出相应的调整,尤其是当组织的战略目标发生转移时,就会对公共部门人力资源规划提出相应的要求。另外,公共部门职能重心的变化同样会影响公共部门人力资源规划,因为职能重心的变化意味着对人才需求结构的变化。如政府的职能以经济建设为重心时,政府需要较多的经济型人才;政府以社会管理和公共服务为职能重心时,政府则需要较多的管理型和服务型人才。

(2)公共部门组织内部人力资源的结构

公共部门组织内部人力资源的结构包括组织内所有成员的年龄结构、知识结构、能力素质结构等。组织内部人力资源结构合理,就能够发挥人力资源的整体效益。如果组织内部人力资源结构不合理并得不到优化,就会影响人力资源整体效益的提高,因此必须基于当前的结构问题和未来的需要做出科学的人力资源规划。

(3)公共部门内部人力资源的流动

公共部门内部人力资源的流动包括人员的升降、辞职、辞退、退休等。公共部门组织内部人力资源的流动一方面有利于调动公共部门组织的内部人员工作的积极性,但另一方面容易造成公共部门组织内部人力资源供给的短缺和结构性缺失。公共部门人力资源规划就是要提前预测组织内部人力资源的流动情况,及时补充公共部门组织内部短缺的人力资源并优化其结构。

(4)公共部门内部科学技术的使用情况

公共部门内部科学技术的使用情况同样会影响公共部门人力资源规划。如政府内部电子政务的推行,政府网站的建立等都需要一定数量的信息技术人才。

4.1.4　公共部门人力资源规划的原则

公共部门人力资源规划的原则主要包含系统分析原则、重点规划原则、动态调整原则和实事求是原则。

1)系统分析原则

系统分析原则是指公共部门人力资源规划必须进行系统分析,找出各种因素之间的关系,权衡利弊,统筹安排,全面规划。公共部门的人力资源规划是根据公共组织战略目标制订的,它实际上是对公共组织战略目标在资源保障与配置人力资源供需方面的分解,是为实现组织目标而制订的辅助性规划,它与组织的其他规划共同构成组织目标的支撑体系。因此,公共部门的人力资源规划意义重大,涉及的因素也很多,所以要系统分析,统筹安排,全面规划,以促进公共组织战略目标的实现。

2)重点规划原则

重点规划原则是指公共部门人力资源规划应该抓主要矛盾,进行重点规划,在综合平衡,统筹兼顾的基础上重点规划带动全局。政府采取的是一种垂直的、层级制的结构体系。在一个国家和地区中,政府的各个管理层级和部门都是体系中的一个链条。这种完整的、统一的组织构架,保证了政府统一的行政管理权的行使。因此,公共部门的人力资源规划要讲究宏观性和综合性。但是,政府部门这个统一的链条中,必然有些部门是关键环节,起着主导作用,因此,在统筹规划的同时,要讲究抓住主要矛盾,以重点带动全局。

3)动态调整原则

动态调整原则是指公共部门人力资源规划应有自我调整的能力,随形势的变化而调整,不断适应变化的环境,更好地指导实践,完成规划的目的。组织内外环境的变化导致组织目标的调整,因此人力资源需求也将随之变化。需求的变化影响人力资源供需之间的平衡,因此人力资源规划要遵循动态调整的原则,平衡人力资源的供给与需求,确保组织目标的实现。

4)实事求是原则

实事求是原则是指遵循事物发展的客观规律,依照人力、财力、物力等客观条件制订适宜的规划。

从微观的层面上讲,一项人力资源规划应该建立在组织内部的实际情况之上,一般包括现有员工的一般情况、知识、经验、能力、潜力、兴趣、需求、绩效、培训情况、人力资源流动状况、人力资源结构等。从宏观的层面上讲,公共部门的人力资源规划要考虑社会整体的经济形势、人力资源政策等因素。因此,进行人力资源规划不是凭空臆断,而必须实事求是,客观地制订。

4.2 公共部门人力资源需求和供给预测的技术方法

公共部门的人力资源规划过程中,需要根据人力资源的现状,预测未来一定时期内的变化趋势,如人力资源需求量、人力资源的素质状况、人力资源的结构情况等。其中,公共部门的人力资源预测主要分为人力资源需求预测和人力资源供给预测。

4.2.1 公共部门人力资源需求预测的技术方法和注意事项

公共部门的人力资源需求预测,是指在确认具体工作的必要性、工作定员数量的合理性,现有工作人员是否具备完成该工作所要求的资格条件,未来工作任务、生产能力的变化的基础上,估计未来组织对人力资源的需求。

公共部门的人力资源需求预测是建立在搜集大量信息的基础上,是整个人才资源预测、整个人力资源规划的组成部分,具有前瞻性、多学科综合性、多因素系统性的特征。

1)公共部门人力资源需求预测的技术方法

公共部门的人力资源需求预测的技术方法主要有标杆法、经验判断法、比率预测法、工作负荷预测法、回归分析方法和德尔菲法。

(1)标杆法

标杆法是指公共部门以同类组织作为标杆,通过对标分析本组织人力资源需求状况的方法。标杆法要求从组织机构、管理机制、组织目标、业绩指标等方面进行对比评析的基础上,结合定性和定量评价,从而确定本组织的人力资源需求。

标杆法一般分为3个步骤。

第一步,选择标杆。选取同类组织的最佳实践或者具有代表性的单位作为参照标准。

第二步,分析标杆。从组织目标、组织内部机构、人员素质、业绩指标等方面对标杆单位与本单位的情况进行分析,以确定标杆的可比性。

第三步,根据标杆的数据资料确定自己的人力资源需求。

例如,一所新成立的交通职业学院究竟应该配备多少名学生辅导员。通过资料搜集发现,本地区有一所与自己生源质量类似、学生人数差不多的职业学院,这所学校的辅导员工作做得很出色。根据标杆法,可以以这所学校作为标杆确定这所职业学院的辅导员数量、质量等要求。当然,如果在调查中发现这所标杆学校他们对辅导员的工作职责划分不够科学,可以对此进行分析后调整职业学院的辅导员需求数量和质量。

(2)经验判断法

经验判断法是根据各类人力资源管理相关部门工作人员的经验判断来确定人力资源数量和质量需求的方法。经验判断法主要有两种方法:一是管理部门法,即组织的各个管理部门根据以往的经验,来预测组织内人力资源将会出现的变化;二是基层分析法,即由组织下属各部门,对本部门的人力资源需求进行初步的预测,人力资源部门再对基层的预测数据和结果进行专门分析和处理,最终形成总体预测。

运用经验判断法对公共部门的人力资源需求进行预测时,需要按不同的组织类型,合理确定人力资源与服务对象之间的比例,同时,要尽可能地合理确定比例。作为人力资源需求进行预测的前提,如果前提不准确,预测的结果则一定会出现偏差。然而,虽然经验具有一定的现实性和合理性,但经验缺乏科学论证,因此对于通过运用经验比例法预测公共部门的人力资源需求的结果,最好是与其他的方法得出的结论相互对照,以便进一步验证这一结果的科学性。

(3)比率预测法

比率预测法,是通过某种因果因素与人员需求数目之间的比率来推测组织未来的人员需求。例如某研究机构的用人比率为 3 ∶ 1,即每 3 位研究人员需要 1 位辅助研究人员。假如需增加 6 位研究人员,那么就需另外录用 2 位辅助研究人员。然而,比率预测法的缺点是没有考虑规模经济的影响。比如,尽管每3 位研究人员需要 1 位辅助人员,但在一个有 30 位研究人员的研究机构,辅助人员可能只需 7 人。这是因为辅助人员在团队工作条件下或由于他们各自精于某一方面的工作,总体效率会有所提高。

(4)工作负荷预测法

工作负荷预测法,是根据工作分析的结果算出劳动定额,再按未来的产品产量目标算出总工作量,然后折算出所需人数。劳动定额是产品生产过程中劳动消耗的一种数量标准,是指在一定的生产技术和劳动组织条件下,员工完成一定数量的工作所必需消耗的工时,或者在规定的时间内所必需生产的合格产品的数量,前者即为工时定额,后者即为产量定额。即先进行工作分析,再预测组织未来的工作量,进而推算出对人员的需求。

例如,首先根据现有资料确定每类工作所需的标准任务时间,如表 4.1 所示。

表 4.1

工作编号	标准任务时间(时间/件)
工作 1	0.5
工作 2	2.0
工作 3	1.5

其次,估计未来三年每一类工作的工作量,如表 4.2 所示。

表 4.2

工作/时间	第一年	第二年	第三年
工作 1	12 000	10 000	12 000
工作 2	95 000	100 000	120 000
工作 3	29 000	34 000	38 000

再次,折算为所需的工作时数,如表 4.3 所示。

表 4.3

工作/时间	第一年	第二年	第三年
工作 1	6 000	6 000	5 000
工作 2	190 000	200 000	240 000
工作 3	43 500	51 000	57 000

最后,根据实际的每人每年工作时数,折算所需人力资源数量。

(5)回归分析法

回归分析法,是根据数学回归分析原理对人力资源需求进行预测,即找出历史数据,算出对某一特定的工作每单位时间的每人的工作负荷。根据未来的生产量目标计算出所完成的总工作量。根据前一标准折算出所需人力资源数。

最简单的回归分析是趋势分析,即根据整个组织或组织中的各个部门员工数量的变动趋势对未来的人力资源需求做出预测。但趋势分析只以时间因素作为解释变量,没有考虑其他重要因素的影响,比较简单,最好与其他方法得出的结果相互对照,增强其科学性。

计算模拟分析法是比较复杂的回归分析法,它一般以产量和服务的业务量作为组织中劳动力的数量和构成关系的因素,然后研究在过去组织中的员工随着这种因素变化而变化的规律,得到业务规模变化的趋势和劳动生产率变化的趋势,再根据这种趋势对未来的人力资源需求进行预测,最后预测的需求数量减去供给的预测数量的差额就是组织对人力资源需求的预测量。

(6)德尔菲法

德尔菲法,也称专家集体预测法,是归纳专家对组织发展的某一问题并达成一致意见的程序化方法。

研究小组对人力资源需求量预测的未来发展这一专题概括为若干个问答题,参与专家以匿名的方式回答问题,每一个参与专家都不知道其他参与者的姓名和答案。在下一轮征求意见时,每一个参与专家得到上一轮各种答案的信息,包括最重要的建议及他自己的答案,此过程一直持续到各种答案趋于一致为止。

德尔菲法的具体步骤如下:首先设计问题,问题设计要明确。其次,将问题寄给选定的专家,请他们以书面形式予以回答。专家在背靠背的情况下回答,互不通气。再次,将意见收集加以归纳,并反馈给专家,请专家对归纳的结果重新考虑,如此反馈三四次后,专家意见将趋于集中。最后,通过数字化处理,可得出结果。

德尔菲法需要注意,需要向专家提供充分的信息,同时对专家的答案不要求精确,并要注意所提问题尽可能简化。

2)公共部门人力资源需求预测的注意事项

科学预测人力资源需求,合理配置人力资源,是现代人力资源管理的根本要求。公共部门人力资源的需求预测需要避免4个方面的误区。

(1)避免人力资源需求预测观念缺位

有的单位虽然提出人力资源短缺,却并没有掌握人力资源短缺的数量、质量、时限以及依据等;在人事决策前,没有进行科学的需求预测。

(2)避免人力资源需求预测观念错位

有的单位认为人力资源需求预测就是在人事决策之前简单粗略地估计一下,这是一种典型的人力资源需求预测的错位。

(3)避免人力资源需求预测方法落后

有的单位的人力资源需求预测,既没有科学的理论指导,也没有合适可行的技术手段,基本上是“手工操作”。经常采用的预测方法就是“听听汇报”“看看材料”,然后根据这些感性的零散的信息进行人事决策。而实际上,人力资源需求预测是一个信息和数据搜集、加工和分析的过程,其中工作量的测算是预测的重点和难点,它需要运用科学合理的方法和手段进行精心测算。

(4)避免人力资源需求预测结果使用不当

有的单位不按照人力资源需求预测结果正确拟制招人条件,一味要求增加更多更优的人才,违背了人力资源配置的“最适原则”。

在公共部门人力资源需求预测科学化、规范化、制度化的轨道上,实际工作中需要注意以下4个方面。

第一,人力资源需求预测不应简单地作为一个“要人、争人”的依据,要与人力资源内部供给预测有机结合起来,加强现有人力资源的开发培训,开发全体工作人员的潜在能力。

第二,要建立人力资源需求预测的长效机制,要通过人力资源需求预测逐步形成人才进出预警、人才更新等机制,从制度上防止人才断层、人员超满等问题。

第三,预测数据要有适当权数,使之具有一定的弹性。

第四,要实事求是地运用预测结果。

4.2.2　公共部门人力资源供给预测的技术方法

公共部门的人力资源供给预测,是指对未来一段时间内组织内部和组织外部的人力资源供给情况进行预测。在完成公共部门的人力资源需求预测之后,接下来就要了解该部门是否能够获取足够的人力资源去满足这些需求。

对任何一个组织而言,人力资源的总体供给预测,都是组织必备的信息。因为它反映社会中人力资源的结构,人才市场的流动状况以及组织所需人力资源的来源。

通过公共部门的人力资源供给预测,组织可以了解公共部门的人力资源规划的合理程度,可以有效地配合各种资源,降低成本支出,提高资源的使用效率。

相对公共部门的人力资源需求预测而言,人力资源供给预测的范围更加广泛,更富有前瞻性。它超越个人偏见和一个组织的界限,面对的是整个社会,其中包括教育体系和劳动力市场,可以全方位获取信息。

公共部门的人力资源供给预测,包括公共部门的人力资源内部供给预测和人力资源外部供给预测。

1)公共部门的人力资源内部供给预测

公共部门的人力资源内部供给预测是根据公共部门的内部人力资源信息,预测可供给的人力资源,从而满足未来一段时间内组织的人力资源需求。

任何一个公共部门的组织在发展的过程中,由于人员内部流动或流失而出现的职位空缺,可通过内部的人员轮换、转任、调配、晋升和竞争的方式加以填补。其中国家公务员职位和专业技术岗位,可由公共部门的组织内部具有一定经验及相应资格的人员担任。因此,在进行公共部门的人力资源内部供给预测的时候,应充分地利用组织内的人力资源信息系统,认真分析现有人力资源的整体结构,全面了解公共部门组织现有人员的个体情况,并由此预测现有人力资源可满足组织未来需求的程度。

采用组织现有人员作为人力资源需求的供给源的优势如下:首先,现有工作人员对组织的运作机制和组织文化有很好的了解和适应性;其次,组织对现有人员的各方面情况有一定的了解,能选到比较恰当的人选;最后,对组织内部人员进行提升,对其他人员有激励作用。它的劣势是,由于对组织现有人员了解过多,相关候选人的某些缺点会影响其提升,而外部人员则可较好地掩饰其某些缺点;而且,组织现有人员往往受到组织文化的同化,缺乏创新思想。

公共部门的人力资源内部供给预测的方法主要有继任预测法、技能清单预测法和马尔可夫转移矩阵法。

(1)继任预测法

继任预测法,又称人员接替法,是对现有公共部门人力资源的状况进行调查、评价后,列出未来可能的继任者清单。

继任预测法为国内外许多组织采用,而且被认为是一种把公共部门的人力资源规划与组织战略目标有机结合起来的较为有效的方法。它同我国公共部门实施的后备干部选拔和培养计划有相似之处,该方法涉及的内容主要是对人员的总体评价,包括能力、绩效、潜力和发展计划,具体体现在现职和所有接替人员的能力、绩效、潜力,其他关键职位的现职人员的能力、绩效、潜力及上级对其的评定意见等。

继任预测法的实施步骤可分为四步。

第一步，制订一份组织各层次部门管理人员职位的继任计划，这是继任预测法的前提和指导原则，任何违背计划的继任方式都不具备合法性。

第二步，根据继任计划，拟订继任每一层级管理职位的候选人，每一管理职位确定1~3名候选人，继任候选人通常从下一级现职管理人员中物色。

第三步，对现职管理人员和继任候选人的素质、技能和能力、绩效、晋升潜力进行年度考核，以评定现职管理人员的实际表现和作为继任候选人的晋升潜力，并由此排列出候选人的候选次序。

第四步，一旦管理职位出现空缺，就由具备晋升条件的继任候选人替补。

(2)技能清单预测法

技能清单预测法，是对每一个员工的技能、能力、潜力、资格、教育水平、智力和培训进行技能清单登记的一种方法。

这份技能清单一般包括3个方面的内容：第一，工作人员素质方面的内容，如受教育情况、所学课程、持有的证书、已经通过的考试等。第二，工作人员技能和能力方面的内容，如主要工作职位、工作经历以及其他能证明其技能和能力的证书等。第三，工作人员其他方面的内容，如工作人员的个人偏好、工作兴趣、个人潜力等。

这份技能清单可以充分反映工作人员的竞争力概况，对现有工作人员进行调换工作岗位、晋升新职位的可能性进行正确评估，从而预测其是否可以补充空缺职位，即成为未来人力资源的供给对象。

技能清单预测法的实施步骤可分为三步。

第一步，搜集工作人员素质、技能和能力以及其他相关资料，形成准确、全面的个人信息资料，是技能清单预测法的基础。

第二步，制订工作人员个人技能清单，也可以制成技能管理图。

第三步，根据个人技能清单，编制反映工作人员基本情况的报告。报告的内容应包括总的工作岗位空缺、新员工招聘、辞退、退休、晋升和工资情况以及管理人员的接续计划等。

(3)马尔可夫转移矩阵法

马尔可夫转移矩阵法是用定量的方法预测具有相等间隔的时点上的各类人员的人数，基本思想是找出过去人事变动的规律，以此来预测未来的人员情况。

马尔可夫转移矩阵法是一种动态的预测技术，其前提条件是，假定各类人员都是严格地由低到高移动，不存在越级现象，而且转移率是一个固定的比例。这样，一旦各类人员的人数、转移率和补充人数给定，则未来的人力资源分布就可以得出。

马尔可夫转移矩阵法的实施步骤可分为三步。

第一步，以政府前几年的人员流动的统计数据为基础，分别计算出每一类人员流向另一类人员的平均概率。

第二步,制作人员变动矩阵表,表中每一因素表示从一个时期到另一个时期的人员变动的历史平均百分比,一般以5~10年为周期来预测年平均百分比,周期越长,根据过去人员的变动所推测的未来人员变动情况就越准确。

第三步,根据预测年份的前一年各类人员数和前几年各类人员的流动概率,计算出预测年份各类人员的内部供给数。

2)公共部门的人力资源外部供给预测

公共部门的人力资源外部供给预测,在公共部门组织内部供给不能满足人力资源需求时,需要到组织外部寻求可以供给的人力资源。

外部供给预测是一种宏观的资源环境分析,一般关注每年有关学校毕业生的人数以及专业方向,各地劳动力市场的情况以及公布的统计资料,组织外部形象塑造与所处的环境中可以直接利用的人员素质、数量等途径。

影响公共部门的人力资源外部供给预测的因素主要有人口因素、经济市场因素和政策因素。

(1)人口因素

人口因素的变化直接影响劳动力的外部供给。

国家和地区间人口数量的多寡影响人力资源的外部供给。在人口密度大的国家和地区,人力资源的外部供给就相对充裕,反之则紧缺。新进入就业队伍的年轻人的人数变化,也影响人力资源的外部供给。劳动力结构影响人力资源的外部供给。如在年龄结构老龄化的国家和地区,外部供给人员的年龄就偏大;性别结构的变化影响人力资源外部供给的男、女比例;劳动力素质结构影响人力资源外部供给能否满足组织对专门人才的需求。

(2)经济市场因素

经济市场发展景气与否,直接影响失业率的高低,进而影响人力资源外部供给的紧缺程度。另外,地区间经济发展的差异也会影响人力资源的外部供给。在我国东部沿海经济发达地区,劳动力供给就相对紧缺,而在西部经济落后地区,劳动力供给就相对过剩,当然也可能出现结构性紧缺。社会劳动力市场发育程度良好,将有利于劳动力自由进入市场,以市场工资率为引导,引导劳动力的合理流动;劳动力市场发育不健全,势必影响人力资源的优化配置,也给组织预测外部人力资源供给带来困难。

(3)政策因素

一个国家和地区的政策和法规对外部人力资源的供给有着重要影响。如户籍管理政策对人口的跨地区流动有一定的限制,可能会影响地区间的人员供给。另外,如平等就业法规、妇女儿童权益保护法、工作时间规定等都会对人员的外部供给产生一定的影响。

4.2.3　公共部门人力资源供给与需求的平衡

人力资源规划问题很大程度上就是平衡人力资源供需矛盾。但是,不可否认的是,我国公共部门的成本意识不强,在人力资源规划中,面临人力资源供不应求时就招新人,而人力资源供过于求时却无所作为等问题。因此,在人力资源规划过程中必须做好人力资源的供需平衡工作。

1)人力资源的供需总量失衡的解决办法

人力资源的供需总量失衡主要表现为供过于求和供不应求两种状况。

在人力资源供不应求时,可采取的人力资源供给办法有:适当加班加点、提高工作效率、聘用兼职人员、聘用临时的全职人员、聘用正式员工或引进人才、通过工作扩大化提高员工的工作内容范围。从这些办法看,面对短期的供不应求,比较好的办法是适当加班加点、提高劳动生产率、聘用兼职或临时人员,这样当工作量回归正常的时候,不至于造成人员过剩。当然,当单位工作任务稳定性增加时,可以考虑聘用长期性的工作人员。

在人力资源供过于求时,单位人员偏多,往往人浮于事,公共部门如何才能更好地发挥人力资源效益?可以考虑通过增加工作内容、扩大单位规模、开发新产品、实行多种经营等吸收过多的供给,也可以采取提前退休、降低工资福利、压缩工时、转业培训、辞退冗员等方式减少过多供给,或者供给过剩给单位造成的成本增加问题。

2)人力资源结构失衡的解决办法

公共部门有时候会存在着人员总量能满足公共部门编制的要求,但是需要的一些人才没有,而一些人的知识技能又缺乏相应的岗位让他们发挥。

为此,可以考虑:一是内部的人员晋升和流动,让一些没有事情可做的人补充到空缺的职位上去;二是对供过于求的人员进行专门培训,提高他们的知识技能,使他们能够适应新岗位的要求;三是采取措施让一些人员向外部流动,不仅能消除一部分冗员,而且能够空出相应的编制去引进单位所需要的人才。

4.3　公共部门人力资源规划的一般程序与编写内容

在本小节中,拟对公共部门人力资源规划的三个阶段进行总结,并介绍公共部门人力资源规划编写的总体规划与具体规划的相关内容。

4.3.1　公共部门人力资源规划的一般程序

公共部门人力资源规划的程序主要分为四个阶段。第一阶段是目标确定与调查分析阶段,第二阶段是人力资源供求预测阶段,第三阶段是分析和制订规划阶段,第四阶段是实施 · 评估 · 反馈阶段(见图 4.2)。

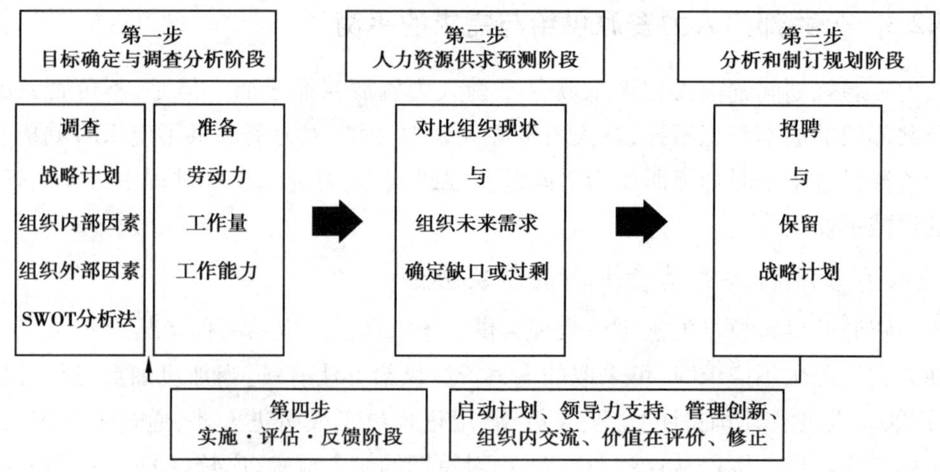

图 4.2　公共部门人力资源规划的一般程序

第一阶段,目标确定与调查分析阶段。在这一阶段,一是要结合组织目标来确定公共部门人力资源规划目标,确定涉及人员的年龄结构、学历、层次、人员流动、成本、各类员工比例、人事政策、人员价值观等;二是对内、外部环境的调查和分析,包括组织外部环境的 PEST 分析,如政治和政策、经济、社会、科学技术环境及劳动力市场变化等方面的情况,以及组织内部的 SWOT 分析,即公共部门的自身优势和劣势,所面临的机遇和挑战。

第二阶段,人力资源供求预测阶段。在前一阶段资料搜集和分析的基础上,运用现代相关的技术和方法,预测未来一定时期公共部门对人力资源的需求及其供给情况。

第三阶段,分析和制订规划阶段。结合人力资源供求预测结果及组织目标、环境调查分析等,制订相应的业务计划及其有关的认识政策和对策,包括员工补给和获取计划、人员使用计划、培训和开发计划以及绩效考评和员工激励计划等。

第四阶段,实施·评估·反馈阶段,要将上阶段完成的计划和对策等付诸实施,并根据实施结果对整个规划进行评估、反馈和修正。即公共部门人力资源规划的实施细则以及控制体系建立以后,就可以着手进行人力资源规划的实施,在实施过程中应当进行实时跟踪控制,保证人力资源活动不致偏离战略规划的轨道。

4.3.2　公共部门人力资源规划的编写内容

公共部门人力资源规划的编写主要分为总体规划与具体规划两部分。

1)总体规划

总体规划,是为实现公共部门人力资源规划期内人力资源开发利用的总目标,工作绩效、员工总数、员工素质、员工满意度等而制定的总政策和总方针以及实施步骤及总预算的安排。它主要包括 5 个方面的内容。

第一,分析与评价公共部门人力资源的供求现状,采取有效措施来保证公共部门人力资源供求的均衡。

第二,根据公共部门发展战略和环境变化趋势,对公共部门未来人力资源会出现的供求形势进行预测,进行公共部门人力资源的动态均衡工作。

第三,规划公共部门人力资源管理程序,内容包括新员工招聘、使用、培训等活动的具体目标、任务、政策、步骤和预算。

第四,确保人力资源总体规划与其他专项规划相互衔接,同时保证专项规划的内在平衡。

第五,有关历任公共部门人力资源规划效益的内容,如降低成本、创造最佳绩效、改变员工数量和质量结构、辅助招聘、培训等一系列人力资源政策的实施等内容。

【资料 4.1】某事业单位的人力资源规划目录

一、序言

二、未来五年的战略目标及人力资源的目标规划

三、单位当前的现有人力资源分析

四、未来五年的人力资源规划

1.我们需要什么样的人才

2.我们如何得到这些人才

3.怎样发挥人才最大的价值

五、人力资源开发总体思路

六、人力资源开发与保障政策

2)具体规划

具体规划,主要包括员工补充规划、员工使用规划、员工的教育和培训规划、员工职业生涯规划、员工绩效考评和激励规划等。

员工补充规划因为种种原因,如组织规模的扩大,原有员工的退休、离职等,组织中经常会出现新的岗位或空缺职位。这就需要组织制订必要的政策和措施,以保证在出现职位空缺时能及时地获得所需数量和质量的人员,这就是员工补充规划。

员工使用规划是人力资源管理部门结合公共部门对人员的预期需求,来合理地分配、安置人员,使人尽其才、才尽其能的过程。

员工职业生涯规划,是员工从首次参加工作开始,一生中所有的工作活动与工作经历,按编年的顺序串接组成的整个工作过程。主要包括个人层次的职业规划,即个人为自己设计的成长、发展和不断追求满意的计划;组织层次的职业规划,即组织为了不断地增强其成员的满意感,并使其能与组织的发展和需要统一起来所制订的协调有关组织成员个人成长、发展与组织需求的计划。

员工绩效考评和激励规划制订过程中,需要充分考虑公共部门内外部环境的变化,要尽可能地确保公共部门的人力资源供需的均衡,确保公共部门及其员工都得到长期的利益。

【本章小结】

公共部门人力资源规划是公共部门人力资源管理的起点,发挥着重要的作用。我们从公共部门人力资源规划的概念、特征出发,分析了影响公共部门人力资源规划的内部、外部因素,提出了公共部门人力资源规划应遵循的原则。本章重点介绍了公共部门人力资源需求预测和内部供给预测的方法以及影响外部供给预测的因素等,其中需求预测的主要方法有标杆法、经验判断法、比率预测法、工作负荷预测法、回归分析方法和德尔菲法;内部供给预测的方法主要有继任预测法、技能清单预测法和马尔可夫转移矩阵法;在此基础上,提出了利用相关办法解决人力资源供需的总量失衡和结构失衡的问题。最后,提出了编写公共部门人力资源规划的一般程序以及编写的内容。

【案例分析】

【案例 4.2】某公共部门干部年龄老化问题

A 市的某公共部门系统对 2015 年度干部年报和 2016 年度干部年报数据进行了纵向比较分析,发现干部老龄化、整体活力逐年下降问题日益突出。具体见下表:

年　度	总人数	30 岁以下	31~35 岁	36~45 岁	46~50 岁	51~55 岁	55 岁以上
2015	671	148	123	293	55	42	10
2016	641	112	98	292	69	41	29
同比	-4.5%	-24.3%	-20.3%	-0.4%	+25.5%	-2.4%	+190%

可以看出,仅仅两年间该市某公共部门系统年龄变化较大,主要表现在以下三点:一是干部总人数呈下降趋势,2015 年为 671 人,2016 年为 641 人,同比下降 4.5%;二是 35 岁以下干部总人数下降较为明显,同比 30 岁以下和 31~35 岁两个年龄段的干部人数分别下降 24.3%和 20.3%;三是 46 岁以上干部人数增幅明显,同比 46~50 岁和 55 岁以上两个年龄段的干部增幅分别高达 25.5%和 190%,而且上述问题将随着干部年龄的自然增长而日趋严重。造成上述问题的原因,主要是某公共部门系统长期存在的部门进人难问题,尤其是录用大学生的指标偏低,导致部门进人指标抵消不了全系统干部的减员,每年录用的大学生降低整体年龄结构因素抵消不了干部的自然年龄增长基数。

案例讨论:

1.联系本案例实际,分析公共部门人力资源需求预测有什么意义。

2.联系本案例实际,阐述做好公共部门人力资源需求预测的主要程序有哪些。

【思考与练习】

1.当公共部门在需要某类人员而在人才市场获取不到时,怎么办?

2.当公共部门已经付出某方面的培训费用,但由于许多老员工的离开,引进新员工后还需进行培训,需要再次支付这方面的培训费用时,怎么办?

3.当公共部门为了避免人才短缺而大量储备人才,最终造成人才浪费和人工成本的上升时,怎么办?

4.当公共部门培养的员工跳槽成为竞争对手的骨干力量时,怎么办?

第5章 公共部门人员的招募甄选

【知识目标】

1.了解公共部门人员招募甄选的概念。

2.了解公共部门人员的招募甄选的功能。

3.熟悉公共部门人员招募甄选的流程。

4.掌握公共部门人员招聘的方式。

【能力素质目标】

1.分析公共部门人员不同招聘方式的优缺点。

2.能够从各个侧面对招聘效果进行评估。

3.能够在实践中根据具体情况选择合理的公共部门招聘方式。

【导入案例5.1】公共部门和私营企业的岗位资格条件设置区别

我国中央考试录用公务员的报名条件有:具有大专以上文化程度和符合职位要求的工作能力;具备中央公务员主管部门规定的拟任职位所要求的其他资格条件。

《重庆市2016年下半年面向社会公开考试录用公务员公告》

一、招录对象

本次招录对象为符合下列条件之一的人员:

(一)在报名开始日(2016年8月15日,下同)前取得全日制普通高校本科及以上学历并取得学士及以上学位的人员;

(二)在报名开始日前已取得重庆市辖区内户口,且取得国民教育序列(包括全日制、自学考试、成人教育、网络教育、夜大、电大、函授)专科及以上学历的人员。

二、报考条件

(一)报考人员应同时具备下列条件:

1.具有中华人民共和国国籍。

2.年龄为18周岁以上、35周岁以下(1980年8月15日至1998年8月15日期间出生)。

报考人民警察(含公安人民警察、森林公安人民警察、司法人民警察)职位的,年龄为30周岁以下(1985年8月15日至1998年8月15日期间出生);报考公安人民警察法医职位的,年龄为 35 周岁以下。

3.拥护中华人民共和国宪法。

4.具有良好的品行。

5.具有正常履行职责的身体条件。

6.具备符合职位要求的文化程度和工作能力。

7.具备拟任职位所要求的其他资格条件(详见附件 1)。

(二)其他要求

1.招录职位要求有工作经历的,报考人员必须具备相应的工作经历。工作经历计算时间截至 2016 年 8 月底。

2.下列人员不得报考:

(1)曾因犯罪受过刑事处罚的;(2)曾被开除公职的;(3)在各级公务员招考中被认定有舞弊等严重违反录用纪律行为的;(4)现役军人;(5)在职(含试用期内)公务员和参照公务员法管理的机关(单位)工作人员;(6)公务员和参照公务员法管理的机关(单位)工作人员被辞退未满 5 年的;(7)法律规定不得录用的其他情形的。

报考人员与现工作单位(岗位)有服务期限约定或服务年限要求以及其他相关限定的,从其规定。

3.在全日制高校脱产就读且未毕业的在校大学生不能报考。

4.报考人员不得报考录用后即构成回避关系的招录职位。

联想集团对人才的选择坚持两大标准,对公司核心价值观的认同及“人岗匹配”。对于后者,联想集团认为“不一定要找最优秀的人,而是要找最合适的人”。这种合适,不是学历或者资历上的要求,而在于能够胜任岗位要求。

《联想武汉普工招聘启事》

【职位类型】

生产制造

【岗位职责】

1.按照车间主管要求,按时按量完成生产任务,完成当日当月生产任务。

2.按工艺要求进行生产操作。

3.服从领导安排,完成本岗以外的技术学习任务。

4.完成领导交办的临时工作。

【任职资格】

1.18 到 42 周岁以内,高中以上学历。

2.1 年以上生产制造型企业工作经验。

3.吃苦耐劳,有责任心。

【入职要求】

1.男女不限,身体健康无犯罪记录。

2.初中及以上学历,会 26 个英文字母,会 100 以内加减法。

3.身上无文身,脸上无大的伤疤,能接受倒班。

【工作时间】

1.白班:08:00~20:00

2.晚班:20:00~08:00

【福利待遇】

1.白班:12.2元/小时。

2.夜班:13.2元/小时。

思考:公务员有别于私营企业的甄选和录用的特征是什么?

公共部门人员的招募甄选是公共部门人员管理的一项基本任务,它是在人力资源规划与预测的基础上,为组织吸收、任用和提升新的合格人才,以维持组织人员自然循环的需求,从而保证组织任务的完成和目标的实现。公共部门人员的甄选和录用是员工进入公共部门的"入口",因此公共部门人员招募甄选的制度设计,一方面关系到能否将社会中的精英人才选拔到公共部门中,体现着公共部门人员管理政治价值、管理价值的平衡;另一方面关系到任用的人员在知识、技能和经验上是否能够满足公共部门的要求。

同时,公共部门人员的招募甄选是组织吸收和获取人才的过程,是获得优秀员工的保证,它作为人力资源获取的首要环节,是一个组织吐故纳新,不断增加新鲜血液,持续发展的重要途径。公共部门需要通过甄选和录用不断充实新生力量,实现组织内部人员的优化配置,为组织的发展提供人力资源保障。

近年来政府部门、事业单位和国有企业等公共部门组织都在不断探索有效的人员招募甄选的途径,改革招募甄选的程序和方法,力图提高公共部门人员甄选和录用的效率和效果。

5.1 公共部门人员的招募甄选概述

5.1.1 公共部门人员的招募甄选的内涵与功能

公共部门人员的招募甄选是指政府部门、事业单位、国有企业等公共部门通过一定的认识测评手段,从应聘候选人中择优挑选出符合组织职位工作性质,具备职位所需的知识、技能和经验要求,胜任工作职责和任务要求的人员的过程。公共部门人员的招募甄选是一个信息搜集、预测、决策和信息供应的动态过程。公共部门人员的招募甄选整体上大致可分为国家公务员招考体系和其他公务人员甄选与录用体系。

有效的人力资源招募甄选在公共部门人员管理中具有重要功能:

第一,能够获取公共部门组织需要的人力资源,为组织不断补充新生力量,尤其是高素质或具有专业技能的人员,实现组织内部人力资源的合理配置,为组织调整结构提供人力资源上的可靠保证。

第二,能够减少公共部门的员工进出组织的流动率,提高公共部门的组织队伍的稳定性。因为合理的公共部门的甄选和录用机制能使人才恰当地胜任工作并从工作中获得高度满足感。

第三,能够降低公共部门的管理成本,有效的甄选和录用可以减少公共部门的人员上任之初的培训与能力开发的费用,同时公共部门的甄选和录用本身也是组织的一种较好的宣传形式。

第四,能够提高公共部门的组织效率,公共部门的甄选和录用使得每一个岗位都有合格的人才,整个组织的工作效率从而得到提高。

5.1.2　公共部门人员的招募甄选的流程

公共部门人员的招募甄选工作是一个复杂的程序化过程,如图 5.1 所示。

在公共部门人员规划做出合理的人力资源需求与供给预测,满足组织未来需要所应配备的人员数量和所应具备的技能条件的组合的基础上,由用人部门提出人力资源部门预测出的招聘需求,获得上级主管部门批准,再由人力资源部门根据组织的战略目标与实施计划,分析与预测组织内部岗位空缺及合格职员获得的可能性,进而制订关于实现职员补充的一系列工作安排。

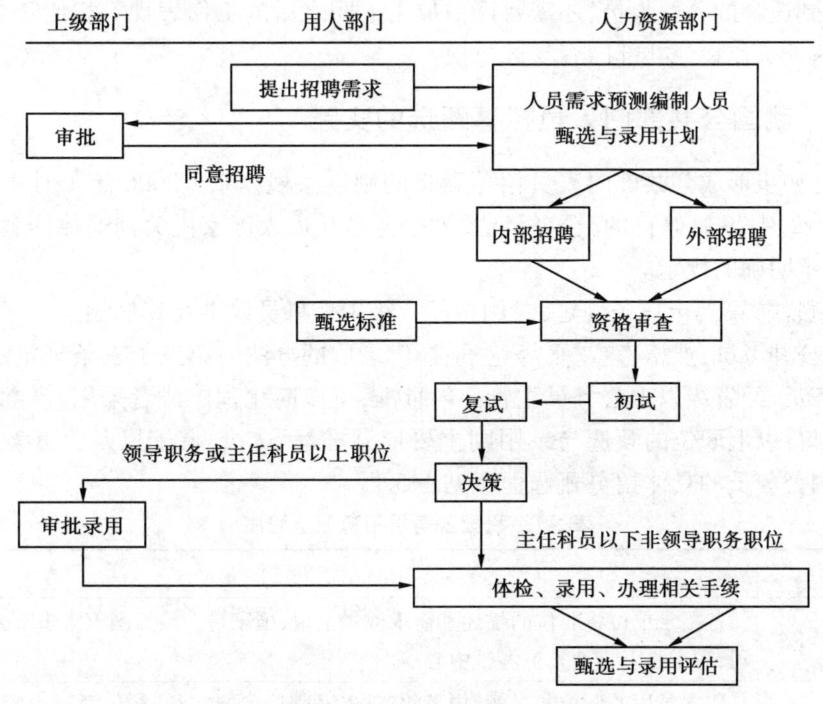

图 5.1　公共部门人员的招募甄选的程序

公共部门在正式录用人员后,还会对人员招募甄选的整个过程进行评价和总结。主要目的是分析和了解本次人员招募甄选的成本及其效益,以及通过招募甄选获得的经验和教训,进而为今后的招募甄选工作提供信息支持。

第一,进行成本效益评估。评估招聘所花费的总时间成本和经济成本,并用实际招聘人数进行折算,评估招聘的效率。招聘成本分为招聘总成本与招聘单位成本。招聘总成本=人事费用+业务费用+一般开支。招聘单位成本=招聘总成本÷录用人数。招聘费用少,录用人数多,意味着招聘单位成本低;反之则高。还可以用成本效用来评估招聘效益。总成本效用=录用人数÷招聘总成本。招募成本效用=应聘人数÷招募期间的费用。选拔成本效用=被选中人数÷选拔期间的费用。人员录用效用=正式录用的人数÷录用期间的费用。

第二,进行录用人员的数量评估。对录用人员的数量进行评估。录用比=录用人数÷应聘人数×100%。招聘完成比=录用人数÷计划招聘人数×100%。招聘比=应聘人数÷计划招聘人数×100%。录用比越小,录用者的素质可能越高。招聘完成比大于等于100%,说明在数量上完成或超额完成招聘任务。对应聘比例进行评估。应聘比=实际招聘人数÷计划招聘人数,如果应聘比例越高,说明招聘的宣传效果越好,招录备选人员越多,从而招录到高素质人员的概率也就越大。

第三,进行录用人员的质量评估。录用人员的质量评估实际上是在人员录用后,进一步评估其能力、潜力、素质的过程。录用比和应聘比也在一定程度上反映录用人员的质量。评估是否完成招聘的指标,组织对最终入职人员的满意程度。招聘的效果究竟如何,是否招到适合的公职人员,还需要评估员工入职之后的工作表现。相比于企业,招聘效果评估这项工作在公共部门容易被忽视。

5.1.3 我国公共部门人员招募甄选的实践

我国已初步形成公共部门人员招募甄选的制度法规体系。2006 年 1 月 1 日正式出台 2018 年 12 月 29 日修订的《公务员法》对公务员从进入国家机关到退休的各个管理环节,都做出了明确的规定。

《公务员法》第二十三条规定:录用担任一级主任科员以下及其他相当职级层次的公务员,采取公开考试、严格考察、平等竞争、择优录取的办法。第三十三条规定:录用特殊职位的公务员,经省级以上公务员主管部门批准,可以简化程序或者采用其他测评办法。一级主任科员以上职位的甄选与录用则主要依靠推荐、选拔、调配以及公开竞聘等诸多方式。我国公务员的具体招募甄选程序见表 5.1。

表 5.1 我国公务员招募甄选程序

程 序	说 明
上报职位需求	各招录单位将职位的描述和需求数量上报,国家是上报给国家人事部公务员管理司,省市是上报给人事考试中心
发布招考公告	包含录用的职位和名额,报考的资格条件,报名方式和时限,考试内容与科目、时间、地点和区域分布,报考需要提交的申请材料等其他事项 国家是月中旬发布,各省市分别发布

续表

程　序	说　明
公告发布方式 报名方式 报名信息审核 报名确认 领取准考证	在考试前一定时间,通过报纸、电视、互联网等媒体向社会发布 国家和各省市有单独的报名网站 政府人事部门会同各招录单位分别派人员审核自己部门的报考者 通过网络交纳考试费用、完善个人信息 通过网络打印
笔试	国家和各省市分别组织考试,科目包括行政职业能力测验和申论,个别省市考查公共基础知识
分数发布 面试名单发布	通过网站查询,公开发布,并将笔试名次排列出来 通过国家和各级政府的公务员招考报名网站发布
资格复审	由招录机关进行资格复审,采取查阅有关证书、文件材料和查验本人身份证明等形式,确认提交材料的真实性和准确性
面试	一般包含结构化面试、情景模拟和实际操作等科目。国家由各系统和单位分地区组织,各省市由各单位分别组织
体检 政审 公布拟录用 人员名单	体检的项目和标准根据职位要求确定,具体办法由中央公务员主管部门会同国务院卫生健康行政部门规定 时间长短视具体职位而定,警察相对时间较长 在网站上将拟录取的名单予以公示,公示期不少于五个工作日
备案审批 试用 正式录用	公示期满,由招录机关将拟录用人员名单按照规定报录用主管部门审批或备案 根据所录用人员的知识和能力特征,将所录用人员安置到合适的岗位上去进行试用、考核,对试用合格的人员,在事先约定的试用期满之后,正式确定为公共部门员工

根据《事业单位人事管理条例》《事业单位公开招聘人员暂行规定》和《关于在事业单位试行人员聘用制度意见》的规定,事业单位公开招募人员,不得设置歧视性条件。事业单位新聘用工作人员,应当面向社会公开招聘。但是,国家政策性安置、按照人事管理权限由上级任命、涉密岗位等人员除外。急需引进的高层次、短缺专业人才,具有高级专业技术职务或博士学位的人员,可以采取直接考核的方式招聘。

事业单位公开招聘工作人员按照下列程序进行:第一,制订公开招聘方案;第二,公布招聘岗位、资格条件等招聘信息;第三,审查应聘人员资格条件;第四,考试、考察;第五,体检;第六,公示拟聘人员名单;第七,订立聘用合同,办理聘用手续。

事业单位内部产生岗位人选,需要竞聘上岗的,按照下列程序进行:第一,制订竞聘上岗方案;第二,在本单位公布竞聘岗位、资格条件、聘期等信息;第三,审查竞聘人员资格条件;第四,考评;第五,在本单位公示拟聘人员名单;第六,办理聘任手续。

5.2 公共部门人员招募的方式

按照招募的渠道,公共部门人员招募的主要方式可以分为内部征召和外部招募。内部征召是由组织内部人员来填补单位的职位空缺,外部招募是从外部招募新员工来填补单位的职位空缺。

5.2.1 内部征召

1)内部征召的主要形式

(1)职位晋升

当组织出现职位空缺的时候,让组织内部处于较低职位的员工晋升到该岗位,这也是组织内部的人力资源开发过程。

(2)职位转换

职位转换分工作调换和工作轮换两种情况,他们都是指通过组织内部部门之间的人员调动来满足职位空缺。工作调换是指工作岗位发生变化,但是职务级别保持不变,也称为"平调"。工作调换一般针对中层管理人员,目的在于让管理者熟悉各个部门的情况,积累更多的管理经验。工作轮换主要针对一般职员,员工在各个不同的基层岗位上工作,有利于积累工作经验,熟悉组织各方面的工作情况,明确职业发展。

(3)内部竞聘

将组织空缺的职位通过内部网站报刊等渠道向员工发布公告。公告上写明空缺岗位名称、岗位要求、任职资格、工资待遇等情况,并告知竞聘的程序、时间等。员工根据自身情况,自愿报名参加竞聘。内部竞聘可以让员工更自由主动地选择自己的职业发展路径,更好地实现"人职匹配"。不过内部竞聘用时比较长,可能使职位空缺时间较长。

(4)内部推荐

领导或员工推荐他们认为比较合适的组织内部人选。内部推荐的主观性比较强,容易掺杂人情关系等因素。

2)内部征召的优势

①组织对员工的了解更全面。由于员工来自组织内部,因此组织对员工的工作业绩、工作能力、做事风格、品德素质等方面的信息了解更全面,有利于对员工的聘任做出更全面、准确的评估。

②员工适应工作更快。员工和组织之间已经相互了解,员工对组织有较高的信任感和认同感,有利于快速进入工作角色。

③提高工作积极性。内部招聘的职位如果比员工以前的职位更高,等于提供晋升的机会,可以提高员工的工作积极性。如果是平级,更换工作岗位的内容或性质,也会给员工带来新鲜感,提高工作热情。

④内部招聘比较省时省力,节约成本。

3)内部征召的劣势

①引起员工内部矛盾。内部招聘会加剧内部成员之间的竞争,比如竞聘成功的员工可能会招致其他员工的嫉妒、猜疑等,破坏组织内部的和谐。

②不利于组织的学习和创新。内部员工基本还是沿用已有的工作方式,缺乏外部人员注入新鲜血液。

③工作效率降低。内部员工可能不满于内部的人事调动,降低工作积极性。由于固有的工作模式,加上自身的可塑性不及新员工,内部员工可能不适应新的岗位,工作效率降低。

内部征召是公共部门获得人才的主要招募方式之一,但存在优缺点,公共部门在进行内部招聘的时候需要注意以下几个方面的问题,有效发挥内部招聘的优势,高效地找到合适的人才。

①减少主观影响。从组织内部选拔人才,领导者不能把目光盯在自己身边的人,而是要在组织的各个层次和范围内科学地考察和鉴别人才,通过全面了解员工的情况来综合判断其是否适合目标岗位。有些管理者受到近因效应、刻板印象等的影响,不能客观地看待所有的应聘员工,夹杂个人主观感情,将影响内部招聘的公平性。

②全方位发现人才。管理者可以从员工的工作实践、部门推荐、员工档案、绩效考核等多种途径全方位发现人才。

③不要将人才固定化。不能用一个固定不变的模式来套用人才,要促成人才的合理流动,一个员工在某个岗位上表现并不出色,但有可能可以胜任其他岗位。

④录用流程不可忽视。尽管是内部招聘,但是人员录用的主要程序,包括决定录用,试用合同签订,员工的初始确认、使用、考察、正式录用等,都需要遵照标准的流程规定执行。

5.2.2　外部招募

当组织内部无法满足职位空缺的需求时,就需考虑从外部招聘人员进行补充。外部招募主要有以下几种方法:

1)广告和网络招聘

广告包括通过报纸、杂志、电视、网络等渠道发布招聘广告信息,尤其是互联网时代,网络招聘越来越重要。现在不仅可以利用互联网发布广告,而且越来越多的招聘利用互联网搜集应聘者的信息,招聘方可直接通过网络物色合适的员工。广告和网络招聘时效性强,传播范围广。应试者通过网络的渠道申报岗位已经非常普遍,但在享受信息化带来便利的同时,也需要注意应试者信息的保密,以免被不法分子利用。

2)校园招聘

它是指在高校对应届毕业生进行招聘。校园招聘可以吸引到素质较高的应试者,且应届毕业生进入岗位之后可塑性较强。校园招聘一般在每年的固定时间段进行有计划的招聘和录用。由于只能在固定的时间段进行,因此校园招聘速度较慢,灵活性不够。

3)公职人员引荐

公共部门内部的人员推荐自己了解的应试者。这种方法的好处就是可以快速了解应试者的情况,节约招聘的时间和费用成本。不过引荐的方式容易掺杂人情关系,如果应试者入职之后工作不能令组织满意,辞退工作也难以进行。

4)委托就业机构

通过就业机构的介绍招募公职人员,就业机构包括职业中介机构、人才交流中心等。委托就业机构招聘的优势在于应聘者范围广,可节省招聘时间成本,工作量小。不足之处在于对应试者了解不够全面,招聘的成功率低,很难找到合适的人选。

5)转业军人的安置

转业军人可靠性高,不过可能专业知识相对缺乏。

相比内部招聘,外部招聘的优点主要体现在外部招聘的新员工有助于给组织带来新的思想和知识,还可以增加员工的危机意识,提高员工的工作积极性,而且外部招聘可以增加组织的人力资源储备。不过外部招聘成本较高,也比较耗时,而且可能由于招聘测评的不准确,导致用人上的失误。

公共部门人力资源的内部招聘和外部招聘各有优劣(见表5.2),可以根据岗位性质、组织部门情况、宏观社会环境等因素综合考虑,采取合理的招聘方式。

表 5.2　内部招聘和外部招聘的优劣比较

内部招聘	外部招聘
了解全面,准确性高 可鼓舞士气,激励员工 可更快适应工作 使组织培训投资得到回报 选择费用低	来源广,余地大,利于招到一流人才 带来新思想、新方法 可平息或缓和内部竞争者之间的矛盾 人才现成,节省培训投资
来源局限、水平有限 "近亲繁殖" 可能造成内部矛盾	进入角色慢 了解少 可能影响内部员工的积极性

公共部门人员的招录有公开招录、内部竞聘、推荐、选拔等诸多方式。具体的方法有笔试、面试、心理测验、情景模拟等,依据不同的岗位选择特定的方式。比如,高层管理者和普通职员选用的具体招聘方法不一样,招聘普通职员采用考试的方式,而高层管理者主要靠推荐、选拔、调配等。录用时使用的具体测评方法介绍见本书的人才测评章节。

5.3　公共部门和私营部门人员招募甄选特点的比较

5.3.1　公共部门人员招募甄选管理现状

英国以“通专结合”和“凡进必考”为考录的指导思想。从考试标准和用人观念来看,英国早期实施的是传统的通才选录标准,这就导致在社会上更注重一般教育程度和能力基础,而忽视了特殊职位对特殊能力和专业技术的需求。通过在实践中发现的问题,英国于 20 世纪开始提倡通才与专才相结合的选人用人观念及标准,帮助英国公务员在实际工作中克服了薄弱环节所欠缺的必备素质。“凡进必考”是指凡是涉及公务员的选拔与晋升,不论高级还是中级,一般都需要经过考试才能录用。考试分为行政、执行、文书与助理文书四个级别,是一种纵向的分级考试法。美国坚持“不唯学历是举”的原则,公务员的选录资格中并不对大学学历给予强调,如果报考人拥有相当的工作经验或其他资历,也被视为符合条件。如四年的大学教育并获得学士学位,或者拥有三年工作经验,就满足五级的公务员工资标准。工作经历可以换算成一个学年的学习。法国实行分级分类的考录制度,将国家公务员分为四大类,并制定不同的考评程序和标准选拔人才:①一般文化程度。主要测试相关工作理论,选拔高级行政和执行人才。②准实际技术。只进行说理性测试,用来选拔低级执行人员和文书。③纯应用技能。考查机械、看守等工作的实际操作技能,省略文字理论测试,用来选拔劳作和看守等工作人员。④特别标准。用于选拔某些特殊职位,多半为专业技术类的人员,主要通过谈话和资格文件审查的方式选拔。日本最大的特色就是法律保护严密,从报名准入到考录过程的监督机制都受到法律的保护。国民不分种族、信仰、性别、社会身份、家庭出身、政治见解和政治所属关系,法律面前一律平等。新加坡实行试用考察制度,新加坡的廉政一直闻名于世,这与其公务员试用制度是分不开的。新加坡的试用考察期限为两年,期间要把试用者放到不同岗位进行轮岗和评估,并要求试用者每过 X 个月提出一份工作报告。若两年内有较好的工作绩效、良好的品德和修养,在个人背景及私生活调查合格的人被正式录取,反之则被取消资格。

我国公共部门已初步形成招录聘用制度法规体系。比如公务员招聘有《公务员法》,对公务员从进入国家机关到退休的各个管理环节,都做出明确的规定。公共部门的人员招聘已做到信息公开,如公开发布招聘信息和录用信息。公共部门在考试和面试方面,较好地落实了公平性。招聘的各个环节有相应的法律保障,而且很好地落实在实际操作过程中。但公共部门的招聘在实际运行中,还存在以下不足:①招聘基础工作做得不够。公共部门的招聘普遍缺乏清晰的岗位说明书。②录用考试的科学性有待提高。主要体现在:考试手段比较单一;考试内容设计欠合理;面试环节的标准比较难以把握,导致随意化和简单化现象的出现。③录用考试的公平性有待增强。④招聘效果需要进一步增强。公共部门招聘需要更好实现人岗匹配。

5.3.2 私营部门招聘管理现状

私营部门的招聘具有以下几个方面的特点：

①大部分企业未进行规范的工作分析及招聘职位关键胜任力的确认，而工作分析是招聘管理的基础。

②大部分企业没有招聘计划，或者招聘计划形同虚设。据统计，67.62%的企业没有招聘计划或者不能按招聘计划开展工作。

③大部分企业缺乏招聘成本控制意识。据统计，64.18%的企业没有计算过“每招聘1名员工所花费的成本”。

④多渠道招聘（网络、人才招聘会、员工/熟人推荐）。企业中最基层的员工以外部招聘为主，中、高层管理者，特别是高层管理者，外部招聘的比例仅占一小部分，大部分的高层管理者采用内部提拔、培养或直接任命。

⑤对人才的评价标准主观性较强，缺少书面的、明确的评价标准。

⑥对人才的评价方法以经验考查和知识考查为主。

⑦人才评价方法综合使用，比如专业知识考试、心理测验、结构化面试、无领导小组讨论、背景调查等形式均在使用。

⑧招聘看重应聘人员的专业技能、工作经验和工作态度。

⑨评价主体以人力资源部和未来上司为主。

⑩招聘的公平公正性问题明显存在。

5.3.3 公共部门和私营部门人员招聘管理的区别

公共部门的特点是掌握和运用公共资源，提供公共产品和公共服务，其行为价值取向是维护公共利益。私营部门的特点是竞争性，为社会提供的产品属于非公共物品，具有可分割性和排他性，其行为价值取向是利益最大化。公共部门和私营部门有着截然不同的特性（见表5.3）。

表5.3 公共部门和私营部门人员的招聘管理对比

招聘管理对比	公共部门	私营部门	差异原因
理念	德才并重	岗位胜任力为导向	组织核心价值观不同
行为	公平公开，公平重于科学	隐蔽高效，有效重于公平	组织目标不同
流程	法律统一规定，招聘流程严格	无定式可循，较灵活	组织结构不同
原则	择优录取	择合适的人录取	组织价值观不同
依据	《公务员法》《行政法》严格遵照规定，授予权力才能做	《劳动合同法》《民商法》消极守法，没有禁止即可做	组织环境不同
环境	“公务员热”，无须过多宣传	人才竞争压力大，注重招聘宣传	组织环境不同
结果	稳定、不可更改	相对灵活	组织环境不同

第一,公共部门和私营部门的核心价值观的不同导致两者的招募甄选理念的差异。公共部门提倡德才并重。《中共中央国务院关于进一步加强人才工作的决定》明确提出“把品德、知识、能力和业绩作为衡量人才的主要标准”,具体体现在政府等公共部门在甄选和录用人员时,不仅重视人才素质,更加强调品德修养,有正确的价值观,伸张正义,维护社会公平。然而,私营企业等私营部门的理念侧重于以最低成本甄选和录用到组织现在和未来所需要的人,建立人才库。因此私营部门的人员甄选和录用理念提倡能力至上,要求应聘者的素质和企业团队及岗位的要求达到最佳的匹配,创造最大的效益。

第二,公共部门和私营部门的目标的差异导致两者的招募甄选行为的差异。政府等公共部门的目标是实施对公共事务的管理和协调各公共利益间的关系,其代表国家的意志,体现国家的意愿,其行为不可避免地带有政治色彩,因此具有政治性;同时,其行为过程要公开,各项程序结果要公正,接受公众和组织成员的监督。相比之下,私营企业等私营部门作为自负盈亏的独立法人,首先要考虑的是经济活动中的收益回报,而不是政治收益;主要考虑什么样的人最适合企业的岗位,而非社会公平;且私营部门无须对社会公开,并考虑到市场经济中竞争的排他性,因此私营部门的甄选和录用行为具有隐蔽性。

第三,公共部门和私营部门的组织结构的不同导致两者的招募甄选流程的差异。主要表现在公共部门在甄选和录用时必须严格依照国家统一法律规定执行,各级政府和单位不能各自为政,制订所谓适合本部门实情的甄选和录用流程。而私营部门的甄选和录用活动则相对灵活,可以根据本部门的组织结构,结合企业的文化氛围规范甄选和录用制度,根据各部门的需求制订甄选和录用计划,根据各岗位的胜任特征确定甄选标准等。

第四,公共部门和私营部门的组织环境的不同导致两者的招募甄选法律依据、招聘环境、招聘结果的差异。组织环境指组织外部所有能够直接或间接对组织存在与发展产生影响的因素的总和。它包括政治环境、经济环境、文化环境、科技环境、法制环境、资源环境等因素。公共部门和私营部门环境的不同导致人员招聘法律依据的差异。公共部门受政治环境和法制环境的影响,其行为必须遵守和执行已经确定的“利益游戏规则”,同时肩负着维护这些规则的使命。政府部门等公共部门作为执法机构,其甄选和录用行为必须严格遵守《宪法》《公务员法》以及相关法律、行政法规和规划性文件,正确使用公共权力,维护政府部门等公共部门的公共形象。政府行为必须在权力范围内运作、必须遵守相关的法律法规、必须接受全社会监督。因此在招聘过程中需要保证绝对的权力,一旦对方符合要求,无权不录取对方,换句话说,公共部门必须严格按照相关的权力运行“授予权力才能做”,具有“法律法规色彩、政策色彩”。企业则主要受经济环境的影响,受政治环境的影响较少。私营企业等私营部门的人员甄选和录用活动则以《劳动法》《劳动合同法》以及民商法等公司混合性质的法律为主要依据,由于私营部门主要侧重经济角色而非政治角色,在利益的驱动下,当利益和法律法规相冲突时,其人员甄选和录用行为极易采取规避的方式消极应对。私营部门较少接受社会监督,“没有禁止的可以做”,企业有很大的权力决定是否录用员工。公共部门的招聘环境表现为应聘者热衷于报考公共部门,如“公务员热”,不需要太多宣传,招聘结果稳定,不可更改。私营部门的招聘环境面临很大的人才竞争压力,必须注重招聘宣传,招聘结果相对灵活。

5.3.4 公共部门和私营部门招聘管理的相互借鉴和完善

公共部门和私营部门的招聘管理各有优劣,体现在以下几个方面:

1)公共部门较私营部门具有更完善的招募制度

公共部门的人员招募是具有很强政策性的工作,因而普遍建立了完善的招募制度。相比之下,企业在招募人员时,由于其行为较灵活,缺少相关的法律法规来约束,不少企业为了节约成本,缺乏相应的制度建设。

目前中小企业、建筑企业、批发零售、餐饮企业用工市场化程度高,急需加强劳动用工制度建设并认真执行劳动法规;西部企业弱于制度建设,中部企业则弱于制度执行。

2)私营部门较公共部门更为注重人员招募的基础性工作

人力资源规划、工作分析是招募工作有效开展的基础性工作。人力资源规划为招募做好预测,确保组织在适当的时间和不同的岗位上获得适当的人选。工作分析为招募提供依据,为招募人员表达工作职责提供所需的信息。

公共部门在人力资源规划、工作分析等招募的基础性工作上重视程度不够,手段方法落后。相比较而言,私营企业在这方面的工作相对较完善,私营企业各部门不同的工作有相应的职务说明书,规定了该职务所需人员的素质和工作职责。同时,人力资源规划的内容较为全面,方法较先进。

魏江茹等在对苏、浙、粤 464 家企业的调查中发现,当前企业人力资源规划的内容包括人员补充计划、人员接替提升计划、培训计划、薪酬激励计划、劳动关系计划以及退休解聘计划。其中企业的人员补充计划最为完善,人才储备和人员差异化接替提升计划是当前企业需要面临的重要问题。

3)公共部门较私营部门的招募程序更为严格

公共部门在制订好人力资源招募计划之后必须交由上级部门审核通过之后方可执行,因为公共部门有严格的编制限制,招募正式工作人员必须符合编制。公共部门招募程序繁杂,时间周期长。一般说来,从每年下半年 11 月左右开始编制下一年的录用计划,12 月初发布招考公告,12 月底报名,次年春节前进行笔试,春节后组织应聘者的资格复审、面试、体检、考核、公示,最后录用大概在 6 月,整个过程历经大半年。不论考生还是组织者均觉得时间拉得过长,耽误了其他工作的开展。

企业根据发展需要,制订人力资源计划,经过发布招聘信息、进行招聘测试,录用符合职位要求的人员即可,与公共部门相比,企业更加注重效率和成本原则,但也在一定程度上造成了招募缺乏系统性,许多研究发现,不少企业缺乏完整的招募程序,没有把招募看成一个系统的、循环的和人力资源的其他环节息息相关的重要工作。

4)私营部门较公共部门的招募渠道更为广泛

公共部门主要采取面向社会公开招考和组织推荐两种方式来招募公共部门员工。其中人员获取的渠道涉及三个方面,一是吸引高校毕业生,二是安置转业军人,三是其他组织推荐人员。

私营部门的人员招募渠道则较为广泛,企业的人员招募渠道分为内部招募和外部招募两种。其中内部招募包括内部晋升、内部公告和员工推荐;外部招募包括媒体广告、校园招募、推荐自荐、猎头公司等。

5)公共部门较私营部门的人员招募标准更全面

公共部门的政治素养要求较高。不仅应具有职位要求的技能和知识,而且必须具备较高的政策认知、执行能力,严格的职业操守等素养,需要对公共利益有充分理解。

公共部门可以在以下方面向私营部门学习:

第一,做好招聘前的基础性工作。落实工作分析,科学的工作分析有利于优化公共部门员工的配置,明确员工的岗位职责,为公共部门的人员招募工作提供标准和依据,提高招募工作的计划性。建立胜任特征素质模型,公共部门可以借鉴企业的成功经验,针对不同的职位,按照其职位要求建立胜任素质模型,在胜任素质模型研究的基础上,再有针对性地进行笔试、面试,这样一方面可以避免领导"一言堂"的局面,另一方面可以增强公共部门人员招募工作的针对性。

第二,扩大招聘渠道,综合利用评估工具。网络招聘是现代企业人才招聘的新形式,政府可学习企业通过官网、第三方招聘网站等机构,使用简历数据库或搜索引擎等工具来完成招聘过程。综合利用甄选工具,公共部门可以借鉴企业的成功经验,利用简历、结构化面试、非结构化面试、心智能力测试、电话面试、人格测评、评价中心等方式甄选出需要的人才。

私营部门可以在以下方面向公共部门学习:

第一,加强招聘制度的建设。制度有利于规范招募行为,保障招募计划的有效实施。当前,企业的招募计划性逐渐加强,但对计划的执行力较差,原因就在于缺乏相应的制度规范来约束。因此,企业应借鉴政府的经验,加强企业招募制度的建设,健全招募、甄选、录用机制以及各种约束机制,保障企业人力资源规划和招募计划的顺利实施。

第二,注重招募活动的公开、公正、公平性。在招募时,把招募的职位种类、数量、要求的资格条件以及考试方法向社会公开,不仅可以扩大招贤纳才的范围,而且有助于形成公平竞争的氛围。企业为广招贤才,逐渐注重信息的公开性,但在公正、公平方面还较为缺乏,不少企业仍然人为地设置不平等条件,没有真正做到对应聘者一视同仁,提供公平的竞争机会。

注重招募活动的公开性的同时,加强公正、公平性的监督,提高企业招募工作的透明度,杜绝"暗箱操作"。使应聘者具有同等的权利和机会,这种权利和机会不因家庭出身、民族、性别、年龄、宗教信仰等因素而受到影响。

【本章小结】

公共部门人力资源招募甄选是公共部门人力资源入口环节的重要问题。招募甄选必须遵循既定的流程,还需要进行招募甄选的评估。招募的方式有内部征召和外部招聘两种,各有自身的优势和劣势。公共部门和私营部门的招聘具有不同的特点,主要体现在组织核心价值观、组织目标、组织结构、组织环境的不同导致的差异。公共部门和私营部门的招聘管理可以相互借鉴和完善,主要体现在公共部门较私营部门具有更完善的招募制度;私营部门较公共部门更为注重人员招募的基础性工作;公共部门较私营部门的招募程序更为严格;私营部门较公共部门的招募渠道更为广泛;公共部门较私营部门的人员招募标准更全面。

【案例分析】

【案例 5.2】湖南资兴市:基层公务员招录条件设置听民声

"我们乡是地质灾害易发区,而乡里没有专门学地质灾害防治专业的干部,希望能为我们招一个学本专业的公务员,以确保我们的安全。""我们社区有很多孩子都是大专毕业生,基层公务员招录能否多些职位面向大专以上文化程度,让专科生也有和本科以上学历人员同等竞争的机会?"……近日,在湖南省资兴市白廊乡、唐洞街道基层公务员招录条件设置意见征求会上,前来参加的群众纷纷提建议,气氛十分热烈。

为科学设置 2016 年基层公务员招录条件,最大限度地倾听百姓呼声,资兴市公务员局一改往日仅由乡镇党委上报建议条件的方式,深入基层,把话筒交给百姓,让百姓说事。通过选取全市人口数量多、少数民族乡等最具代表性的 10 个乡镇,提前发布《召开基层公务员招录条件设置的意见征求会》的公告,广泛宣传动员,吸引 200 余名群众积极参与。共搜集到专业技术类公务员配备、放宽招录条件、增加招录数量、不搞性别歧视等 6 大类 80 余条建议,搜集到的建议将作为 2016 年资兴市基层公务员招录条件设置的重要依据。

为考上公务员铤而走险

梁×影在任中山市人力资源和社会保障局纪委书记期间,分管中山市人力资源考试院,负责中山市公务员招考。其子林×成是中山市职业技术学院大专毕业生。为帮助林×成考上公务员,时任中山市农业局局长的陈×标受梁×影之托,将"市场与经济信息科办事员"这一职位的招录要求定为"电子商务专业、大专学历、英语四级"。

同时陈×标和时任中山市农业局党委副书记、副局长的何×寿分别交代作为该局面试轮候考官袁×胜和该局人事科副科长谌×华,让其两人面试时关照林×成。此前,梁×影也亲自要求中山市农业局人事科原科长、现市委农办副主任、市农业局公务员招录面试轮候考官袁×胜在面试时多关照她的儿子林×成。由于得到了面试考官的关照，林×成的公务员考试面试获得了高分，在该职位排第一名。

其实，林×成的笔试成绩在其报考职位的应试者中排位仅为第 6 名，按规定不能入围面试。中山市人力资源考试院考务股股长李×坚在得知这一成绩的当晚，打电话给梁×影，将林×成的成绩、排名以及不能入围面试的情况向梁汇报，梁×影获知后，要求李×坚调高林×成的笔试成绩，使其能够入围面试。李×坚虽然曾提出异议，但最后仍同意为林×成篡改成绩，并建议将成绩改为与排名第三的考生成绩一样，并列第三名。由此，林×成获得该职位的面试资格。

其实梁×影为儿子改公考分发生了两次。第二次发生的改分行为是在面试过程中——根据证人证言，一开始他们为林×成设定的面试成绩是 91 分，后来担心分数太高会被投诉，最后设定为 81.74 分。但就算降了近 10 分，林×成的面试成绩仍然领先另外两位面试者 10.63 分和 16.14 分。

经过“笔试、面试、体检和考察、公示”等程序，林×成进入了录取公示。

梁×影身为国家机关工作人员，无视国家法律，在招收公务员工作中徇私舞弊，最终受到法律制裁，被判处有期徒刑 1 年。参与此案的陈×标、何×寿等人也受到相应的惩罚。

案例讨论：

1.你怎么看湖南资兴市的做法？

2.公共部门如何保证招聘的公正性？

3.公共部门如何保证应试者成绩的客观公正？尤其是面试成绩，如何减少人为主观因素的影响？

4.如何提高公务员招录的科学性和有效性？有哪些评估或监督手段？

【思考与练习】

一、简答题

1.公共部门的内部招聘方式具有哪些优势和劣势？

2.公共部门的外部招聘方式具有哪些优势和劣势？

3.如何对公共部门人员招募甄选的效果进行评估？

二、应用分析题

1.如何把握公共部门招聘面试的灵活性程度？

2.熟悉公共部门人员招募甄选的流程，进行模拟招聘。

3.公共部门和私营部门在招聘管理的哪些方面可以相互借鉴和学习？

【扩展阅读】2017 年中央机关公开遴选和公开选调公务员公告(有删减)

为全面贯彻党的十八大和十八届三中、四中、五中、六中全会精神,按照《公务员法》《公务员调任规定(试行)》和《公务员公开遴选办法(试行)》有关规定,中央组织部、人力资源和社会保障部、国家公务员局决定开展 2017 年中央机关公开遴选和公开选调公务员工作。现将有关事项公告如下:

一、职位

公开遴选职位包括副处长、调研员、副调研员和主任科员及以下。公开遴选职位分为两类:一是面向所有符合条件的公务员;二是专门面向符合条件的选调生。

公开选调职位为副调研员。

二、报名范围和条件

(一)公开遴选

(二)公开选调

三、报名程序

(一)职位查询

(二)报名

(三)查询资格审查结果

(四)打印准考证

四、考试

考试分为笔试和面试。笔试成绩、面试成绩按各占 50% 确定考试综合成绩,折合总分为 100 分。

各职位的报名人数与拟遴选或选调人数的比例一般不低于 5∶1。低于 5∶1 的,经中央公务员主管部门同意可予以取消,允许该职位报名人员改报其他职位。面试人选与遴选或选调职位的比例一般为 5∶1。达不到规定比例的,各部门经与中央公务员主管部门协商,可降低比例,但一般不低于 3∶1。

五、体检和考察

面试结束后,各部门根据考试综合成绩由高到低的顺序,确定考察对象。考察对象与遴选或选调职位的比例一般为 2∶1,对于数量在 2 人以上的遴选职位,可适当降低差额考察比例,但一般不低于 1.5∶1。

体检工作由各部门根据职位计划表中公布的体检要求组织开展。

各部门将派出 2 名以上人员组成的考察组,对考察对象的德、能、勤、绩、廉情况及其政治业务素质与遴选或选调职位的适应程度进行全面考察,突出考察政治品质和道德品行,注重考察工作实绩,加强作风考察,强化廉政情况考察。考察组将查阅干部(人事)档案,核实公务员或参照公务员法管理人员登记表等情况,考察对象所在机关(单位)应当积极支持和配合考察组工作,客观真实地反映考察对象的实际情况。

六、公示、办理相关手续

各部门根据考察情况和职位要求,按照干部管理权限,集体讨论决定拟任职人员,并分别在国家公务员局网站和拟任职人员原单位进行公示。公示期为 5 个工作日。公示期满,对没有问题或反映问题不影响任用的,各部门按照有关规定办理调动和任职手续;对反映有严重问题并查有实据的,取消遴选或选调资格。

第 6 章　公共部门人才测评

【知识目标】

1.定义人才测评。

2.概述人才测评的实施步骤。

3.掌握人才测评的基本原则。

4.掌握人才测评的主要方法(结构化面试和评价中心)。

【能力素质目标】

1.理解人才测评的基本原理。

2.理解人才测评的误差、信度和效度。

3.能够根据具体情况选择合理的人才测评方法。

4.能够实际运用结构化面试或评价中心技术进行人才测评。

5.能够评价某项具体的人才测评技术在实际运用中的优劣。

6.1　人才测评理论

6.1.1　人才测评概述

1)什么是人才测评

人才测评是以心理测量学、应用统计学、组织行为学和人力资源管理科学为基础,根据一定的理论并通过标准化的技术和方法对各类人员的能力、人格特点、工作动机、职业兴趣等进行评价的活动。

测评包括测量和评价两个方面。

测量是按照一定的法则,用数字或符号对人的特点进行描述,不带有价值判断。测量包括直接测量和间接测量,有的属性可以直接用工具测量,如用尺子测量人的身高,这类测量称为直接测量。有的属性则无法直接测量,如一个人的领导能力,只能依靠观察他的言行等外在表现来评估他的领导力,这类测量实际上是间接测量,即通过外在的行为表现测量内在的素质特征。

大多数人力资源的特征需要运用间接测量,如价值观、人格、能力、态度等。在间接测量中,关键是如何将我们想要测量的属性转变为可观察的变量,即操作化定义过程。操作化定义指的是我们对想要研究的概念进行分析,抽取一些行为来代表这个概念。不同的研究者对同一个概念可能有不一样的理解,即不同的操作化定义,这就是为什么同一个概念可以用不同的量表进行测量。

评价指的是如何描述、解释测量结果。换言之,评价是根据定量描述或直觉经验来确定某个事物或某种属性的价值,带有价值判断。人才测评中的评价方法所参照的标准有两种:一是在标准参照测验中,测验分数的解释是独立的,不需要参考其他人的得分;二是在常模参照测验中,测验分数的解释是相对的,需要参考其他人的得分,这类测验的得分独立解释没有意义,需要与该个体所在的人群整体得分进行比较才有意义。

【资料 6.1】测量、测验、评价三者的区别

测量是按照一定的法则,用数字或符号对人的特点进行描述。测验是测量的工具之一。

测验要求个体对任务做出反应,施测者从个体的反应推测出所测量的属性。因此,测验要求个体完成某种任务,但测量不一定如此,如通过自然观察,完成对个体的测量,此时不要求个体做出反应。测量是一个客观的值,不带有价值判断,评价以测量为基础,需要参考一定的标准,最终做出决策,带有价值判断和主观经验性。

2)人才测评的实质

人才测评实质上是对行为样组进行客观和标准化测量。人才测评具有以下几个方面的特点:①人才测评是对行为的测量;②人才测评是对一组行为样本的测量;③人才测评的行为样组不一定是真实行为,而往往是概括化的模拟行为;④人才测评是一种标准化的测验;⑤人才测评是一种力求客观的测验。

之所以对人员进行测评,原因之一在于工作差异的存在。我们需要科学地挑选员工,并且对员工进行针对性的培训,测评可以了解个体某方面的属性特点,是员工招聘和人力资源开发等项目的基础。

原因之二在于个体差异的存在。由于个体在诸多方面,如智力、能力、态度、性格特征等存在差异,而这些差异会影响到他们的工作绩效。因此为了组织发展,必然会选择符合工作要求且能带来高绩效的个体。

原因之三在于测评的需求来源于人与工作的匹配,即我们需要充分了解个体的特征,实现人岗匹配,才有利于员工和组织的共同发展。

3)人才测评的基本原理

人才测评的基本原理阐明了人才测评的必要性、可行性和科学性,指明了测评的方向,奠定了人才测评合理存在和发展的基础。

(1)个体差异性原理

个体差异性是指人与人之间在素质上存在差异的客观性质。个体之间的差异性是人才测评的前提条件。如果人与人之间没有差异,测评就没有必要。个体差异包括个体心理差异(如个性心理特征、个性倾向性)、个体生理差异(如性别、年龄、身体素质特征)和社会文化差异(如地域、职业、民族文化差异)。

(2)素质稳定性原理

素质的稳定性是指个体素质相对稳定不变的性质,素质稳定性为人才测评奠定了可行性基础。素质稳定性主要表现在人的个性品质、能力素质以及社会历史品质等方面。

(3)心理可测性原理

心理测量学的发展奠定了知识、能力、个性等心理特征具有可测性的基础,这是人才测评能够存在的科学依据。心理可测性体现在以下 3 个方面:一是测评内容的客观性;二是测评理论的科学性;三是人的特征和工作绩效的可测性。

(4)匹配原理

人才测评的目的就是要把合适的人放在合适的位置,事适其人、人尽其才、才尽其用。匹配原理要求根据岗位对人才的知识、能力、个性、价值观的要求做出最合适的个人与组织的匹配。因此匹配原理为人才测评指明了方向。

(5)人的预测测量与效标测量相关性原理

如果对人的预测测量与效标测量不相关,那么就不能根据预测测量来预测员工的未来,预测就无效。正是因为大量的研究表明,对人才的预测测量和相应的效标测量之间具有高度相关性,这使得对人才的各种测量呈现出应有的应用价值,奠定了人才测评合理存在的基础。

6.1.2　人才测评的误差、信度、效度

1)测量的误差

误差指的是与测量目的无关的变量所引起的测量结果的不准确或不一致。不准确指的是,误差使得测量的结果偏离真实值。不一致指的是,测量结果的稳定性差,每次测量的结果都不一样。任何测量都存在误差,不可能绝对准确。我们只能尽量减少误差。

在测评中,有两种误差:一是随机误差,二是系统误差。随机误差,又称可变误差,由与测量目的无关的、偶然的随机因素引起,使多次测量的结果不一致。随机误差每次产生的原因可能不一样,比如测量时外界的环境因素等,因此随机误差难以控制,但又不可避免。随机误差对测量结果的准确性和一致性都会产生影响。系统误差,又称恒定误差,它也是由与测量无关的变量引起的。与随机误差不同的是,系统误差是恒定的有规律的误差,它稳定地存在于每一次测量中,所以系统误差影响测量结果的准确性,但不影响测量结果的一致性。

误差的来源主要有以下 3 个方面:

(1)测量工具

有的误差是由测量工具本身引起的,如测评内容取样不合理,测评项目太少。还可能因为项目设置不恰当,降低了测评有效性,如是非判断题,施测对象可以凭猜测作答。还有的测量工具,题目模糊、题目过难或过于简单,都会带来测量误差。

(2)施测过程

施测过程也会引起误差,主要包括:①施测时候的物理环境,如果影响施测对象的正常答题,则会带来误差;②施测者自身的因素,如行为举止误导或干扰施测对象的作答;③评分者在评分的时候出现错误,或者对测量中的主观题目的评分出于主观臆断,缺乏客观统一的标准;④突发因素,如施测过程中突然停电或测验用品突然出问题等。

(3)施测对象

施测对象本身也会引起误差,具体来讲,包括施测对象的生理因素,参与测量的动机,在测评过程中的焦虑水平,练习效应和施测对象的受教育程度等。

2)测量的信度

信度是指测量结果的一致性,也称稳定性或可靠性程度。比如同样的测量工具在不同的时间点对个体的某种属性进行测量,我们希望所得结果具有高度一致性。具体来讲,有以下 4 种信度类型:

(1)再测信度

它又称跨时间的稳定性系数,指的是对同一个群体在两个不同的时间使用同样的测验工具进行测量,两次所得分数的相关系数。相关系数越高,说明测量结果跨时间的稳定性越高,即再测信度越高。

(2)复本信度

它又称等值性系数,指的是用两套题目或内容表现形式不一样,但是所测量的概念建构相同的测验,来测量同一群体,计算出两个测验得分的相关性,即为复本信度。为了排除时间的影响,两次测量的时间间隔不宜太长。复本信度考察的是测量跨形式的稳定性。

(3)内部一致性信度

再测信度和复本信度针对的是测量的跨时间和跨形式的稳定性。内部一致性信度指的是测验本身题目的内部一致性程度,包括半分信度和同质性信度。半分信度指的是将测验的题目分为两半(如按照奇偶题目分半),计算两半题目的相关系数。同质性信度指测验内部所有题目的一致性程度,体现为测验内部所有题目的相关性。对同一个测验,我们希望所有题目测量的是同一个概念,因此同质性信度要求较高。目前多用克朗巴赫系数(Cronbach's α)来计算同质性信度。

(4)评分者信度

评分者信度指的是针对同一个测验,不同的评价者给予评分,所得评分的一致性程度。如跳水比赛项目,由多个评委进行打分,评委给予的分数存在差异,这就需要考虑评委之间分数的一致性问题。

测量的信度受多方面因素的影响。

首先,被测量个体在测量属性上的个体差异的大小可能会影响信度,如某种属性在个体之间的差别幅度本来就很小,测验很难将他们区分开来,此时测量的信度就会低。

其次,测验的长度和区分度对信度也有影响,如增加测验项目的数量会相应地提高信度。如果测验的区分度很低,如测验题目要么特别难要么特别简单,个体的得分要么都很低,要么都很高,个体之间的差异难以体现,测验的信度也会低。

再次,对测量信度的计算方法有多种,选择不同的计算方法,所得的信度结果也会有差异。

最后,在测验过程中出现的误差也会影响测量的信度。如测验的时候,环境因素对被试的作答产生干扰,导致测量误差,信度也会低。

3)测量的效度

效度指的是测量的有效性,是测量工具能够准确测出想要测量的东西的程度。效度是衡量测评工具优劣的重要指标,如果一个测评工具所测量的结果准确地反映了人们想要考查的内容,则该测评工具的效度较高。下面简要介绍几种常用的效度:

(1)内容效度(Content Validity)

内容效度指的是测验题目对想要考查的行为或素质特点的适用性,如想要考查一个人的数学能力,就需要把与数学能力高度相关的题目放在测评题目中。一般而言,在建构一个新的测量工具的时候需要考虑内容效度。

(2)构想效度(Construct Validity)

构想效度指的是测验能够测量到的理论上的构想或特质的程度,即测量的结果与理论假设的概念或构想的相符程度。比如基于工作分析,从理论上认为应试者应该具备某几项能力,然后运用结构化面试对应试者进行考查,如果面试确实能够准确评估应试者的这几项能力,说明该面试具有好的构想效度。

(3)效标效度(Criterion Validity)

效标,即测验有效性的参照标准。效标效度指的是测验与效标的关联程度,反映的是测验对某种情境下个体的行为表现进行预测的有效性或准确性。如绩效表现通常被作为招聘时对应试者能力或素质测评结果的效标,如果招聘时测评结果与将来的绩效表现出高相关性,说明招聘时的测评是非常有效的。

测量的效度受到测量工具本身的影响,如果测量工具本身不可靠,那么所得到的测验结果也不可靠。效度还受到样本的影响,如参加测试的人在作答的时候受到外界干扰。在其他条件都一样的情况下,参加测试的人的异质性越高,测量的效度越高。另外,效标污染也会影响测量的效度。效标污染指的是效标受到预测变量以外的变量的影响。如以工作绩效作为人才测评的效标,如果领导对员工的绩效考核本来就带有主观偏见,那么工作绩效这个效标就被污染了,相应的得到的效标效度也就降低了。

【资料 6.2】信度和效度的区别

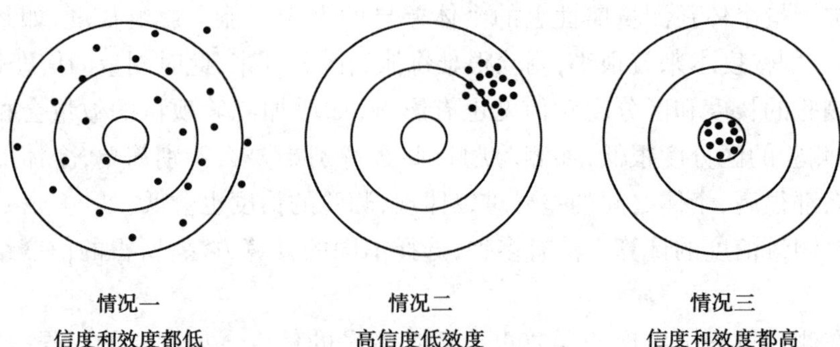

情况一
信度和效度都低

情况二
高信度低效度

情况三
信度和效度都高

以打靶作为比喻,信度指的是弹痕的离散程度,是否每次都打到同一个地方,即测量的稳定性。效度指的是偏离中心的程度,是否打到想要打的中心点,即测量的准确性。

情况一,弹痕分散,无一致性,即信度低。同时弹痕偏离靶中心,即效度也低。

情况二,弹痕集中于靶内的某个区域,一致性高,即信度高。但是偏离靶中心,也就是尽管每次都测量到同一个东西,然而这个东西并不是我们想要的,所以效度低。

情况三,所有弹痕都集中于靶中心,测量的信度和效度都高。

4)项目分析

项目分析指的是对测验的每个题目进行分析,评估每个题目的优劣和难易程度,并进行合理的筛选,从而提高测验的信度和效度。下面简要介绍项目的难度分析和区分度分析。

(1)项目的难度分析

对测验中所有题目的难易程度进行分析。测验难度会影响测验分数的分布形态,如测验难度较小,分数主要集中在高分区;测验难度较大,分数主要集中在低分区。而且,测验过难或过易,测验分数的全距都会缩小,信度都会降低。一般来说,测验的难度为0.5(中等难度)时比较理想,通常人们会让所有测验题目的平均难度接近 0.5,而各个题目的难度在 0.3~0.7 变化。

(2)项目的区分度分析

项目的区分度指的是根据被试对项目的反应可以对不同水平的被试进行区分和鉴别。假如一个项目的区分度高,那么能力强的被试得分就会高,能力弱的被试得分就会低,利用该项目的得分就能够很好地将不同水平的被试区分开来。

如果想了解更多关于项目分析理论的知识,可以阅读《心理科学进展》期刊上发表的关于此方面的综述文章。

6.1.3 人才测评的基本程序

人才测评的程序依据其测评目的不同而有所不同,因此人才测评的第一步是确定测评目的。具体来讲,人才测评包括确定测评目的、确定测评方法、实施测评、分析测量结果、人事决策与建议、跟踪检查与反馈这 6 个步骤(见图 6.1)。

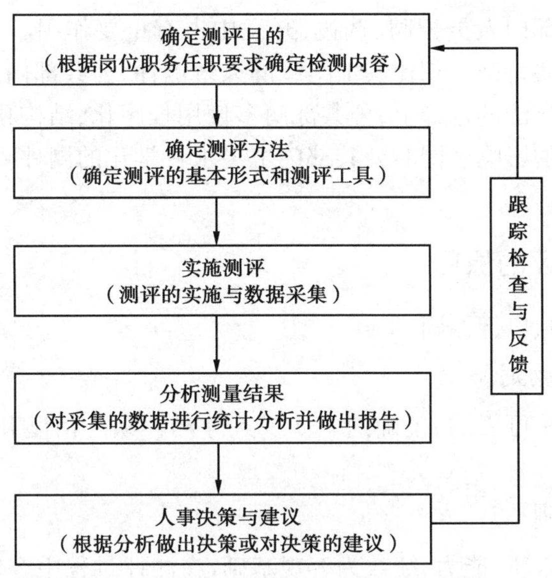

图 6.1　人才测评一般程序

1) 确定测评目的

在以选拔为目的测评中，测评内容应根据所选拔岗位的任职要求而确定，即确定什么样的应试者可以被企业录用。以诊断、评价等为目的的人才测评则相对简单，可以根据诊断、评价的内容确定测评内容。

2) 确定测评方法

测评的基本形式和测量工具依据测评内容的不同而不同。

3) 实施测评

需要做到客观化、标准化，保证搜集到的测评结果能够公平、真实地反映应试者的状况。在此过程中，要严格按照测验的实施要求进行测评，防止个人情感对测评结果的影响。要注意将实施测评过程中相关的信息及可能对决策产生影响的细节记录下来，作为决策的辅助材料，同时注意测评环境的管理。

4) 分析测评结果

对测评结果的分析通常包括对测评结果的计分、统计和解释。

5) 人事决策与建议

决策与测评的目的联系紧密，如果是选拔的目的，则列出候选人名单；如果是安置员工的目的，则需要重点考虑岗位与应聘者的匹配；如果是评价的目的，则需要对应试者的素质进行评价；如果是诊断的目的，则需要分析应试者的特长及存在的问题或应试团体的状况和管理问题；如果是预测的目的，则需要分析应试者未来的绩效和工作表现的预期。

6) 跟踪检验与反馈

根据工作绩效对测评结果和聘用进行检验，为测评提供重要的反馈，为测评取得经验性资料，为测评进一步校正以达到更高的精确度提供依据。

人才测评在公共部门人员招聘、选拔、开发中占有重要作用。公平性和科学性是公共部门人才测评的主要特征。相比其他组织的人才测评,公共部门的人才测评更加注重公平性。因此在测评方法的选择上,公共部门多使用程序化、结构化的方法,最大程度上减少测评中主观因素的影响。同时公共部门也追求科学化的测评程序和方法,使测评结果更加准确可靠。

6.1.4 人才测评的原则

人才测评需要遵从以下原则:

1)信度与效度原则

任何测评都必须是可靠的、正确的。如果人才测评缺乏信度和效度保证,这样的测评将会毫无意义。

2)客观公正原则

测评必须以人员素质、能力、绩效为客观基础,在测评过程中客观描述要以客观的行为和事件为依据,因而在测评中要制定科学的测评程序,以确保测评的客观公正性。

3)标准化原则

作为一种程序,人员测评在编制、施测和评分方面都有某种确定的规则。测评的时候需要做到程序标准化、施测条件标准化、施测工具标准化、施测方法标准化,并且在测评过程中需要控制测评误差。

4)可行性与适用性原则

可行性是指任何一次测评方案所需时间、人力、物力、财力要为使用者的客观环境条件所许可。适应性是指测评要符合测评目的、测评对象特点等要求。

6.2 心理测验

心理测验指的是在控制的情境下,向应试者提供一组标准化的刺激,以引起的反应作为代表行为的样本,从而对其个人作出评价的方法。心理测验主要包括人格测试、兴趣测试和能力测试。

6.2.1 人格测试

人格是指一个人独特地、稳定地对待现实的态度和行为方式,它具整体性、独特性和稳定性等特点。人格测试有自陈式测验和投射测验两种类型。

1)自陈式测验

自陈式测验的前提假设是"只有本人最了解自己",该测试最大的缺点在于无法保证被试的诚信。主要的自陈式人格测验有明尼苏达多相人格测验(MMPI)、艾森克人格问卷(EPQ)、卡特尔16种人格因素测验(16PF)、加州心理调查表(CPI)和大五人格等。

(1) 明尼苏达多相人格测验(MMPI)

该测验是美国明尼苏达大学的心理学教授哈撒韦(S.R.Hathaway)和麦金利(J.C.Mckinley)1943 年编制,1966 年修订。该测验共有 550 个题目(包括重复题目共 566 题),与临床诊断有关的题目集中在前 399 题。量表的内容包括健康状态、情绪反应、神经症状、婚姻家庭、社会态度、职业兴趣等 26 个方面。该量表包括 4 个效度量表:Q(疑问)、L(说谎)、F(诈病)、K(校正)和 10 个临床量表:HS(疑病症)、D(抑郁症)、HY(癔症)、Pd(精神病态)、Mf(男子气、女子气)、Pa(妄想症)、Pt(神经衰弱)、Sc(精神分裂症)、Ma(轻躁狂)、Si(社会内向)。计分时先得出原始分,后转换为标准分,再根据 10 个临床量表绘制成人格特质剖析图,即可对个人人格有概括的了解。

(2) 卡特尔 16 种人格因素测验(16PF)

该测验共有 187 道题。要求受试者从"是""不一定""否"这 3 个答案中选择一个回答。每题答案得 2 分、1 分或 0 分。使用计分模板,用统计方法把每种性格所得分数相加为各自的原始分,再将原始分转换成标准分(1~3 分为低分,8~10 分为高分)后,据此绘制出人格测验轮廓图,即可概括了解以下 16 种人格特质情况:(A)乐群性、(B)聪慧性、(C)情绪稳定性、(E)好强性、(F)兴奋性、(G)有恒性、(H)敢为性、(I)敏感性、(L)怀疑性、(M)幻想性、(N)世故性、(O)忧虑性、(Q1)激进性、(Q2)独立性、(Q3)自律性、(Q4)紧张性(图 6.2)。

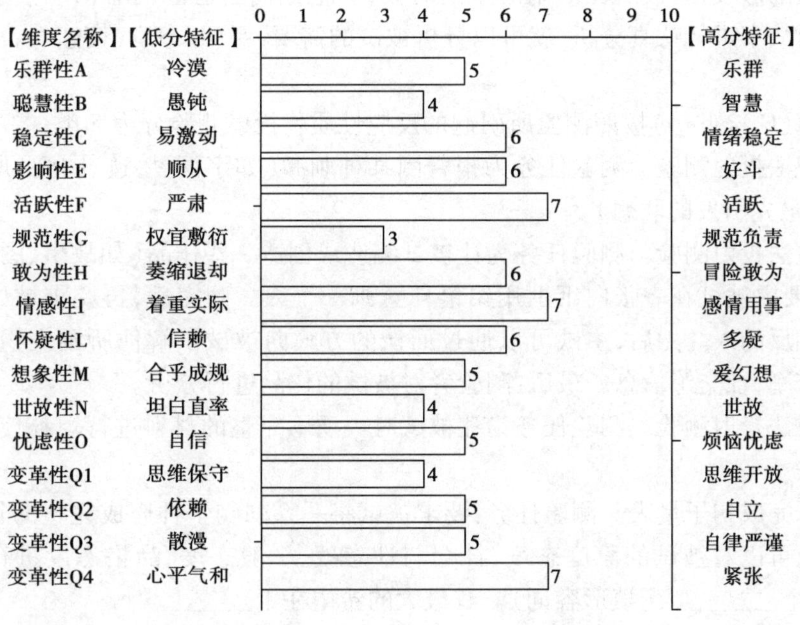

图 6.2　16PF 举例

2) 投射测验

投射测验的假设前提是人们对外界刺激的反应是有原因的,而不是偶然的,且这些反应主要取决于个体的个性特征。主要的投射测验有罗夏墨迹测验和主题统觉测验等。

(1)罗夏墨迹测验

瑞士精神病医生罗夏(H.Rorschach)于1921年编制。该测验的材料是10张左右对称的墨迹图形,5张黑白色、5张彩色。受试者观察并回答从图片中看到了什么,根据受试者4个方面的反应来计分。

定位反应:受试者对图片的观察是定位于整体(W)、大部分(D)还是小部分(d)。

定性反应:是形状(F)、颜色(C)还是运动(M)。

内容反应:是动物(A)、人(H)还是身体的某部分(Hd)。

独创反应:是独创(O)还是从众(P)。

根据上面的反应来推断一个人的性格特征:W多,说明有高度的组织与抽象能力;D多,表示具体、实际、少创见;d多,说明关心琐事;M多,说明有丰富的社交和理想的生活;单有M而无C反应为性格内向;M少而C多为性格外向;缺少C表示避免情绪刺激,害怕感情的激动;F的百分比高,则情绪和社会适应常受到限制。

(2)主题统觉测验

该测验是一种想象测验,也称TAT。全套测验共有30张内容模糊的图片,图片中多为人物,兼有背景。把图片呈现给被施测者,要求其根据图片内容自由地联想,然后编一个故事。故事内容没有统一规定,但必须包括:看见了什么?事件发生的原因是什么?后来的结果如何?画中人物的体验如何?

该测验的假设是,被试在编制故事的时候,会把他们自己的内心活动投射到故事之中。只要对故事进行认真分析,就可以分析被试的需要、愿望、态度、情感等,从而测出其性格特征。

林德塞(G.Lindzey)按照测验所引起的反应性质将投射测验分为5类:

①联想法投射测验。测验任务为报告因某种刺激(如字词、墨迹、图画)所引起的联想(通常是最先引发的联想)。

②构造法投射测验。测验任务为让被试编造或创造一些作品(如故事、图画等)。如绘人测验,要求被试在一张白纸上用铅笔任意画一个人。画完后,再要求被试画一个与前者性别相反的人。然后,主试可以通过面谈的方式向被试了解他所画人物的年龄、职业、爱好、家庭、社交等信息。最后,测验者对被试的作品进行分析。

③完成法投射测验。测验任务为让被试对一项不完整的材料进行填补使其完整,如语句完成法。

例如未完成句子量表。测验任务:要求被试将一系列句子补充成完整的句子。通过被试的反应可以对被试的家庭态度、社会与性态度、一般态度、品格态度进行解释。例如,我是一个______人(填形容词)。我最大的希望在于______。

④选择或排列法投射测验。测试任务为让被试将一些刺激按照某种原则进行选择或排列。例如,可以让被试将一些描述人性格的词按照其好恶程度或适宜程度排序。从顺序中可以分析出被试的人格。

⑤表露法投射测验。测试任务为让被试利用某种媒介自由地表露自己的心理状态。例如,可以通过书写、谈论、歌唱、绘画等形式让被试自由表达,从中分析其人格。

6.2.2　兴趣测验

美国的心理学教授约翰·霍兰德(John Holland)于 1959 年提出了具有广泛社会影响的职业性向理论。该理论的基本观点包括:人们所生活的职业环境可以分为 6 种类型,现实型、研究型、艺术型、社会型、企业型和常规型;同样地,大多数人的人格也可以归为现实型、研究型、艺术型、社会型、企业型和常规型;这些人格类型是在个人与环境的相互作用中形成的,每一种特定人格类型的人会对相应的职业类型感兴趣;人们会努力寻求能够充分施展自己的才能,充分表现自己价值观的职业环境;个人的行为是由个人的人格和其所处的环境相互作用决定的。

6 种人格类型与职业环境对照(见图 6.3):

1)现实型

人格特点:喜欢动手操作的活动,喜欢在工作里接触实物,喜欢运动及户外活动;动手能力强,做事手脚灵活,动作协调;不善言辞,不善交际。

职业特点:各类工程技术工作、农业工作。通常需要一定体力,需要运用工具或操作机器。

主要职业:工程师、技术员;机械操作、维修、安装工人,矿工、木工、电工、鞋匠等;司机,测绘员、描图员;农民、牧民、渔民等。

2)企业型

人格特点:精力充沛、自信、善交际,具有领导才能;喜欢竞争,敢冒风险;喜爱权力、地位和物质财富。

职业特点:主要是指需要通过影响他人,共同完成组织目标的工作。

主要职业:经理、企业家、政府官员、商人、行业部门和单位的领导者、管理者等。

3)研究型

人格特点:抽象思维能力强,求知欲强,肯动脑,善于思考;喜欢独立和富有创造性的工作;考虑问题理性,做事喜欢精确,喜欢逻辑分析和推理,不断探讨未知的领域。

职业特点:包含较多认知活动的职业。

主要职业:科学研究人员、教师、工程师、计算机编程人员、医生、系统分析员等。

4)艺术型

人格特点:直觉、敏锐、热情、冲动、想象力丰富、随性、无拘无束。

职业特点:包含大量自我表现、艺术创造、情感表达以及个性化活动的职业。

主要职业:艺术方面(如导演、艺术设计师、建筑师、摄影家、广告制作人)、音乐方面(如歌唱家、作曲家、乐队指挥)、文学方面(如小说家、诗人、剧作家)。

5)社会型

人格特点:喜欢与人打交道,善交际,察言观色,善解人意,乐于合作。

职业特点:包含大量人际交往内容的职业。

主要职业:教师、外交官、行政人员等。

6)常规型

人格特点:仔细、精确、值得信赖、按部就班、井井有条。

职业特点:包含大量结构性的且规划较为固定的职业。

主要职业:秘书、办公室人员、记事员、会计、行政助理、图书馆管理员、出纳员、打字员等。

霍兰德经过实验发现,上述人格类型与职业类型的关系并非绝对对应。尽管大多数人的人格类型可以主要归为某种类型,但是个人具有广泛的适应能力,其人格类型能够适应相近的职业类型的工作。如研究型和常规型是现实型的两种相近类型,现实型人格经过努力也能够适应常规型和研究型工作。在图 6.3 中,距离最远的两种职业类型代表职业环境差异最大,如现实型人格非常难以适应社会型职业。

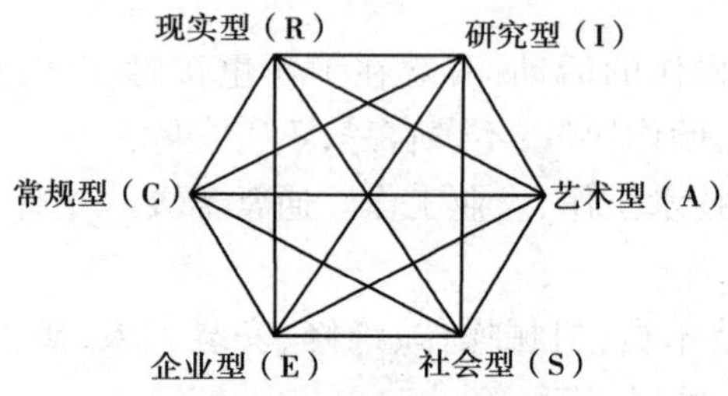

图 6.3　人格类型关系图

霍兰德认为,最理想的情况是找到与人格类型完全重合的职业环境,这种情况下,个体能有高的成就感和满足感。如果个体不能获得与人格类型完全匹配的职业,则可以寻找相近的职业类型。如果个体选择和自己人格类型完全相对的职业,则很难适应该工作,也无法感受到工作的乐趣。

6.2.3　能力测验

该心理测验用于测试从事某项特殊工作所具备的某种潜在能力。其预测作用体现在:什么样的职业适合某人;或者为胜任某岗位,何种人最合适。

能力测试一般可分为以下几种类型:

①普通能力倾向测试,如思维、想象、记忆、推理、分析、数学和空间判断能力等。

②特殊职业能力测试,测试的主要目的在于:测量已具备工作经验或受过有关培训的人员在某些职业领域中现有的熟练水平;选拔那些具有从事某项职业的特殊潜能的人员。

③心理运动机能测试,如反应时,四肢协调、手指灵巧、动态灵活性。

1)行政职业能力倾向测验介绍

能力倾向是一种潜在的素质,是经过适当训练或被置于适当的环境下完成某项任务的可能性。职业能力倾向是指一个人所具有的、有利于其在某一个职业方面成功的潜在素质的总和。行政职业能力倾向测验具有诊断和预测功能,可以帮助了解应试者从事行政工作的潜能与差异,可以提高选人、用人的准确性。

行政职业能力倾向测验是公务员录用考试的一个重要组成部分,始于1988年,主要用于国家行政机关招考主任科员以下非领导职务公务员。该测验主要用来测试应试者从事国家行政机关工作的潜能,以预测应试者在行政职业领域内取得成功的可能性。心理学研究表明,人的高层次能力是由基本能力构成的,只有当基本能力达到一定程度并具有相关的经验时,才能形成较高层次的能力。依据这些理论,专家们通过对行政职业能力的调查研究和工作分析,得出从事机关行政工作的公务员需要具有知觉速度与准确性、数量关系把握与运算、言语理解与运用、分析推理与判断、数据资料的分析和理解等五个方面的基本能力素质。目前的行政职业能力倾向测验基本上都是围绕这五个方面来编制的(见表6.1)。

表6.1　行政职业能力倾向测验的内容结构

序号	分测验	考查内容	主要题型
A	数量关系	解决算术问题的能力 对数量关系的理解和计算能力	(1)数字推理 (2)数学运算
B	判断推理	逻辑判断和逻辑推理,涉及对图形、词语概念、事件关系和文字材料的认知理解,比较、组合、演绎、综合判断能力。反映对事物本质及事物间联系的认知能力的高低	(1)图形推理 (2)演绎推理 (3)定义判断 (4)事件排序 (5)机械推理
C	常识判断	涵盖政治、经济、法律、公共管理、人文、科技等方面常识,考查考生的知识面以及运用基本知识分析判断的基本能力	(1)基本常识 (2)常识的推理分析
D	言语理解	对词和句子一般意义和特定意义的理解;对复杂概念和观点的准确理解;对语句隐含信息的合理推断;准确辨明句义,筛选信息	(1)语句表达 (2)阅读理解 (3)选词填空 (4)词语替换
E	资料分析	对图形、表格和文字形式的统计资料进行准确理解和综合分析的能力	(1)统计表 (2)统计图 (3)文字资料

2)行政职业能力倾向测验的效度

效度是衡量测验结果有效性的指标。陈社育和余嘉元(2002)对公务员行政职业能力倾向测验的构想效度和效标关联效度进行了分析,发现该测验包含3个因子。第一个因子与数字推理、数学运算、演绎推理、图形推理密切相关,可以认为是与抽象关系能力有关的因素。第二个因子与图形分析、表式分析关系密切,可以认为是与资料分析能力相关的因素。第三个因子与定义理解、短文理解、阅读理解关系密切,可以认为是与言语理解能力相关的因素。这些实证分析结果与分量表编制前的理论构想基本一致,由此可以认为目前的行政职业能力倾向测验的构想效度基本符合要求。

效标是用来考查测验效用的外在参照标准。陈社育和余嘉元(2002)选择考生录用一年后的工作表现作为检验行政能力倾向测验有效性程度的效标。发现在计划能力、理解贯彻能力、观察判断能力、应变能力4项工作能力,以及在工作质量和工作效率两项工作绩效上,工作表现好的考生与工作表现差的考生在行政职业能力倾向成绩之间存在统计上的显著差异。他们认为该测验对部分工作表现起到一定的预测作用,对于组织协调能力等含非智力因素较高的复合素质的预测性不够明显。行政职业能力倾向测验对预测考生在未来行政工作中取得成功的可能性存在一定的局限性。相反,如果一个人缺乏某些方面的基本能力,则他(她)在这方面成功的可能性微乎其微。从这个意义上讲,行政职业能力倾向测验预测失败比预测成功更为准确。

行政职业能力倾向测验也存在不足,比如题目过于冗杂、题量偏大(平均每题只有40秒的答题时间),过偏过难等。加之试卷结构重记忆、轻应用,重考查考生的知识掌握、忽视对考生行政职业能力倾向的测验。还有,题型单一固定,历年考题出现不同比例的重复。这些都严重影响了测试的信度、效度和区分度。

【资料6.3】行政职业能力倾向测验发展简史

Ⅰ前期探索阶段

1989年1月,《关于国家行政机关补充工作人员实行考试办法的通知》,明确规定采用考试的方式来补充政府机关工作人员。从此,行政职业能力倾向测验开始初步运用于公务员的招聘测评中。1989年底到1992年底,公共部门采取行政职业能力倾向测验,范围由小到大,逐渐在全国应用。

Ⅱ规范化与制度化阶段

1994年,中央国家行政机关第一次实行公务员考试,表明公务员的考试录取制度正式在全国范围内进行实践和推行。2005年4月,审议通过《中华人民共和国公务员法》,为公务员的人事管理提供了法律基础。直至2007年,行政职业能力倾向测验在公务员考试中一直占有重要地位,公务员考试制度也进入规范化与制度化的阶段。

Ⅲ科学化阶段

"科学性是考试录用制度的生命线"(尹蔚民,2008)。伴随着行政职业能力倾向测验的广泛应用,如何提高该测验的科学性成为一个重要问题。2011年,印发了《公务员录用考试科研规划(2011—2015)》,从此对行政职业能力倾向测验的科学性研究开展起来。

6.3 面　试

6.3.1 面试概述

面试是指经过严格设计,在特定情境下通过面试官与应试者的交谈来考查应试者各方面素质的一种测评方法。相比其他测评方法,面试具有内容灵活,针对性强,双向沟通等特点。面试官通过面对面的观察,搜集应试者言语信息和非言语信息(行为表现、身体姿势等),然后通过这些复合性信息,得出对应试者的综合评价。面试对人员素质测评具有客观性,但同时也容易受到主观因素的影响,如面试官对应试者的刻板印象,应试者面试的顺序效应,面试官与应试者某些特点的相似性也可能会影响面试官的判断。

根据不同的标准,面试可以分为多种类型。根据面试的结构化程度,分为非结构化面试、半结构化面试和结构化面试。

1)非结构化面试

没有固定的程序,没有固定的问题,面试官自由发挥,根据面试当时的具体情况向应试者提出问题。面试不遵循固定的形式,谈话可以向不同的方向展开,面试官可以就某个关键问题进行追踪提问。非结构化面试,由于对每一位应试者的问题可以不一样,所以主观随意性比较强,会影响评价的客观公正性。

2)半结构化面试

面试的问题具有大致相同的提纲,但可根据应试者的回答情况进一步进行追问。

3)结构化面试

面试官对应试者按照既定的程序,提出固定的问题,和应试者交谈,观察应试者各方面的表现,并对应试者进行评价。这种面试,程序结构化、问题结构化、评分标准化,可以最大限度减少面试过程的主观性,确保公正性。

面试还有其他的形式分类,如系列面试,指的是渐进式的多轮面试方法,在每一轮面试中淘汰部分应试者。应试者只有通过了较低层次的面试,才有可能进入更高层次的面试。根据面试的人数,可以分为单独面试和小组面试,包括"一对一"(一个面试官面试一个应试者)、"一对多"、"多对一"、"多对多"4 种类型。根据面试内容的侧重点,可分为情景面试、行为描述面试和压力面试。情景面试由一系列假设的情景问题构成,考查应试者在特定情景下的反应,关注应试者"将来会怎么做"。行为描述面试与情景面试类似,但行为描述面试是以过去为导向,关注"过去怎么做"。通过应试者讲述过去的行为和经历,作为预测未来绩效的指标。压力面试主要是考查应试者对压力的承受能力,所以面试的问题一般比较刁钻,使应试者处于压力情景中。

6.3.2　结构化面试的含义和特点

在众多面试形式中,由于结构化面试的客观性和公正性,在公共部门人才测评中应用最为广泛。结构化面试通过工作分析,确定面试的测评要素,根据每一个测评维度编制面试题目并制订相应的评分标准,面试过程按照客观的评价程序,对应试者的表现进行量化分析,每个评价者都使用相同的评分标准。

结构化面试的主要特征:

1)测评要素结构化

以工作分析为基础,设计面试问题,确保面试问题与职位所需的知识、技能和能力相关。能够具体定义每个面试问题的考核要素和权重。

2)面试内容结构化

面试题目与测评要素相对应,并针对每个面试题目给出回答要点或参考答案,以及对应的评分标准,供面试官参考。

3)评分标准结构化

针对每一个评价要素,给出规范的、可操作化的评分标准。确定每个测评要素的权重,严格定义每个评分等级的给分标准。

4)面试官队伍结构化

面试官队伍由固定的人员构成(一般5名左右),一般设置主面试官一名,负责把握面试的整体进程。其他的面试官可以有不同的分工,有的负责记录或负责提问某个具体问题。

5)面试程序结构化

为了确保公平,结构化面试必须保证所有的应试者在同样的条件下进行面试。因此,在面试之前,需要对面试的程序进行规定,包括面试的总时间、面试的地点、提问的顺序、面试的导入语等都要对所有应试者保持一致。

6.3.3 结构化面试的操作程序

面试包括准备阶段、实施阶段和结果处理3个阶段。

准备阶段需要做好面试之前的一切准备工作,包括确定面试官、培训面试官、设计面试问题和评定量表、确定面试的时间和流程、布置面试场所等。

准备工作就绪之后进入面试的实施阶段。面试的实施是以面试官的主导控制为核心,体现面试官的把控能力和面试技巧。面试在连续的对话中完成,整个过程大致可以分为以下5个阶段:

①关系建立。以轻松的话题进行交谈,不需要对方思考就能回答,如简单的问候、自我介绍等。使应试者消除或缓解紧张情绪,营造友好、轻松的面试氛围。

②问题导入。围绕应试者的基本情况提问,从应试者熟悉的问题开始,给应试者发言的机会,此时面试官开始对应试者的回答进行评价。

③核心问题。此部分是面试的主要部分,面试官通过结构化的问题考查应试者是否具备与工作紧密相关的知识、能力、素质等。面试官需要认真倾听应试者的回答,观察应试者的反应,并对应试者的回答和行为表现做简单的记录。面试官需要把控好面试的节奏,遇到突发性问题能够妥善处理,并对应试者的表现做出综合评价。

④信息确认。此部分已接近面试尾声,面试官可以就核心问题所搜集到的信息进行再次确认。

⑤面试结束。如果对应试者的有关信息已经充分获取,此时可以寻找适当的机会以轻松的氛围结束谈话。询问应试者还有什么问题或还有什么需要补充的地方。面试官感谢应试者前来参加面试,面试结束。

面试实施阶段结束之后,进入面试的结果处理阶段。此阶段主要包括3个方面的工作内容：

①面试结果综合评估。整理面试记录，对应试者的面试表现进行评价。将每位主考官的评价结果进行综合，得出最终的评价。

②面试结果反馈。将面试的评价结果递交给用人部门，经过共同协商，做出对应试者的聘用决定，并告知应试者。不仅要通知被录用的应试者，同时也要告知未被录用的应试者，并表示感谢。

③面试结果资料存档。面试资料是重要的人事档案资料，需要存档以备日后查询。

6.3.4　公共部门结构化面试的效度

2015年11月18日由中央组织部、人力资源和社会保障部、国家公务员局联合颁布的《公务员录用面试组织管理办法（试行）》进一步明确规定中央国家机关“面试方法以结构化面试和无领导小组讨论为主，也可以采取其他测评方法”。

之所以招录公务员的时候以结构化面试为主，原因之一在于确保结构化面试的公平性。采用标准化的面试程序可以降低应试者之间的程序差异性，减少面试官在面试过程中的主观性和随意性，减少过程偏差，最大化地降低面试过程中的混淆变量，包括应试者外貌、印象管理、面试官自身特点等。

原因之二在于保证结构化面试的科学性。国内外大量的实证研究发现，结构化面试可以预测多种与工作相关的效标，也可以增加其他测评方法的效度。

李英武等（2016）对公务员结构化面试的构想效度进行分析，发现结构化面试测评内在因素（分析能力、计划能力、人际能力、应急处置能力）和外在因素（语言表达、举止仪表）两个维度，具有良好的构想效度。尽管结构化面试已尽可能减少面试过程中可能出现的偏差，但是孙晓敏和张厚粲（2006）使用项目反应理论对国家公务员结构化面试中的评委偏差进行分析，发现评委之间在宽严程度上存在差异，不同评委评定行为的跨考生、跨维度、跨性别、跨时间的自身一致性存在差异。

【资料6.4】面试误区举例

晕轮效应

由于面试官对应试者的某个特点的印象特别深刻，因而不加分析地将此印象推广到对应试者其他方面的评价，典型的以偏概全、以点带面。

首因效应

面试官对应试者的第一印象，甚至是面试前了解到的部分应试者的信息，影响面试官对应试者做出客观的总体评价。

顺序效应

面试官对应试者评价的参考点可能并不统一，有时候前面的应试者的表现可能会影响面试官对后面的应试者表现的评价。

亲和效应

面试官会对跟自己有相似属性的应试者（经历、爱好、出生地等）产生更多的好感，进而对他们做出更高的评价，也叫相似相吸原则。

非语言行为

如表现出更多眼接触、头移动、微笑，以及其他非语言行为的求职者能得到更高的评价。

如何使面试有效，可从以下几方面着手：

仅限于与工作有关的内容；

面试者经过训练，能够客观地评价行为；

按一套具体规则进行；

使面试规范化；

如果招聘人员只采用一种提问形式，那就是与过去行为有关的问题。

6.4 评价中心

6.4.1 评价中心概述

评价中心（Assessment Center）是评价者针对特定的目的和标准采用多种评价技术评价被试的各种能力的一种评价活动（或者程序）。评价中心是现代人员素质测评的一种主要形式。

1）评价中心特点

评价中心具有以下特点：

（1）综合性

综合实施各种测评技术，发挥各个测评技术的优势，与独立实施相比，获得的行为样本更广泛、更全面、更多元化。

（2）灵活性

测评方法和手段灵活，多种测评方法组合，可以获得更多角度的信息，也可以避免测评对象因为不适应某一种方式而没能完全发挥出自己能力的情况。另外，灵活性还体现在测评内容上，测评内容可多可少，可根据各个组织或职位的实际情况来具体确定。

（3）操作性

评价中心的内容来源于真实的工作问题，在测试中模拟实际的工作环境，考察测评对象真实的工作能力。评价中心的各种技术有着比较具体的标准化的操作步骤和程序，测评者经过适当的学习之后就可以独立运用，可操作性强。

（4）整体互动性

在纸笔测验中，测评对象与其他人没有任何的互动和交流，即使是面试，互动也只介于评价者和被评价者之间，评价中心与这些测评方法相比，将测评对象置于群体互动中，整体的互动性更强。

（5）与工作的关联性

评价中心模拟的是真实的工作场景和内容，与实际工作内容关联紧密，使得测评结果能够更准确地预测测评对象未来的工作绩效。

(6)程序的标准化

评价中心的测评方法虽然形式多样,但实施程序是标准化的。对同一批测评对象而言,题目相同,测评程序相同,评分标准相同,这种程序上的标准化保证了测评结果的客观性,受评价者的主观偏好影响小。

尽管评价中心具有以上优点,但是也存在一些缺点。

首先,实施成本高,如实施一次无领导小组讨论、案例分析等内容的评价中心一般要花费两至三天,而编写这些题目、模拟实际工作场景、培训各个评委也要耗费很多时间和费用。因此,相比其他方法,评价中心所需的人力、物力、财力和时间都偏高。

其次,对评价者要求高,评价中心要求评价者对测评维度有准确和一致的认识,对测评对象的行为能够进行准确、详细的观察和记录,并把行为归类到恰当的测评维度,恰当地为测评对象打出分数。

最后,应用范围有限。由于评价中心实施成本高,对评价者要求严格,因此其适用范围受到限制。一般情况下,组织将评价中心用于最有优势的领域,如对中高层管理者管理能力的测评。

2)评价中心的实施原则

评价中心在实施的过程中遵循以下原则:

①评价中心强调对与被评价人员今后工作有关的能力进行全面的观察和测量,强调观察和记录模拟情景中的行为变化。

②评价应根据明确定义的成功管理行为的特征进行,须用多种评价技术。应使用不同类型的工作模拟技术。

③评价人员应该非常熟悉评价工作和具体工作行为,如果可能,最好具有该工作的经验。评价人员应在评价中心受过系统的训练。

④评价人员应观察记录行为资料,并在评价人员之间进行交流。评价人员须进行团体观察、讨论后作出预测。必须使每个评价人员都有机会观察和记录每个被评价人员的行为。评价过程须分阶段进行,观察、讨论,最后作出预测。

⑤评价人员是按照某个非常清楚的、已定的客观标准进行评价,而不是在被评价人员之间进行比较。

3)评价中心的具体技术

评价中心的具体技术包括公文筐测验、无领导小组讨论、角色扮演、管理游戏、自我陈述(演讲)、案例分析、事实搜寻、心理测验、面试等。高格勒(Gaugler)等人曾对评价中心各种技术的使用频率进行过调查研究,调查结果如表 6.2 所示。无领导小组讨论是评价中心常用的技术,下面将作详细介绍。

表 6.2　评价中心形式使用频率表①

程　度	名　称	使用频率/%
复杂程度高	管理游戏	25
	公文处理	81
	角色扮演	没有调查
	有角色领导小组讨论	44
	无角色领导小组讨论	59
	演说	46
	案例分析	73
	事实判断	38
复杂程度低	面谈	47

6.4.2　无领导小组讨论概述

作为评价中心技术中一种重要的测评方法，无领导小组讨论（Leaderless Group Discussion，LGD）是指运用松散群体讨论，快速诱发人们的特定行为，并通过对这些行为的定性描述、定量分析以及人际比较来判断被评价者素质特征的人事测评方法。具体而言，它是指一定数量的考生在规定的时间内，对既定的问题进行讨论。所有讨论者的地位是无差别的，题目本身没有指派任何一人作为讨论的领导者，因而称之为“无领导”；同时，多位评委通过观察讨论情境中被评价者的外在表现，根据测评指标对他们的素质进行评价。评价者作为观察者，不干预讨论的进程，只对讨论的目标和时间限制进行相应的规定。无领导小组讨论的题目一般都是难以抉择、容易引起争议或棘手的问题。大致有开放式问题、两难问题、排序式问题、资源争夺和实际操作这 5 种类型。无领导小组讨论是选拔员工的一种重要方法，在人才测评中使用频率较高，国家公务员考试也将其列入测评方法。无领导小组讨论引入公务员面试具有以下的优势：

①应试者之间的横向比较更全面客观。无领导小组讨论将所有的应试者置于相同的环境，面试官可以更好地观察应试者的综合素质并进行相互比较。

②应试者的表现更真实自然。由于不指定小组负责人，小组成员处于平等地位，可以更加自由地表达观点，表现更真实。

③提高面试效率。同一时间对多个应试者进行考察，节省时间和成本。

【资料 6.5】无领导小组讨论题目举例

海上救援

现在发生海难，一游艇上有 8 名游客等待救援，但是现在直升机每次只能够救 1 个人。游艇已坏，不停漏水。寒冷的冬天，刺骨的海水。游客情况如下：

1.将军，男，69 岁，身经百战；

① 资料来源：Gaugler et al（1990）.

2.外科医生,女,41 岁,医术高明,医德高尚;

3.大学生,男,19 岁,家境贫寒,参加国际奥数比赛获奖;

4.大学教授,50 岁,正主持一个科学领域的项目研究;

5.运动员,女,23 岁,奥运金牌获得者;

6.经理人,35 岁,擅长管理,曾将一大型企业扭亏为盈;

7.小学校长,53 岁,男,劳动模范,五一劳动奖章获得者;

8.中学教师,女,47 岁,桃李满天下,教学经验丰富。

请将这 8 名游客按照营救的先后顺序排序。

面包与记者

假设你是可口可乐公司的业务员,现在公司派你去偏远地区销毁一卡车的过期面包(不会致命的,无损于身体健康)。在行进的途中,刚好遇到一群饥饿的难民堵住了去路,因为他们坚信你所坐的卡车里有能吃的东西。

这时报到难民动向的记者也刚好赶来。对难民来说,他们肯定要解决饥饿问题;对记者来说,他是要报道事实的;对业务员来说,你是要销毁面包的。

现在要求你既要解决难民的饥饿问题,让他们吃这些过期的面包,以便销毁这些面包,又不能让记者报道面包是过期的这一事实,请问你将如何处理?

说明:

1.面包不会致命;2.不能贿赂记者;3.不能损害公司形象。

能力和机遇

能力和机遇是成功路上两个非常重要的因素。有人认为成功路上能力重要,但也有人认为成功路上机遇更重要。

若只能倾向性地选择其中一项,你会选择哪一项? 并至少列举 5 个支持你这一选择的理由。

要求:

请你首先用 5 分钟,将答案及理由写在答题纸上,在此期间,请不要相互讨论。

在主考官说"讨论开始"之后进行自由讨论,讨论时间限制在 25 分钟以内。在讨论开始时每个人首先要用 1 分钟阐述自己的观点。注意:每人每次发言时间不要超过 2 分钟,但对发言次数不作限制。

在讨论期间,你们的任务是:

1.整个小组形成一个决议,即对问题达成一致共识。

2.小组选派一名代表在讨论结束后向主考官报告讨论情况和结果。

6.4.3　无领导小组讨论的测评要素

Jansen 和 Jongh(1997)将评价中心的测评维度分为 4 个,包括智力(问题分析、创造性、问题解决)、社交技巧(人际敏感性、领导力、社会性)、决断力(授权与管理、计划与组织)、意志力(主动性、坚定性、坚持性、决定性)。此后,包括无领导在内的评价中心法所选择的维度大多在以上 4 个维度内。研究者根据测评对象和测评环境选择测评要素,例如,黎恒(2002)将组织协调能力、人际沟通技巧、情绪稳定性、团队领导能力作为测量中层管理人员能力素质的指标。苏永华(1998)将仪表举止、语言表达、组织协调、环境适应能力、逻辑思维、应变能力作为公务员能力素质的测评指标。广东副厅级领导干部选拔以说服辩论能力、情绪稳定性、口头表达能力、反应灵敏度、人际关系处理能力等作为无领导小组讨论的测评指标。吴谅谅(2001)将口头表达能力、综合分析能力、人际影响力、对企业了解程度、创新意识等作为企业管理人员选拔测量的指标。梁乐瑶(2011)将组织协调能力、行为表现及风度、分析归纳能力、应变及压力承受能力、语言表达能力作为大学生无领导小组讨论的评价指标。表6.3对无领导小组讨论测评要素的国内外研究文献进行了总结。

除测评要素的内容外,也有多项研究表明,测评要素的数量将对评委的评分过程和评分结果造成影响。吴志明(2001)的研究发现,与3维度或6维度评分相比,在9维度评价时,评委的评分一致性将大幅下降。王重鸣(1998)在研究中指出,为了加强评委评分的一致性,改善无领导小组讨论中评委的评分效果,测评维度的数量确定在6个左右是比较适合的。

重庆大学李志研究发现,无领导小组讨论在沟通能力、应变能力、人际协调能力、言语表达能力、主动性、综合分析能力等测评要素上得到专家的较高认可;在领导能力、应变能力、言语表达能力、问题解决能力、沟通能力、人际协调能力、综合分析能力、信息搜集与整合能力、主动性等要素上有较好的效标关联效度。

无领导小组讨论强调团队协作、人际沟通,尽管不同学者在要素表达上有所差异,但通常可以包括以下测评要素:

①组织协调。主动进入小组长角色,主动发言并且邀请别人发言,具有全局意识,把握讨论的进程,及时纠正与主题无关的讨论,及时总结反馈他人的发言,协助小组成员达成一致结论。

②团队协作。考查应试者能否和小组其他成员友好合作,从小组整体目标和利益出发,致力于得出一致的小组结论,而不是突出表现自我。

③倾听能力。考查应试者能否耐心认真倾听小组其他成员的发言,并及时给予语言上或肢体上的反馈,是否强行打断别人的发言,或对别人的发言表现出不尊重的态度。

④洞察能力。考查应试者能否准确理解题意,透彻分析题目,在发言中提出新颖、独特的观点,是否能够及时发现并纠正小组成员发言中的疏漏和偏颇。

⑤说服能力。由于无领导小组最后要得出统一结论,因此考查应试者能否有效地说服别人接受自己的观点,这也体现了应试者在小组中的影响力。

⑥人际影响力。主要考查应试者在发言中通过语言、表情、肢体动作等表现出来的在团队中的人际影响力。

表6.3　无领导小组讨论测评要素的国内研究文献整理

论文名称	作　者	发表年限	测评要素
“无领导小组讨论”在人才招聘中的作用	关培兰 苏永华	1999	仪表举止、口头表达能力、逻辑思维能力、组织协调能力、说服能力、情绪的稳定性、反应敏捷性、适应环境能力等素质，以及自信、进取、负责等个性特点
实用人事测量	王垒	1999	组织行为、洞察力、倾听、说服力、感染力、团队意识、成熟度等能力
“无领导小组讨论”的应用	吴谅谅 何琪	2001	参与热情（动机水平）、口头表达能力、人际影响力、创新意识、综合分析能力、对企业的了解度与总体素质评价
LGD在选拔企业中高级管理人才方面的实证研究	彭平根	2002	表达能力、逻辑分析能力、决策能力、沟通能力、组织协调能力、应变能力以及自信心、真诚、宽容、情绪稳定性、性格的内外倾向性
无领导小组讨论应用模式与评价者研究	唐忠明	2003	组织协调能力、创新能力、人际沟通能力、言语表达能力、说服力、综合分析能力、应变能力和情绪稳定性
“无领导小组讨论”在人才测评中的应用	何琪	2004	决策能力、分析能力、应变能力、人际沟通能力、组织领导能力
无领导小组讨论研究现状和理论进展	黎恒	2005	3个方面的胜任力特征：群体互动人际技能、群体互动任务技能和群体互动参与状态
无领导小组讨论在招聘中的有效应用	鲍粮库	2007	团队合作精神、客户导向、开拓创新、沟通能力、团队组建与领导、影响力、战略意识、组织协调能力
企业无领导小组讨论招聘法的具体应用与体会	李玲	2007	对行业的关注程度、语言表达能力、沟通能力、说服能力、影响力、团队精神、理解能力、创新能力、灵活性、情绪的稳定性
无领导小组讨论题目设计	吴吉屏	2007	被测评者如何表述自己的观点、如何说服别人、如何争取他人的认可、如何对待不同意见、如何巧妙地控制讨论的局势，这些都能反映被测评者具备的综合分析能力、组织协调能力、说服力等显在和潜在的领导者素质
基于胜任力模型的无领导小组讨论在测评中的应用	吴敏 田爽	2008	沟通协调能力、分析判断能力、应变创新能力、团队合作能力、影响力、战略意识、组织领导能力
无领导小组讨论应用的新探索	隆意	2008	人际沟通、自我控制、学习与发展、指导与监控、分析能力、团队合作、成就动机
评价中心技术及其应用研究综述	孟卫东 于泽玮等	2011	口头表达、组织协调、人际关系处理和团队精神等能力

续表

论文名称	作　者	发表年限	测评要素
大学生无领导小组讨论测评的实证研究	梁乐瑶	2011	语言表达能力、发言主动性与说服力、分析能力、归纳能力、创新能力、组织协调能力、驾驭局面能力、应变能力、压力承受能力、行为表现与风度
无领导小组讨论在校园招聘中的应用	郑少芳	2012	语言表达能力、感染力、组织协调能力、应变能力、人际沟通能力和综合分析能力,以及团队意识、宽容心、情绪稳定性、创新意识和性格倾向性等个性特征
无领导小组讨论的多侧面 Rasch 模型应用	姚若松 赵葆楠等	2013	语言表达能力、分析归纳能力、组织协调能力、应变与压力承受能力、行为表现及风度

6.4.4　无领导小组讨论的信度、效度研究

1)无领导小组讨论的信度研究

在关于无领导小组讨论的信度研究中,主要是以评分者信度为标准,来衡量这种测评方法的信度的。彭平根(2002)研究发现,评委在能力方面的一致性系数为 0.675,评委在个性方面的一致性系数为 0.542,能力评价的一致性高于在个性方面的一致性;Gatewood(1990)研究发现,同组评委的一致性系数为 0.69~0.99,不同组的评委之间的一致系数为 0.60~0.84,复本信度为 0.35~0.62。Lowry(1993)研究发现,评价者本身的特点,例如性别、测评经验、教育程度、工作时间等个人特征将对评分者一致性信度产生影响。吴志明(2001)研究发现,培训后的评委评分一致性系数为 0.629,概化 G 系数为 0.86;没有培训的评委评分一致性系数为 0.401,概化 G 系数为 0.63。梁乐瑶(2011)在以大学生为对象的研究中发现,测评信度的 Cronbach α 系数为 0.96,其中,培训组的一致性系数在 0.93 以上,对照组的培训系数在 0.75 以上。

2)无领导小组讨论的效度研究

在结构效度的研究上,姚若松(2011)以 77 名大学生为被试,对语言表达能力、分析归纳能力等 6 个维度的结构效度进行了验证,各维度得分与总分的相关系数为 0.931~0.970,且验证性的因素分析的结果表明,模拟拟合度良好,无领导小组讨论具有较好的结构效度;且男生和女生的因素负荷量相等,不同性别在结构维度上具有不变性。骆方(2005)以多质多法分析,结合验证性因素分析,结果发现,行为能力类要素的会聚效度和区分效度优于心理特质类测评要素。Lievens(1998)研究发现,在评价中心中,同一测评方法内,不同测评维度的相关性较高,而同一测评维度在不同的测评方法之间的相关性较低。吴志明(2001)对同一测评方法内不同维度的区分效度较低的原因进行了探讨,主要包括 3 个方面:一是光环效应,即评价者对不同的维度进行评分时,可能因为一个维度上的评价而影响到其他维度的评价;二是测评方法效应,不同的测评方法所代表测评情境是不同的,同时,被试的动机变化、练习效应等也可能使被试在不同情境中的表现不稳定;三是测评维度的内涵,同样的测评维度看似名称相同,但在不同的测评维度中可能有

着不同的内涵。

在效标关联效度的研究上,苏永华(1998)以公务员考生在个人面试的得分为关联效标,发现无领导小组讨论与个体面试之间存在显著相关,不同部门的相关系数为 0.62~0.84。杜旌(2009)对 124 名大学生进行了大五人格问卷调查和无领导小组讨论面试,结果发现外向性与无领导小组讨论中的个人表现得分呈倒 L 形关系,神经质与个人表现得分呈倒 U 形关系。吴谅谅(2001)通过两种方法检验了无领导小组讨论的效标关联效度,一是将无领导小组讨论的成绩等级与由群众评议、专家面试、业绩分析三个方面组成的效标等级进行相关分析,结果发现其效度系数为 0.83,一致性较高;二是对被试进行了无领导小组讨论的评定结果准确性调查,结果显示 85%的被试认为结果有效。田效勋(2009)以 45 名中层管理者的无领导小组讨论结果和自编的管理工作绩效评价量表为依据,对测评与绩效的相关进行了分析,结果发现无领导讨论能显著预测领导力任务绩效,其效度系数为 0.378。彭平根(2002)以 232 名企业招聘测评的被试测评数据为依据,对二者的等级相关进行了分析,结果发现其相关系数为 0.410,其中,能力要素的相关系数为0.447,符合程度为 71.2%,高于整体系数。李志(2012)在无领导小组讨论中引入控制者,结果发现与无控制者的讨论相比,其分析判断能力、自信心、组织协调能力、团队合作能力与他评分数的相关性更大,评分效度更高。

【本章小结】

公共部门人才测评是进行公共部门人员甄选的重要方法。本章在阐述人才测评的概念、基本原理、考查因素、原则的基础上介绍了人才测评的基本步骤。重点分析了公共部门人才测评的方法,包括心理测验、面试、评价中心三大技术。心理测验主要包括人格测验、兴趣测验和能力测验;面试包括非结构化面试、半结构化面试和结构化面试;评价中心是现代人员素质测评的一种主要形式,具体技术包括公文筐测验、无领导小组讨论、角色扮演、管理游戏、自我陈述(演讲)、案例分析、事实搜寻、心理测验和面试等。

【案例分析】

【案例 6.1】如何保证公共部门人才测评的公平性和科学性?

玻璃房里的竞争

我国公务员录用考试制度自 1994 年实施以来,一直坚持公开、公平、公正原则,这对建立健全公平竞争和公开监督的用人机制,加强公务员队伍建设发挥了积极的推动作用。经过 20 多年的发展,国家公务员考录工作透明度不断增强,国家公务员考试被称作“玻璃房里的竞争”,反映出公务员考试制度的公平性和公正性。

来自人力资源和社会保障部的数据显示,2011 年度中央机关及其直属机构录用了1.5万余名公务员,来自普通家庭的达 87.1%;2010 年度中央机关及其直属机构录用了 1.4 万余名公务员,其中来自普通家庭的达 93.4%。所谓普通家庭,主要是指工人、农民家庭,其他还有来自教师、医生、工程师、个体经营者、自由职业者、退休或无业人员等家庭。根据 2010—2012 年中央机关招考录用情况统计,来自普通家庭的公务员共占 90%左右。这些数据从侧面说明了公务员考试录用的公平性,并非社会上流传的靠"关系"。

为评估公务员考录方式的公平性与科学性,中国人事科学研究院曾专门成立课题组,从 2009 年 5 月至 2011 年 6 月花费两年多时间,对中央国家机关考试录用公务员发展状况作出追踪调查。调查结果显示,超过 80%的受访者认为,目前的公务员考录方式是公平和科学的。

为了保障公务员考试的公平性,2009 年,中央组织部、人力资源和社会保障部发布《公务员录用考试违纪违规行为处理办法(试行)》,对公务员录用考试报考者在报名、考试、考察、体检过程中违纪违规行为的处理办法作出了详细规定。

除了完善制度,针对近年来各地公务员录用考试中出现的作弊助考和窃题等事件,公务员主管部门也加大了打击力度。例如,在福建省 2013 年度录用公务员考试中,有 22 名报考者因违纪受到处理,其中两人因替考,一人因串通或组织作弊,终身不得报考公务员。2010 年 1 月,广西壮族自治区举行的本辖区公务员录用考试发生泄题事件,涉案人员已受到严肃处理,之前的考试成绩宣布无效,并在当年 4 月另行组织了考试。

公务员考试制度仍需完善

尽管如此,我国公务员考试制度在保障公平性和公正性方面仍需完善。网上曾有爆料,黑龙江省哈尔滨市呼兰地税局招录公务员要求具有"乒乓球国家一级裁判"资格。还有,湖北省宜昌市工商局公开招聘工作人员,其中两个普通综合管理职位"其他条件"注明:获得学士学位;具有篮球、羽毛球、乒乓球、网球国家二级及以上运动员资格。公众将这类公务员招聘称为"萝卜招聘",即为有"关系"的人有针对性地设定招录资格。另外,还可能存在这样的情况,在公务员报考资格审查中,个别用人单位对有关系的考生降低进入门槛。

关于公务员考试制度,面试是重要的环节,也最受争议。首先,关于公务员考试的笔试与面试的权重问题,相关法律并没有做出明确的规定。由于具体的招考部门最清楚所需人员的具体要求,公务员面试基本上是由政府人事主管部门委托给各级用人单位自己来执行。这就有可能在公务员选拔录用过程中,给个别有"关系"的人提供便利。因此,面试官的客观公正是保证考录公平的前提。不可否认的是,面试虽然不能保证绝对的公正,但是从近几年来各省市的面试方式来看,如现场直播、考官异地交叉使用等,公务员面试正逐步走向正规化、科学化和透明化。

测评真的有效吗?

有人认为公务员考试就是一种应试。有专门的培训机构研究公务员考试,对考生提供从考试辅导材料、网络课程、当面授课再到各种考试服务,甚至针对公务员考试的培训已经发展成为一种产业。在这种应试辅导的冲击下,公务员考试的信度和效度都受到很大影响。而且考试每年的试题重复率高，热点问题被猜中的概率高，考生完全可以提前准备，那么考试对于区分报考者的能力高低、素质优劣到底有多大的效果呢？就算是面试，由于高度结构化，面试的题目每年相差不大，都可以提前准备。由于公务员考试要最大化地保证公平性，因此都采用非常结构化的测评程序和方式，这就给考生的应试准备带来了便利。

案例讨论：

1.有人说公共部门人才测评的公平性比准确性更重要，你如何看待公务员考录制度的公平性和科学性？

2.你认为目前公共部门人才测评方式的效度（科学性）如何？

3.有哪些措施可以既保证公共部门人才测评的公平性，又提高测评的有效性？

【思考与练习】

一、简答题

1.人才测评的基本原理包括哪些？

2.人才测评的信度和效度分别是什么？

3.人才测评的步骤有哪些？

4.结构化面试是什么？

二、应用分析题

1.评价中心在设计测评内容时候应注意的问题。

2.如何将心理测评正确应用到人才测评工作中？

3.简述心理测验在人才测评应用中的优势和劣势。

4.人才测评的误差的主要来源是什么？

第 7 章　公共部门绩效管理

【知识目标】

1.掌握绩效、绩效考核和绩效管理等概念。

2.了解绩效管理的功能与作用。

3.描述绩效管理的一般流程。

4.了解绩效考核结果的应用途径。

【能力素质目标】

1.掌握绩效管理的原则。

2.理解绩效计划的含义和制订。

3.掌握绩效考评指标设计的主要方法。

4.掌握制订绩效考评标准和绩效指标权重的方法。

5.运用绩效考核评分方法进行考核。

6.了解绩效考核主体的各种类型。

7.掌握绩效面谈的原则、技巧、注意事项。

8.区分公共部门和私营部门绩效管理的异同。

9.运用公共部门绩效管理的理论,设计公共部门绩效管理方案。

10.分析我国公共部门绩效管理的现状、问题及完善措施。

7.1　绩效管理的一般概述

7.1.1　绩效、绩效考核、绩效管理的概念

1)绩效的概念

要做绩效管理、绩效考核,首先必须明确什么是绩效。然而,要准确界定绩效的含义却并不容易。一是不同的人有不同的绩效观念,二是不同的组织有不同的价值追求,其

产品特点、管理风格、模式也不一样，因而对人的要求和绩效评价也会有所不同。由此，著名管理学家彼得·德鲁克(Peter Drucker)认为："所有的组织都必须思考绩效为何物，这在以前简单明了，现在却不复如是。策略的拟定越来越需要对绩效的新定义。"

从词典的解释看，《现代汉语词典》(第七版)对绩效一词的解释是"成绩、成效"。《牛津现代高级英汉词典》对"Performance"的解释是"执行、履行、表现、成绩"。从这些解释看，绩效既有结果的含义，又有过程的内容，然而放在组织中考察绩效的时候，绩效一词的解释就难以满足我们对其进行考核与管理的要求。如何有效认定绩效的内涵，美国学者贝茨和豪尔顿(Bates & Holton,1995)指出："绩效是一个多维构建，观察和测量的角度不同，其结果也会不同。"这一观点得到了多数专家学者的高度认同。从当前对个体绩效的含义认定看，绩效主要有结果观、过程观、能力观和全面绩效观几种解释。

(1)结果观

结果观认为，绩效就是工作结果，是员工在工作上的产出。Bernadin 等(1995)认为："绩效应该定义为工作的结果，因为这些工作结果与组织的战略目标、顾客满意感及所投资金的关系最为密切。"Kane(1996)指出：绩效是"一个人留下的东西，这种东西与目的相对独立存在"。这一观点在现实中得到很多人的支持，他们认为绩效就是也只能是工作成绩、目标实现结果、生产量。的确，以结果作为绩效，评定过程相对容易，评定结果也容易令人信服，激励性突出。但不可否认的是，公共部门的一些工作岗位杂事繁多，难以做出较突出的工作成绩，能够作为评价内容的结果往往难以被观察和界定。如果结果产生的过程我们无法控制和评定，那么由工作结果作为绩效评定的唯一依据就不可靠。值得注意的是，尽管以工作结果衡量绩效的考核操作方法简单，容易衡量，但如果考核对象只关注结果，而不按照规范要求行动时，道德问题甚至法律问题会随之出现。而且公共部门往往提供服务性、无形性甚至可能是中间性的产品，这导致公共部门的绩效形态具有特殊性特征，不能简单地仅用结果来衡量绩效。

(2)过程观

过程观认为，绩效是工作行为。Murphy(1990)指出，"绩效是与一个人在其中的组织或组织单元的目标有关的一组行为"。Campbell(1990)指出，"绩效是行为，应该与结果区分开，因为结果会受系统因素的影响"。Campbell(1993)这样定义绩效："绩效是行为的同义词，它是人们实际的行为表现，而且是能观察得到的。就定义而言，它只包括与组织目标有关的行动或行为，能够用个人的熟练程度(即贡献水平)来评定等级(测量)。绩效不是行为的后果或结果，而是行为本身。"Murphy 和 Campbell 对绩效的阐释具有共同之处，都认为绩效包含目标和行为两个关键词，缺一不可。Rorman 和 Motowidlo(1993)则提出了绩效的二维模型，认为行为绩效包括任务绩效和关系绩效两个方面，其中，任务绩效指所规定的行为或与特定的工作熟练有关的行为；关系绩效指自发的行为或与非特定的工作熟练有关的行为。绩效是工作行为的观点，有利于促进员工按照相应的行为要求去工作，强化过程控制，及时发现工作过程中存在的问题，以加强对员工行为的指导，但是过分强调员工行为过程，有时候可能会对员工行为的创造性形成阻碍，出现尽管行为符合要求但因为目标不清晰而难以产生所需要结果的情况。

(3)能力观

能力观强调,绩效是员工的工作能力。这种观点基于员工工作能力与绩效的关系,认为只有关注员工的能力,提升员工能力才能促使员工创造更多的绩效,因而主张把员工的能力作为绩效。的确,当能力被认为是绩效的时候,会促进组织、员工关注能力的评价,促进员工能力素质的提升,这会很大程度上提升组织的人力资源管理水平。但是,由于能力具有主观性、模糊性,因此能力的评定往往比较困难;加之在组织中存在一些高能力者工作产出结果不佳、工作态度表现不良的情况,因而仅仅以能力作为绩效就面临诸多挑战。

(4)全面绩效观

随着实践的发展,学者们逐渐认识到上述关于绩效的各种观点,尽管都有其合理之处,但是也存一定的片面性,因而有学者主张应该合理吸收各种观点,将各种解释综合起来,便形成全面绩效观。全面绩效观认为个人绩效是人的能力、能力发挥(行为)、能力发挥效果(结果)共同作用的过程。这种观点较为全面地解释了绩效产生的原因。的确,一个人要做出优秀绩效离不开其所具有的能力、工作过程中的行为表现以及最终的产出结果。

基于上述分析,本书认为绩效就是员工在工作岗位上的行为表现和工作结果。从评价的角度讲,绩效一定离不开工作岗位,员工在工作岗位上表现出来的态度、行为、能力水平都是影响员工工作业绩的重要因素,可以与工作结果一起作为绩效加以认定。

2)绩效考核的概念

绩效考核,又称绩效评估、绩效考评、绩效评价。公共部门对员工的绩效考核主要是指公共部门按既定的考核标准,对员工在工作岗位上的行为表现和工作结果进行评定的活动过程。

绩效考核具有重要的管理意义:一是从组织角度讲,为人员任免、奖惩、工资福利待遇、培训、职位调动与职务升降、辞退等人力资源管理活动提供了基础依据,是人力资源决策的基础工作;二是从员工个人层面讲,绩效考核为评价个人优缺点和提高工作绩效提供一个反馈渠道,有利于员工更好地提升业务水平、改进工作行为以提升以后的工作绩效。

作为个体的绩效考核与组织的绩效考核有所不同,组织绩效考核的功能在于发现公共部门提供公共产品和公共服务过程中存在的主要问题、改进措施以及影响组织绩效和个人绩效发挥的组织、部门自身存在的问题。而作为个体绩效考核的功能主要在于改善员工的绩效、规划员工的职业发展以及进行薪酬的合理分配;在考核指标上组织意义的考核指标一般是以经济性、效率性、有效性、公平性等指标来考核公共部门的绩效,而公共部门人员的绩效考核一般是从个人的工作行为、工作实绩、工作表现和能力素质等方面进行考核,重点考核工作实绩。但是,由于个人与组织的紧密联系性,公共部门个人的绩效考核往往与部门整体的绩效考核有机结合,从而达到促进部门和个人绩效协同发展的目的。

3)绩效管理的概念

随着新公共管理运动的兴起,绩效管理作为一种新的管理工具,成为管理主义改革方案中的重要内容。各国政府用绩效途径取代传统的效率途径,倡导在人员录用、任期、工资及其他人事行政环节上实行更加灵活、富有成效的绩效管理,改变政府人力资源的管理政策,以明确的绩效标准和考核方式提高政府效能,确定绩效监督的程序和作用等措施,以增强政府职能部门及其他行政机构的工作效率和效能。每一个公共部门乃至每一个管理者更加关心自身责任的承担、对结果的评价以及如何改进自身的管理,完全不同于传统效率模式下的照章办事。

根据美国国际人力资源管理协会(IPMA-HR)的解释,绩效管理包括组织对员工进行管理的所有活动,通过这些活动把组织和个人联系在一起,以完成组织的使命,注重员工成功达到组织目标的方法和过程,强调沟通、辅导及员工能力的提高。

公共部门绩效管理强调系统的管理过程,是绩效计划制订、绩效实施、绩效考核、绩效反馈以及绩效结果应用等完整的流程,以此全面促进绩效实施者提高绩效。与绩效考核相比,绩效管理是具备 PDCA 管理的完整阶段,即具备计划(plan)、执行(do)、检查(check)、处理(action)的完整的过程(见图 7.1),而绩效考核仅仅是绩效管理中的一个检查环节;绩效管理侧重于信息沟通和绩效提高,强调事先沟通与承诺,更重视通过目标、辅导、评价、反馈来达成一个良好的绩效结果,而绩效考核主要是工作以后的评价,侧重于对考核对象进行有效的绩效判断和评估。

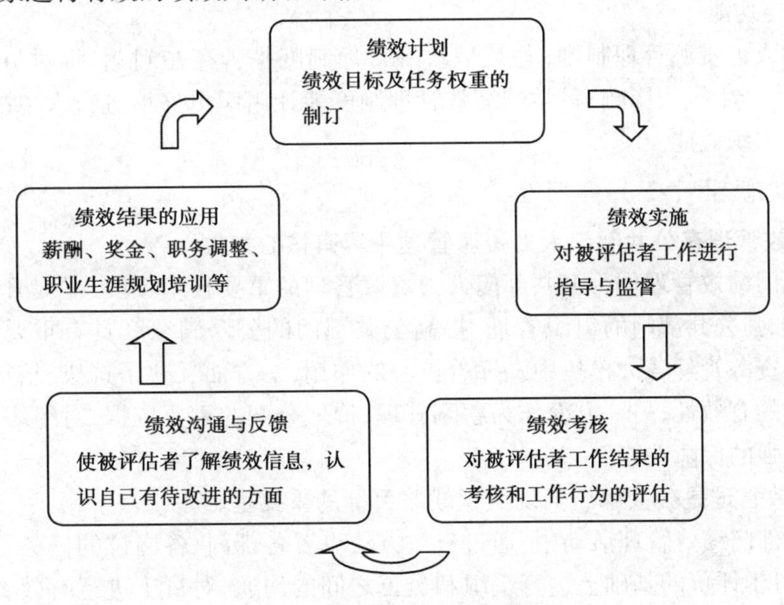

图 7.1　绩效管理的基本流程

7.1.2　绩效管理的功能与作用

1)绩效管理的功能

绩效管理在组织中被认为是重要的管理工具,主要在于它具有管理、激励、学习、行为导向、监控等功能。

(1)管理功能

管理是通过有效组织人力物力实现组织目标的过程,在管理过程中人力、物力应该与组织达成整合协调。通过绩效管理的目标任务设定、任务监控、绩效评价与反馈就能更好地使资源得到有效整合,从而实现组织目标。

(2)激励功能

激励的重点在于调动员工工作积极性,因此需要对员工进行有差别的激励,通过绩效管理中的绩效考核就能清楚地评判每位员工在工作上的绩效表现,从而对优秀员工给予正向激励,对表现后进的员工给予鞭策,达到引领所有员工提升工作积极性的目的。

(3)学习功能

明确自身能力素质的差距才能引发学习的动力,通过绩效管理活动,组织成员能更好地认识组织对能力素质的要求,明确自身在能力素质上的不足,从而积极主动学习以提升自己的能力素质水平。

(4)行为导向功能

任何组织的发展都必须要求员工与组织行为一致,只有这样大家才能劲往一处使,组织才有凝聚力。绩效管理活动通过目标和考核标准的设定,以及配套的奖惩措施,能够清晰地向员工传达组织的期望,从而引导员工行为的方向。

(5)监控功能

组织的人力资源管理制度,尤其是薪酬管理制度是否存在问题,将对员工的选、用、育、留等工作产生极大影响,科学的绩效管理制度能让组织更好地进行人事决策与管理,调整和改进组织效能。

2)绩效管理对公共部门生存和发展的具体作用

(1)绩效管理在公共部门人力资源管理中具有核心地位

公共部门绩效管理作为公共部门人力资源管理的重要技术手段,对提升公共部门的服务水平,加强公共部门的组织管理,提高公共部门的公众满意度具有重要作用。绩效管理在人力资源管理各大模块中发挥着核心的作用,一方面反映了选拔、培训开发、人员配置等工作的有效性;另一方面作为薪酬管理、价值分配的重要依据,对组织战略目标的实现具有较强的保障功能。

(2)绩效管理是公共部门实现组织战略目标的重要基础

在公共部门绩效管理活动中,通过有效方法设置各部门、各岗位的任务目标,设定绩效标准,在科学评价的基础上进行组织和员工之间的沟通,对员工进行有效的绩效反馈,并辅之以有效的激励,从而达到实现个人绩效和组织绩效的双重目标。

(3)绩效管理是公共部门文化落地的载体

组织文化是组织理念、价值观、制度、行为等组织要素整合而成的有机整体,要让组织文化落地而不是形式主义,离不开绩效管理制度的有力支撑。因为通过绩效管理活动可以明确告诉员工组织的价值取向,可以对员工的行为进行有效的激励和引导,从而达到组织文化落地的效果，如图7.2所示。

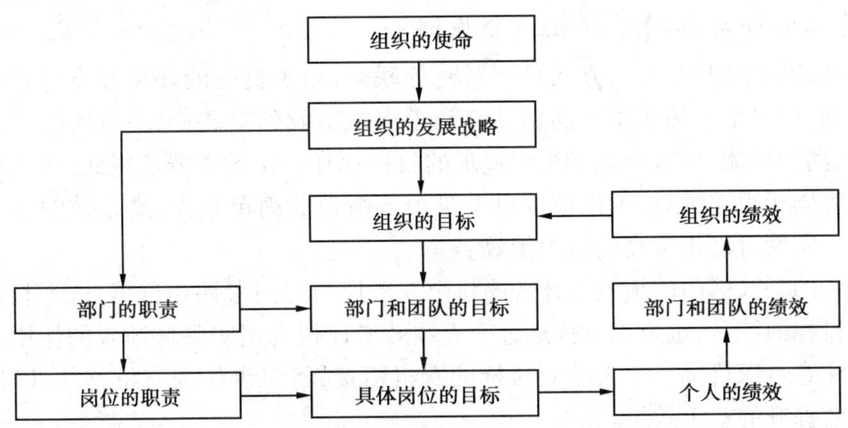

图7.2　绩效管理与组织文化落地的关系

(4)绩效管理可以为公共部门人力资源管理提供系列科学依据

绩效管理是公共部门人力资源管理系统各个板块工作的重要依据。公共部门的定编定员定岗、员工薪酬水平的确定、哪些员工应该进行培训以及进行什么内容的培训、单位应该选择什么样的工作人员，通过绩效管理活动这些问题都可以得到较好的解决。

7.1.3　绩效管理的原则

绩效管理的原则是绩效管理活动的基本规范和要求，根据公共部门组织特性以及绩效管理的研究进展，公共部门在绩效管理活动中应注意以下原则。

1)战略导向原则

绩效管理不是简单的评分工具，而是促进组织提升管理能力、实现组织战略发展目标的工具。在绩效管理中，要始终围绕组织战略制订科学规范的绩效管理制度，牵引组织的各项活动始终以战略为中心来展开，依据绩效考核的结果进行权力分配和价值分配；要根据组织发展战略和重点任务，科学分解战略目标，构建起组织级、部门级和岗位级绩效指标体系，同时要求各级指标之间、个人与部门之间的绩效指标具有关联性。在此基础上采取切实措施，激励员工为组织战略目标落地、个人任务完成而努力，这样绩效管理将会为组织战略目标的实现发挥极大的作用。

2)统一管理，分级、分类考评原则

分级、分类考评原则主要是根据不同岗位和级别等具体情况确定考核指标和标准，岗位类别不同、级别不同，其工作内容和任务性质必然有所不同，因此具体的考评指标、考评方式方法应该有所不一样。在公共部门的绩效管理中，在一套统一的绩效管理制度下，以工作分析确定的岗位职责为基础确定绩效目标任务，实行分类考核管理，切忌不同种类、不同级别、不同部门搞“一刀切”，用统一的指标考核不同部门不同岗位的人员。在公共部门中，我国公务员从职能上分为综合类、专业技术类、行政执法类，从类型上分为领导职务与非领导职务，因此在制订绩效考评指标和实施考核时就必须要对不同类型的对象体现出应有的差异，以体现绩效管理的区别性与针对性。

3）员工考评与部门考评相结合原则

个人绩效同组织绩效，一方面具有紧密的联系，组织良好的环境和支持有利于个人绩效的提高，同时个人绩效水平的提高有利于组织绩效的提高；另一方面也存在冲突矛盾、相互脱离的可能，毕竟个人和组织追求的目标存在一定的差异。因此，个人绩效并不能简单地等同于组织绩效，组织绩效也不是个人绩效的简单相加，高绩效的个人组合成的组织不一定就可以带来高的组织绩效。

目前我国公共部门的绩效考评普遍将个人考评与部门考评相分离，这不利于个人目标与组织目标的统一，也难以发挥通过个人绩效考评提升组织整体绩效的作用。绩效管理实践中注意组织目标与个人绩效目标的有机衔接，将二者作为有机整体，以达到个人和组织绩效提升的双重效果。

4）以岗位为基础，突出关键绩效指标原则

绩效考评不是通用的素质考评，绩效考评必须按照员工所在岗位所承担的绩效目标任务进行考核评价，而不能采用通用标准对所有岗位进行评价。由于工作业绩、工作行为表现、工作能力都可以成为绩效考评的内容，而且具体指标也包含众多内容，如果全部纳入考评势必造成考评指标过多过细，而无法引导员工关注重点工作的情况，由此绩效考评中必须聚焦于员工工作中最重要的部分，避免不相关指标的“污染”。

公共部门各岗位上需要员工完成的工作内容繁多，重要与不太重要的工作并存，绩效考核时要抓住关键绩效指标，通过抓住关键业绩指标将员工的行为引向组织战略目标的方向。指标数量应适中，指标太少可能无法反映职位的关键绩效状况，也可能导致员工过分注重这类指标而忽略其他绩效，甚至通过不道德的行为达成绩效。指标太多太复杂会加大管理的难度、增加考核的成本、降低员工满意度，从而难以实现将员工行为导向战略的目的。

5）双向沟通原则

绩效沟通是绩效管理的关键，贯穿绩效管理的全过程，绩效计划确定、绩效实施、绩效考核、绩效反馈等环节都需要考核双方保持充分的从上到下、从下到上的沟通，保证绩效管理目标的实现。但是由于管理理念差异以及重结果、轻过程等意识的存在，许多管理者对绩效沟通不重视，由此导致员工在绩效考评中难以获得自身素质和业绩的有效反馈，这明显不利于员工素质改进和绩效提高。因此，管理者不仅要注重对员工工作最终结果的考核，并以此作为奖惩的依据，还必须从思想认识、沟通技巧、绩效管理全过程跟踪 3 个方面着手，从绩效计划环节中的合理分解指标和分配任务，到绩效实施过程中的辅导支持和管理培训，再到绩效周期结束后的纠偏分析、适时激励，从而把握绩效沟通过程的关键点。

6）客观公正原则

重视公平公正是公共部门员工的普遍需求，在绩效管理过程中，必须做到从实际出发，实事求是，客观反映员工的工作绩效情况。一是考核内容、标准要做到客观公正。二是考核主体从动机到行为上要客观公正。考核主体在考核、评价被考核人时,要一视同仁,以考核标准为准绳,广泛听取各种意见,做出客观公正的结论。三是考核方法要客观公正。应避免凭个人经验、印象和感觉对被考核人进行考核、评价。多层次、多角度地对被考核人进行考核,能最大限度地避免主观因素干扰,提高考核结果的客观公正程度。绩效考评强调以可实现的指标为目标,以客观的事实为依据,做到考核过程程序化、考评依据客观化、考评结果透明化。

7)激励原则

要使绩效考评发挥应有效果,必须把绩效考评与激励措施有机结合,充分发挥绩效考评的激励作用。要将考评结果与员工薪酬、评选先进和职位晋升等紧密结合,有效发挥考核的激励功能,促进部门、员工工作积极性的提高。作为公共部门而言,其物质性激励资源具有明显的有限性,为此必须深入开发非物质性激励资源,充分发挥荣誉激励、目标激励、授权激励、晋升激励等精神性激励对员工的激励作用,更好发挥绩效考评的作用。

7.2　绩效计划与绩效指标体系

绩效计划是绩效管理的起点。绩效指标体系是评价目标的具体化和表现形式,绩效计划要通过绩效指标转化为可考评性质的东西,没有绩效指标体系,绩效计划无法落实。

7.2.1　绩效计划

绩效计划是管理者与被考评者共同讨论以确定其绩效管理周期内应该完成的工作和达成怎样的绩效标准,并最终达成一致意见、形成契约(绩效计划书)的过程。具体包括以下几层含义:①绩效计划制订的主体是上级绩效主管部门、主管与被考评对象。②绩效计划的内容是关于绩效周期内工作任务目标和绩效标准的契约。为了使员工顺利有效地完成绩效计划,管理者和员工必须对员工工作的目标和标准达成一致并形成契约。契约主要包括员工要达到的工作目标和效果,各阶段的目标,结果的衡量和判断标准,员工拥有的权利和决策权限,各项工作目标的权重,为完成工作目标而必须具备的技能等内容。③绩效计划的制订是管理者和员工的双向沟通过程。④绩效计划制订的前提是被考评者的参与和承诺。如果员工没有参与到绩效计划的制订过程中,仅仅是管理人员强加计划给他们,或者他们的计划只是口头确定,而没有进行公开签字承诺,那么他们就很难保证坚持那些计划。⑤绩效计划具有可测量性。

绩效计划的制订主要分为 3 个阶段:准备阶段、沟通阶段、审定和确认阶段。

一是准备阶段。进行沟通之前需要准备组织、部门或团队以及个人的信息。全员都应该了解组织的战略、目标,这将有助于在工作之中保持正确的方向和原则。部门或团队的信息是确定个人绩效计划的主要来源,因为它是根据组织的整体目标分解而来的。个人的信息主要包括被考核对象的工作描述和上一个考核周期的考核结果。工作描述中的工作职责是设定个人绩效计划的重要依据。收集和回顾上一个考核周期个人的工作目标和考核结果,能够保持个人绩效目标的连续性和关联性,同时可以体现上一个考核周期内存在的问题和有待进一步解决的方面。

二是沟通阶段。这是绩效计划制订过程的核心环节。沟通阶段需要做好以下三点:①营造相对宽松的环境和氛围,减少环境、外界带来的压力和干扰。②沟通双方地位相对平等,承认被考核者是自己所负责业务领域的专家,认真听取对方的意见和建议,尤其在确定考核的衡量标准时更应该发挥被考核者的主动性。③双方共同决定被考核者的个人目标。考核者的主要责任在于使被考核者的工作目标和部门团队目标、组织目标有机的结合,而不是依靠职位权威代替个人做出决定。

三是审定和确认阶段。初步形成的绩效计划还需要进行审定和确定,以保证绩效计划完成了以下结果和目的:绩效计划与被考核者的工作职责是一致的;绩效计划与组织的总体目标紧密关联,并且被考核者清楚地知道这两者之间的关系;双方对被考核者的主要工作任务、各项工作任务的重要程度、完成任务的标准、在完成任务过程中享有的权限都达成了共识;双方都清楚在完成工作目标的过程中可能遇到的困难和障碍,并且明确了考核者所能提供的支持和帮助;形成了一个经过双方签字确认的文档,该文档中包含员工的工作目标、衡量工作目标完成情况的标准或方法、各个工作目标的权重。

7.2.2 绩效指标体系的内容

绩效指标体系包括3个要素:一是绩效考评指标,也称绩效指标,反映的是“考哪方面”的问题。二是绩效考评标准,也称绩效标准,反映的是“如何衡量绩效实现程度”的问题。三是绩效指标权重,反映的是“绩效指标的重要程度”。

1)绩效考评指标

(1)绩效指标的内涵

绩效指标是绩效考核的前提,反映的是考核内容,即从哪些方面来对绩效进行考核。绩效指标具有导向、约束、竞争和凝聚的作用,通过绩效指标能促进员工明确工作目标,指导其工作;告诉员工哪些应该做,哪些不应该做;提供员工在单位内的竞争目标和对比标准;还可以把大家凝聚在一个共同的目标和方向上,形成从上到下的协调一致。

根据绩效指标的性质可以把绩效指标分为财务指标与非财务指标;超前指标与滞后指标;定量指标与定性指标;外部指标与内部指标;总量指标与相对指标;短期指标与中长期指标等不同类型。

(2)绩效指标的要求

①一致性。指标要与组织战略有一致性,指标必须与具体的绩效评价目的相一致,也就是要具有高效度。

②独立性。指标内容要清晰,指标内容差异明显,指标之间相互影响和相互作用的程度较低。例如沟通协调能力和组织协调能力两个指标内容就不具有独立性。

③稳定性。指标自身的稳定性程度,即指标的信度问题。一般来说,数量化指标的一致性很好,而行为指标的一致性就相对差一些。

④可操作性。指标能够在实际的绩效考评中被清晰地衡量和操作。可以用数量化

或行为化来衡量指标的可操作性。

⑤可接受性。指标的选择,在保证其效用的前提下,要力求简洁,便于操作和管理,容易被管理者接受,切忌面面俱到。

绩效指标体系的构建质量对绩效管理具有十分重要的意义,它不仅影响绩效管理的科学性,也能在很大程度上推动公共部门尽快对社会公众的需求做出反应,提供优质高效的公共产品和服务。我国公共部门引进绩效管理的时间比较短,对于绩效管理中绩效指标体系的构建还处于不断探索的阶段,各方面都有待进一步提高和完善。《公务员法》第三十五条规定需全面考核公务员的德、能、勤、绩、廉,重点考核政治素质和工作实质。考核指标根据不同职位类别、不同层级机关分别设置。

2)绩效考评标准

(1)绩效考评标准的概念

绩效标准是评价被考评者绩效水平达到何种程度的标志,是确定绩效考评分值等级的依据。绩效标准是对绩效评价指标的进一步明确。绩效指标解决的是评价什么的问题,绩效标准解决的是被评价者在具体指标上做得如何的问题,绩效指标与绩效标准是相互对应的。

有效的绩效标准要达到以下要求:一是要适合指标的性质和含义;二是应当清楚明了,可以保证任何人都知道所需完成任务的期望值;三是应有不同的程度要求,对于最高标准应当有挑战性和可实现性,要让被考核者感觉经过努力是可以达到的;四是绩效标准应该在工作之前就制订,不能绩效任务完成后再确定评价标准;五是制订的绩效标准一定要便于操作、能够度量;六是绩效标准依赖于考核对象的特性、可获得的数据以及组织的目标和内外环境条件,每一个考核对象、每一个层级的绩效标准应有所不同,绩效标准需要随着组织和环境的变化而有所变化。

与私营部门绩效考评的标准明确、集中相比较,公共部门绩效考评标准显得多元、模糊。但是,只要认真分析每个岗位的职责和任务特点,依然可以建立具有可操作性的绩效标准的。

绩效标准有绝对标准和相对标准之分。绝对标准是指建立员工工作的行为和业绩的评定客观标准,然后按照此标准对员工的行为和业绩进行评定,而不是在员工间相互做比较。相对标准是将员工间的绩效表现相互比较,以此评定员工的绩效水平的差异。

(2)绩效考评标准的制订方法

在绩效标准制订中,普遍认为对一些主观性指标制订客观化的绩效标准是比较困难的,当前比较有效的办法就是采用行为锚定等级量表法和格里波特(Glibert,1992)提出的绩效管理四分法来制订标准。

行为锚定等级量表法结合了等级量表法和关键事件法的优点,锚定在每个等级上的具体行为表现,以此作为评价的具体标准,这样可以在很大程度上克服原有等级量表法的主观性,增强评价的客观性。

格里波特(Glibert,1992)提出了绩效管理四分法,提出从数量、质量、成本、时效(时间)4 个方面衡量绩效的观点。这一方法在考核中可以把这 4 个方面变成固定的表达方法:于什么时间期限,用多少成本资源,完成多少数额数量,达到何种质量标准,简称“于用完达”表述法来加以应用,即描述性标准。

3)绩效指标权重

(1)绩效指标权重的概念和设定方法

绩效指标权重体现绩效指标的重要程度,指同一职位上的不同指标之间存在权重上的差异,以及同一指标体系在不同的职位类别和不同的职位层次上也存在差异。指标权重的设定也是整个指标体系设定的重要环节,影响考核的合理性和公正性,关系到绩效考核结果的信度和效度。权重的设定是重点,也是难点,需要考虑多种因素进行方法的优选。

①直接判断法。直接判断法是指由指标设定者根据自己的经验和对各项考核指标重要程度的认识,或者从引导意图出发,对各项考核指标的权重直接进行分配。这种方法简单易行,容易操作,但主观性强,容易招致员工不满。

②重要性排序法。重要性排序法就是将考核指标按照其重要性依次排序,并赋予分值,最终根据每个考核指标的重要程度得分在绩效指标体系整体重要程度得分之和中所占比重来确定每个考核指标的权重。这种方法同样是基于个人的经验判断,但相对直接判断法而言,它有以下优点:第一,允许多个指标设定者各自作出判断,从一定程度上消除了单纯个人的主观性。第二,将每个指标设定者对指标重要性的判断结果以定量的方式进行综合处理,更加科学。第三,简单易行,省时省力。缺点在于打分过程仍然在较大程度上受主观臆断的影响,因此,其结果的客观性、准确性仍然存在欠缺。

③三维确定法。定性与定量相结合的权重确定方法。决定一个指标权重的主要因素有3个:在目前资源配置和条件下该指标的可实现程度、该指标的重要程度和该指标的紧急程度。只有三者综合起来考虑才能得出合理的权重系数。可以按照以下操作步骤进行:第一,将一组指标先从重要程度、紧急程度、可实现程度采用“五点打分法”分别打分。第二,将每个指标的重要程度得分、紧急程度得分和可实现程度得分相加,得出该指标的综合分数。第三,将每个指标的综合分数相加,然后确定每个指标综合分数在总分数中所占比例。第四,最终得出每个指标的权重值。

④权值因子分析法。相对前3种方法而言,权值因子分析法是更科学也是更复杂的方法,这种方法一般需要专业人员的参与,以确保其成功实施。主要操作步骤:第一步,组成评价小组,包括人力资源专家、评估专家和其他相关人员,根据对象和目的的不同,可以确定不同的专家构成。第二步,经专家讨论选取恰当的指标权值因子,制订指标权值因子判断表和权值因子计算统计表。第三步,由专家填写指标评价权值因子判断表,评价的方法是将行因子和列因子进行比较。第四步,对各位专家所填结果进行统计,填写权值统计计算表。第五步,将统计结果折算为每个指标权重。

(2)绩效指标权重设计的原则和规律

绩效指标权重设计的原则:①所有关键绩效指标或所有的工作目标的权重之和为100%。②每个关键绩效指标权重一般不高于30%,过高的权重易导致该员工“抓大头扔小头”,对其他与工作质量密切相关的指标不加关注;且过高的权重会使员工考核风险过于集中,一旦不能完成指标,则全年的奖金、薪酬均会受到很大影响。③单个指标或目标的权重最小不能小于 5%;否则指标权重过小,成为无效指标,反映不出指标所要考核的内容。④各指标或目标权重比例应该呈现明显差异,避免出现平均分配权重比例的状况。

绩效指标权重设计的重要规律:第一,指标权重设计要贯彻公共部门战略导向,即由公共部门战略目标分解出来的指标以及对公共部门战略实施重要性高的指标或目标权重高。第二,指标权重设计要体现出部门或员工的重点内容和职责。第三,被评估人影响直接且影响显著的指标或目标权重要高。第四,权重分配在同级别、同类型岗位之间应具有一致性,又兼顾每个岗位的独特性。

7.2.3　绩效指标体系的常用设计方法

目前,形成了多种建立绩效评估指标的方法,在应用上以目标管理法、平衡计分卡、关键绩效指标法为主。

1)目标管理法

(1)目标管理法的内涵

目标管理(Management by Objective,MBO)是彼得·德鲁克 1954 年最先提出的,它是以目标的设置和分解、目标的实施及完成情况的检查、奖惩为手段,通过员工的自我管理来实现组织目的的一种管理方法。目标管理以 Y 理论为前提,认为人们能够主动工作,对自己、自己的工作、自己的部门负责。目标管理的核心是强调通过组织中的上级和下级共同参与来制订具体的、可行的而且能够客观衡量的目标。目标管理包括目标明确、参与决策、规定时限和绩效反馈 4 个要素。20 世纪 70 年代,目标管理在企业中广泛推广后,彼得·德鲁克又将这一方法引入行政管理领域,形成公共服务机构的目标管理理论,力图改善公共部门缺乏竞争、其预算经费的多少与工作和服务态度好坏(应达到的目标)无关的局面。

(2)公共部门引入目标管理法

我国公共部门运用目标管理法主要体现在 3 个方面:①运用岗位目标管理,对员工进行目标管理责任制考核。②运用成果目标管理,以组织追求的最终成果为中心,对各单位进行以结果为导向的绩效管理,关心公共部门直接提供服务的效率和质量,注重资源配置的有效性和利益分配的公平性。③运用组织目标管理,以组织为中心,用目标链把组织的最高层领导和最基层员工联系起来,从而使整个单位基于目标形成合力。目标管理法遵循的流程如图 7.3 所示。

在运用目标管理法进行指标设计时,要注意:①制订明智、清晰的绩效目标,目标或指标须满足 SMART 原则:Specific,指标应清晰明确;Measurable,指标可衡量(数量化或行为化);Achievable,指标可达性;Realistic,指标现实性(可以证明和观察);Timed,指标时限性。②将组织目标逐级分解形成包含不同层次、不同岗位特点的绩效目标体系。③设定目标充分考虑岗位因素,不同性质和层级的岗位应该具有不同的目标。④目标实施中要有效把握目标设置的科学性。发现异常绩效水平并分析原因,上下级就绩效改进达成

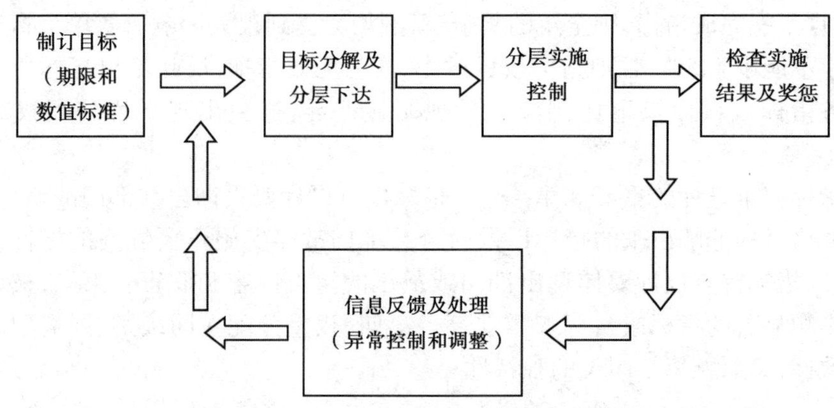

图 7.3　目标管理法与绩效指标的设计

共识，制订解决办法和矫正方案为目标修正提供反馈信息，根据组织战略及考评结果调整绩效目标，为新一轮绩效循环设立绩效标准，上下级共同确定各层级绩效目标并就如何测量达成共识。⑤绩效目标的达成要以沟通为核心。目标管理法相比关键绩效指标法的优势在于自觉的责任、理解和沟通、激励的氛围、团队与协作以及学习与提高。

2）平衡计分卡

（1）平衡计分卡的内涵

1992 年卡普兰和诺顿提出平衡计分卡（Balanced Score Card，BSC），核心思想是通过财务、客户、内部流程、学习和发展 4 个方面指标之间相互驱动的因果关系，展现组织的战略轨迹，实现绩效考核—绩效改进以及战略实施—战略修正的目标（见图 7.4）。平衡计分卡的精髓是追求在组织长期目标和短期目标、结果目标和过程目标、先行指标和滞后指标、组织绩效和个人绩效、外部关注和内部诉求等重要管理变量之间的平衡，这种平衡对现代组织而言是生死攸关的。

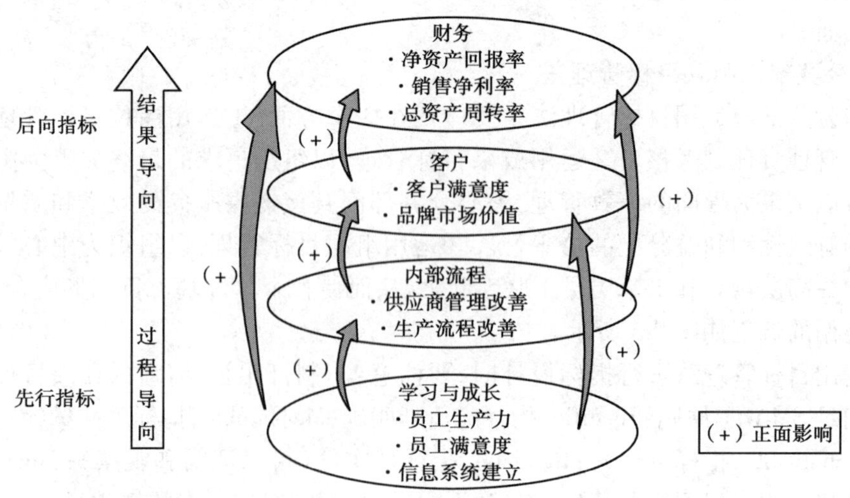

图 7.4　平衡计分卡指标间的因果关联

(2)公共部门引入平衡计分卡

1999 年 11 月,卡普兰、诺顿发表“公共部门的平衡计分卡”一文。他们认为:“最初运用在改善营利性企业管理中的平衡计分卡,在改善政府部门和非营利性组织的管理上效果更好。政府部门和非营利性组织成功的衡量标准是能否有效满足客户或利益相关者的要求,财务不是主要的目标,财务因素发挥了促进或约束作用。”此后出版了大量平衡计分卡应用于公共部门的专著、论文:《在联邦政府中运用平衡计分卡》(维特科尔,2000)、《平衡计分卡在医疗部门的应用》(卡普兰、诺顿,2002),《应用平衡计分卡改进公共部门结果:九步成功》(尼文,2003),《政府及非营利组织平衡计分卡》(尼文,2004)等。美国政府于 1993 年制定了《政府绩效与结果法案》,在该法案的影响下美国联邦政府机构、各部门、州、市都要设立组织目标,开展以“顾客导向的政府”为主的绩效评估。美国交通运输部的采购部门被认为是政府机构采用平衡计分卡的鼻祖,美国北卡罗来纳州夏洛特市被列为公共部门实施平衡计分卡的典型案例。新加坡的地区法院在世界司法界最先使用了平衡计分卡。

平衡计分卡理论和公共部门绩效管理发展的价值取向是一致的。公共部门绩效管理发展所体现的使命感、战略导向、结果导向、责任机制以及开放性等价值取向,都对传统的管理理念和方法提出挑战。平衡计分卡有助于公共部门权责发生制预算和会计制度的形成,帮助公共组织进行学习和重塑文化,从而使其内部运行机制得到更进一步的发展,并以战略架构的方式帮助公共部门构建以战略为导向的绩效管理。但公共部门应用平衡计分卡也面临一些挑战:公共部门通常难以清晰地界定组织的战略和使命,公共部门组织运作的范围广,目标、活动以及产出复杂多样且难以量化,要以 BSC 为原则构建一套简洁易行的、能够涵盖所有战略目标的关键绩效指标非常困难。如何界定公共部门的“顾客”以及识别合适的与顾客相关的关键绩效指标也是 BSC 在实践应用中所面临的一个挑战。

目前形成了两种广为认同的公共部门平衡计分卡框架(见图 7.5)。公共部门的利益相关者层面不局限于私营部门的客户层面,提升了客户层面,把受托人、上级、纳税人等多方利益相关者囊括进来。根据公共部门的具体情况确定财务层面的考察,对于像一级人民政府、税务部门等有财政收入的组织的考察可以采用框架二,把利益相关者层面和财务层面并列设置在最上层;而对于像环保部门、公安部门等主要依靠财政拨款运营的组织的考察可以常用框架一,财务层面设置在最下层。公共部门与私营部门的平衡计分卡在框架设置上虽然存在一定差异,但核心理念和逻辑关系上是一致的,都是根据组织的使命、核心价值观、愿景、战略,通过各个层面间的因果关系,实施战略重点,提升组织竞争力。

(3)平衡计分卡与绩效指标的设计

运用平衡计分卡建立关键指标通常包含 7 个步骤(见图 7.6),其中成立绩效管理小组、制订平衡计分卡计划是重要的准备工作,在此基础上通过广泛搜集相关指标信息、初步制订指标并征求意见完善得以确定指标。最后需要对绩效考评主体与客体进行相应培训,增进大家对平衡计分卡方法及其指标体系的认识,以便更好地在工作中落实平衡

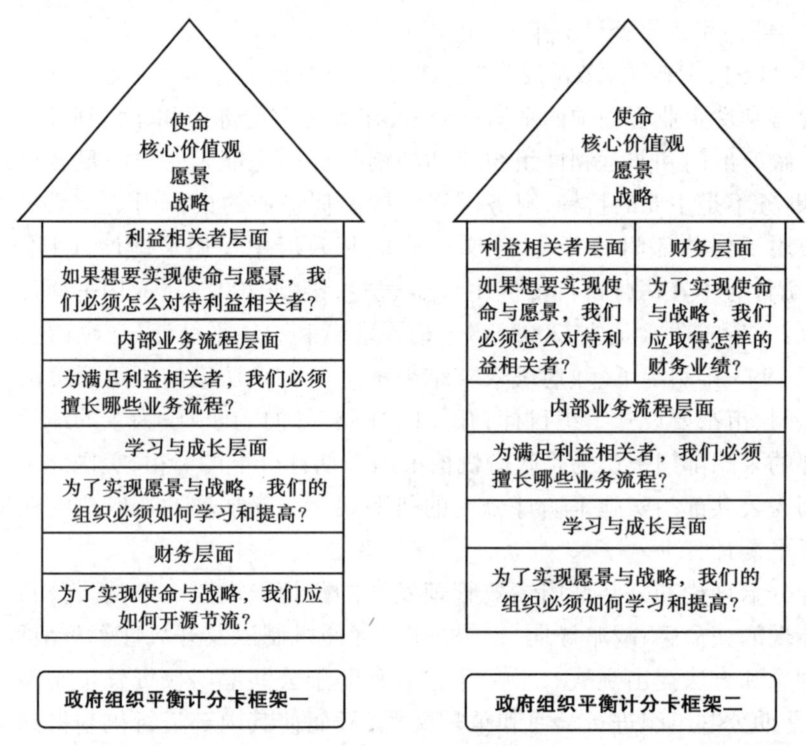

图 7.5　政府组织平衡计分卡通用模型

计分卡中的指标。

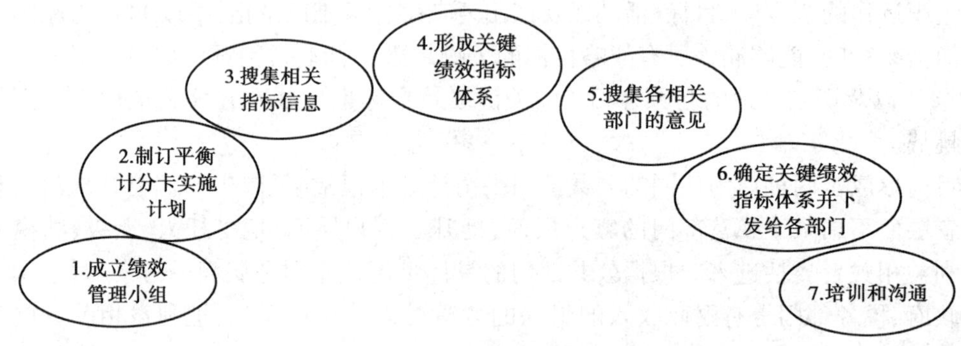

图 7.6　运用平衡计分卡建立关键绩效指标的步骤

3)关键绩效指标法

(1)KPI 的内涵

关键绩效指标(Key Performance Indicators,KPI)是评估绩效的可量化的或可行为化的指标体系,是体现对组织战略目标有增值作用的指标。KPI 指标的设置强调考评对象具有主观性和自觉性,因而无须对考评对象设置过多过细的指标,只需要绩效考评中抓住影响绩效的关键矛盾,考核对结果产生重要影响的关键指标。

关键绩效指标具有以下特征:第一,关键绩效指标基于对组织战略目标的分解。研究组织战略的关键驱动因素,将战略转化为一个或几个关键绩效行为,用简洁、明确、可操作的绩效指标驱动员工围绕战略和经营重点,承担绩效责任。体现的是对组织战略目标增值能够起到关键性作用的那些指标体系,并随着组织战略的变化而变化。第二,关键绩效指标体系是能有效反映关键业绩驱动因素的变化的衡量参数,对业绩结果中可影响部分的衡量。通过关键指标体系,可以让领导者将主要精力放在能够对组织的绩效产生最大驱动力的那些因素上,进而将经营的主要精力也放在影响组织价值创造的那些因素,及时了解组织运营过程中产生的问题,并采取提高绩效水平的措施。第三,关键绩效指标是对组织战略中的关键重点行动的反映,而不是对所有操作过程的反映。KPI不追求平衡,追求指标的最小集合与聚焦。第四,由高层领导决定并为被考核者认同的,在组织横向和纵向保持一致性。通过在关键绩效指标上达成的承诺,上级和下级就可以进行工作期望、工作表现和未来发展等方面的沟通。

(2)岗位KPI的建立

确立岗位KPI之前通常已经确立了组织和部门的KPI。因而确立岗位KPI时候通常可以从以下几个方面进行具体确定:一是对组织和部门KPI的层层分解;二是从岗位工作职责中寻找最主要的目标任务;三是寻找日常工作规范中的重要内容,或者经常容易出错的地方;四是上一个考核周期未完成和需要改进的目标任务。

从上级分解KPI指标过程中不仅要把任务目标分解到下属岗位头上,而且要寻找影响上级KPI完成指标的关键成功因素或关键影响因素,以此作为下属的KPI指标。在具体KPI指标的设计上,可以采用平衡计分卡进行指标体系构建,也可以采用鱼骨图法进行KPI指标体系设计。

(3)实施KPI需要注意的问题

不同类型、不同层级的岗位应有不同的KPI指标组合;KPI指标不是岗位的全部目标;在设计KPI指标体系的时候要遵循"可量化的量化,难以量化的要细化"原则,但无论是定性指标还是定量化指标,都要使评估手段量化,使指标能够在实际评估中易于操作。

在订立KPI指标时,应考虑职位的任职者是否能控制该指标的结果,如果任职者不能控制,则该项指标就不能作为任职者的业绩衡量指标。如跨部门的指标就不能作为基层员工的考核指标,而应作为部门主管或更高层主管的考核指标。

4)MBK绩效评估指标

MBK绩效考评指标体系是一种"以目标管理(MBO)为导向、以平衡计分卡(BSC)为框架、以关键绩效指标(KPI)为核心"的综合绩效考评模型。它借鉴了目标管理、平衡计分卡、关键绩效指标这3种主流工具的先进思想和操作原理,结合现代组织面临的新形势、新情况和新挑战,对绩效管理进一步整合创新。其主要具有以下特征:①以目标管理(MBO)为导向。MBK指标制订以目标管理为导向,意味其模式的运行依赖于各级目标任务的完成,高级管理者制订经营战略目标和高级策略目标,中层管理者制订中级目标,基层管理者制订初级目标,方案和任务则由一般员工制订,自上而下的目标分解和自下而上的目标期望相结合,使MBK考评指标与层层目标紧密结合。②以平衡计分卡(BSC)为框架。BSC在MBK指标体系中的主要作用在于实现了财务指标与非财务指标、过程管理与目标管理、短期成果与长期发展的有效平衡。③以关键绩效指标(KPI)为核心。KPI 的主要功能是能够在有效资源条件下抓住最关键的衡量标准和最重要的任务目标,其设计时常用 SMART 原则可作为 MBK 绩效指标的设计、筛选的依据。MBK 指标设计整合模式如图 7.7 所示。

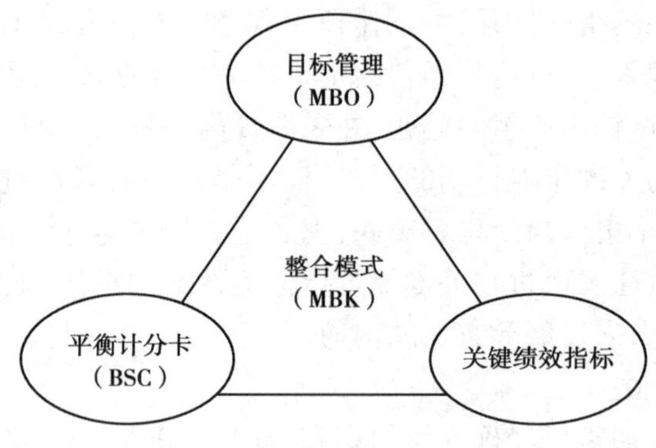

图 7.7　MBK 指标设计整合模式

7.3　绩效考核主体与评分方法

7.3.1　绩效考核主体

考核主体是指在绩效考核活动中承担评价任务者。绩效考核主体的选择对能否实现绩效评价目的,促进绩效考核结果的公平公正有着十分重要的意义。

1)绩效考核主体选择的原则

绩效考核主体的选择必须遵循以下原则:

①选择的绩效考核主体有利于实现绩效评估的目的。

②了解被考评者职务的性质、岗位职责、工作要求及考核标准。

③具有客观评价被考核对象的动机。

2)绩效考核各类主体的类型及其优缺点

(1)直接主管

直接主管是使用最广泛的考核主体。通常主管对下属的工作最清楚,最有机会观察下属的行为和绩效状况;下属的工作表现好坏会影响到主管及部门的绩效,因而主管也有最强的动机去对下属做出正确的绩效评估。优点是考评可以与日常管理、加薪、奖惩结合;有机会与下属更好地沟通,了解下属的想法,发现下属的潜力。不足之处在于上级主管可能不熟悉下级的全部工作;评估时可能会受自己偏重的某些绩效因素的影响,评估不全面;上级主管的考评常常沦为说教;上级主管可能有偏见,如果不能保证评估的公平公正性,会挫伤下属的积极性;亲信关系等在大多数组织中都或多或少地存在。

(2)被考核者本人

被考核者本人进行的评估就是通常所说的自我评定。绩效评估是一个发现自我能力素质优劣的重要机会,因而自我评价往往被作为人力资源开发的重要工具。自我评价的优点主要体现在:自我评估有利于员工反思自己工作上的优点与不足,从而改进自己的工作;员工自己参与评估,有利于提升他们对绩效考评工作的满意度,增强对绩效考评工作的认同感;此外,可以为上级主管的绩效评估和反馈工作提供重要的参考与对比信息,提高反馈的有效性。

由于人具有高估自己绩效的特点,因此在绩效评估中运用自我评估时要注意:要对员工正确的自我评价进行激励;要告诉员工评价的结果会和其他评价结果进行比较;要对员工进行自我评估方法的培训,并提供最终评估结果反馈;如果绩效评估的结果与员工的收入挂钩,要慎用自我评估。

(3)同事

同事之间比较熟悉和了解,因而同事也会作为评估主体参与到绩效考核中。同事作为评估主体优点在于:同事之间彼此熟悉了解,评估结果比较稳定,准确性较高;能够对员工的能力水平和工作态度等指标进行有效的评估,对人力资源开发有利。缺点在于评价结果往往会明显受到人际关系的影响。如果评价结果与个人利益有密切关系,同事评估的结果会产生较大的偏颇,因而同事评估一般作为人力资源开发的工具,当评价结果与薪酬待遇密切相关的时候一定要慎用同事评估。

(4)下属

下属熟悉上级的工作,了解上级的工作任务目标完成情况、上级的工作能力和行为表现,因而在评估上级绩效时被作为绩效评估的重要主体之一。下属作为绩效评估主体参与评估有几个优点:①下属处于观察上级领导的最佳位置,清楚上级管理者的工作,下属的评估对确认管理者的绩效非常有用。②使管理者对下属更加负责,激励管理者更加关注下属的需要,注意与下属更好地沟通。③下属的评价对管理者更好地认识自己,做好职业生涯规划具有一定的作用。下属作为绩效考核主体其缺点在于:下属有可能担心对上级的评价过低会遭到来自上级的报复,因而可能夸大管理者的成绩;下属容易从管理者与自己的交往关系对其进行客观评价,而不是对管理者的工作表现进行客观评价。此外,上级也会因为下级参与对自己的评价,可能在工作中缩手缩脚,不敢得罪人,使管理工作受损。

(5)服务对象

公共部门员工的重要任务就是为人民群众提供公共服务产品与行为,因而服务对象作为评估主体在公共部门十分普遍。广大社会公众从服务对象角度出发,对公共部门员工提供服务的有效性、满意度等提供有用的考核信息。公众根据自己的期望、经验及感受评估公共部门人员,考核会更加务实、公正,有利于促进员工改善与服务对象的关系,更好地服务大众。服务对象评估的缺点在于服务对象可能并不完全熟悉公共部门员工的工作职责与任务,只有服务对象熟悉的公共部门员工才比较适合于服务对象评估。

(6)360 度评估

360 度评估是指同时利用许多绩效反馈资源来对员工的绩效作出评估(见图 7.8)。360 度评估一般用在较为成熟的组织中,员工关系模式较为正常,主要目的是解决员工职位晋升和寻找工作中存在的问题。

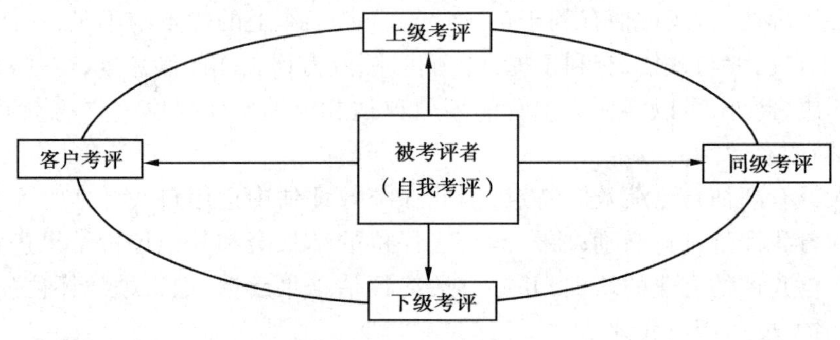

图 7.8　360 度评估示意图

它的优点如下:①通过上级、同级、下级、客户等的评估,绩效考核中搜集的信息就较为全面,也易于在考核中深入发现一些平时难以察觉的问题。②360 度评估是有业务关系或行政关系人员之间的相互评价,这就能在参与互评的员工之间形成一种制衡机制,使各方的评估更趋于客观公正。③360 度评估,能更好地考核员工的综合素质、个人能力等一些难以量化考核的项目。

它的缺点如下:①大多数 360 度评估的专家都坚持反馈信息匿名给出,使被评估者不能获取额外的解释或信息,这种匿名系统丧失了改善绩效的机制。由于不清楚评价信息的来源,匿名的反馈信息会给人的心理上造成模糊感。②成为管理者不愿对考评结果负责的借口。360 度评估强调的是集体负责任,其实就是谁也不负责。同时管理者的绩效效果也部分决定于员工的评价。因此管理者也怕得罪员工,担心员工给的评分低,从而影响自己的绩效和晋升。③360 度评估的询问、获取和总结反馈等方面需要大量的时间和做大量的文书工作。使用网络系统可以显著地减少多来源评估的工作量,提升多渠道评估过程的有效性。

运用 360 度绩效评估时,需要注意这种多主体的评估方法主要是应用于绩效反馈,而不是简单应用于与薪酬利益相关的绩效分配之中。不能简单地认为多主体评估就一定科学,而必须考虑这些多主体一起进行评价中每个评价主体的动机是否正确、他们是否具有相应的评价能力,其评价结果的信度和效度水平,只有这样才能正确使用多主体评价并发挥其评价价值。

3)绩效考核主体的培训

绩效考核主体在考核中扮演着重要的角色,如果考核者缺乏考核能力或者考核态度不端正,考核也只能流于形式,发挥不了考核的功能。考核主体的能力和态度影响考核的效果,对考核主体的培训、提高考核主体的考核能力,是保持考核的客观性和实效性的重要内容。

(1)培训的目的

培训使考核主体理解绩效考核在整个组织人力资源管理系统中的地位和作用;让考核人员明确评估规则;加深考核主体对评估要素的理解;使考核主体弄清在评估中容易犯的错误,懂得如何消除考核的失误和偏见;进一步加深考核主体对评估方法的理解。

(2)培训的主要内容

①绩效评估道德与纪律的培训。它包括组织观念教育、适当的管理基础和人事法规的培训,增强员工的科学管理和法制观念,严格按照绩效评估规程办事,不得将绩效评估机构内部讨论的情况向外泄露。注意绩效评估人员道德素养的培训,它将在完成绩效评估活动中起保证作用。

②评估错误的培训。针对评估中易出现过宽、过严、趋中、晕轮、首因效应、从众心理、刻板印象等错误(见表7.1),对评估者进行培训,给评估者分析相关的案例,并对如何防止该类错误提出建议。

表7.1　常见的主观误差问题与解决办法

误　区	主要问题	解决办法
像我效应	对方具有自己的某些共同特征而产生亲近感,导致评估偏差	越像自己的人越要加以注意,关键事件法
过严或过宽	对整个团队评分太低或太高	强迫分布
晕轮效应	由于对方具有某种突出特征而忽视其他特征	关键事件法
人情压力	对方与有关人员具有特殊关系而导致的评估困难	同他自己的短期目标比较
相比错误	评估前后互相比较而导致的错误	采取目标管理方法,尽量人与目标比
盲点	对岗位所示重要特征或者业绩缺乏认识而导致的评估指标缺陷	做职务分析
近期行为偏见	最近发生的某种突出的事情而导致的影响	关键事件法
从众心理	受多数人评价的影响而不得不做出相应的评价	头脑中加以注意,警惕
趋中趋势	所有人的分数在中间打分	正态分布,强迫分布
个人偏见定势	个人对某种事物的固定不变的看法	在头脑中加以注意,警惕

③考评技能的培训,包括上级精神和领导的决策、计划、本次绩效评估的目标;考评的基本原理;简要介绍考评要素产生的过程及其意义,并进行要素定义培训,使每个员工了解每个要素的内涵和外延;结合实例讲解分析考评标准,使员工懂得如何把握标准;讲解计量方法与实测方法。要运用案例分析的方法,让员工之间开展讨论,培养其分析问题和解决问题的能力;讲解如何进行面谈、应用考评结果;剖析考评过程中各类人员的心理活动;讲解考评的组织机构。

7.3.2　绩效考核评分方法

绩效考核是绩效管理循环的关键环节,没有绩效考核,也就没有考核结果,无法对员工过去的绩效表现进行总结,以及找到改善绩效的方法。绩效考核的方法一般分为相对评分法和绝对评分法两种。

1)相对评分法

主要是员工与员工相比评估绩效,包括排序法和强制分布法。

(1)排序法

把所有员工按照绩效和贡献大小从高到低排列,可以采用简单排序、交替排序、配对比较等方法来进行。这种方法简便易行,时间成本低,比较适合员工数量比较少的组织。它的主要缺点是,无法充分观测到不同个体之间的差异大小,并且也无法对绩效进行很好的界定,同时忽略了一种可能性,即在一个团队中排在最后的人可能与另一个团队中排位最前的人绩效相同。

(2)强制分布法

强制分布法是按给定的分级比例对员工进行分类,不是独立的考评方法。依据正态分布的概念,为了解决"评估者夸大事实"的问题。实际上它也是将员工进行相互比较的一种员工排序方法,只是它对员工按组别进行排序,而不是将员工个人进行排序。

强制分布法的优点是可以克服评价者过宽或过严的结果,也可以克服所有员工不分优劣的平均主义。缺点是如果员工的业绩水平事实上不遵从所设定的分布样式,强制分布容易引起员工的不满。一般而言,当被评价的人数比较多,并且评价者不止一人时,用强制分布可能比较有效。强制分布法评价出高、中、低绩效者,高绩效者可以得到奖励和更好的发展,低绩效者可以通过激励而改善或者离开,从而提高组织的人才水平,逐渐建立高绩效的工作环境,提高员工自信心。

强制分布法的缺点是管理者可能拒绝将任何人列入最差或最好的一组中。同时,在评价者必须对员工解释为什么时,也会产生问题。特别是对一些小型团队而言,用强迫分布法进行评价可能与实际情况存在明显出入。

2)绝对评分法

主要是员工与工作标准相比评估绩效,包括图尺度评价法、关键事件法、行为锚定等级评价量表法。

(1)图尺度评价法

图尺度评价法又称图解式考核法、等级评价法。先给出不同等级的定义和描述,然后考核者针对每一个绩效指标、管理要项按照给定的等级进行评估,然后再给出总的评估。这种方法简单、应用普遍,关键在于评价等级的说明。可以在从低到高的连续的绩效水平上对员工绩效进行评定。根据考核的目标设定绩效因素,员工有没有达到已经制订的标准既可以通过数字(5,4,3,2,1)也可以通过词语(优秀、良好、满意、一般、不满意)表达(见表7.2)。这种方法可以用来评估不同的职位,比较直观、容易开发;对所有员工提供了一个公平的评估标准;不仅可以对员工的工作内容、责任、行为特征进行考核,而且可以向被考核者展示一系列被认为是成功工作绩效所必需的个人特征等。

表 7.2　图尺度评价法举例

等级	评价尺度	评价等级定义
优秀	5	该员工在工作中的表现非常出色,因此需要特别引起重视。该绩效在最优的 10%之列
良好	4	这个水平的绩效比平均水平好
满意	3	绩效达到或高于标准,这个水平的绩效是大多数有经验和能力的员工都能达到的
一般	2	绩效低于标准,然而,在一定时间内还有潜力改进
不满意	1	绩效远远低于标准,能否改进达到标准是个问题

如果评价者有两人及两人以上时,相对于标准来说,评价者很难对绩效给出一致的精确评价。需要对具体绩效标准和期望的水平给予关注,以便最大限度地减少不同的考核双方对绩效标准理解的差异。如责任心,可以指在截止日期前提交报告,也可以指出勤情况,不同的评价者是在哪个含义上评估责任心有可能是不同的。应注意评级时使用的描述性词语最好能够定义,以避免理解上的差异。

(2)关键事件法

关键事件法是通过对组织成员的关键事件的制度化的观察、记录和整理存档,对组织成员的绩效状况做出判断和评价的方法。优点在于:它为考核者向被考核者解释绩效考核结果提供了一些确切的事实证据;保持一种动态的关键事件记录,可以使考核者获得一份关于被考核者运用何种途径消除不良绩效的具体实例。一旦确定采用这种考核方法,那么在确定绩效计划的时候,就要将关键事件与绩效任务计划结合起来。如果评价者能够长期观察员工的工作行为,对员工的工作情况十分了解,同时也很公正和坦率,那么这种评价报告是很有效的。这一方法有助于为培训工作提供基础,也有助于评价鉴定面谈。但是,由于书面报告是对不同员工的不同工作侧面进行描述,无法在员工之间、团队之间和部门之间进行工作上清楚的比较,评价者用自己制订的标准来衡量员工,员工没有参与的机会,因此不适用于人事决策。一般不单独使用,而是与其他绩效考核方法结合使用。

把组织成员的行为转换成可度量的分数,可以避免绩效考核中的误差,提高公共部门绩效考核的准确性。形成不定期考核中关键事件的规定以及定期考核中的相关关键事件的规定,运用 STAR 即 Situation(情境)、Target(目标)、Action(行动)、Result(结果)的原则来记录关键事件。不定期考核的奖励与惩处结果之间可以对应抵消,即嘉奖、记功、记大功、记两大功可以分别与申诫、记过、记大过、记两大过相互抵消,并且有各种奖励和惩处之间的换算;用不定期的关键事件考核的分数调整年终考核的分数,例如嘉奖或申诫一次,考核时增减其总分 1 分,依次类推增减 3 分、9 分以至更高,如果总分超过 100 分,仍以 100 分计,加总年终考核与不定期考核的得分,得到公务员的考核成绩;用关键事件的考核得分来调节甲、乙、丙、丁 4 个等级的考核结果,例如考核为甲等的公务员需要同时满足年终考核分数在80分以上,和考核期内具备考核为甲等的6个关键事件之一等条件才能被评为甲等。

(3)行为锚定等级评价量表法

行为锚定等级评价量表法是对同一职位工作可能发生的各种典型行为进行等级度量,然后建立一个锚定分值表,并以此为依据,对员工工作中的实际行为进行评级记分,其实质是关键事件法和等级量表法的结合。建立行为锚定等级评价量表时,一般情况下由对工作岗位非常熟悉的一组人来开发行为锚定,基本步骤如下:首先,根据职位说明书确定重要的绩效维度和指标,设定绩效维度时需要获得这个小组中60%~70%的成员的同意。其次,运用简短的句子撰写一组涉及各种绩效指标的关键事件,即需要及不需要的行为。最后,确定每一个绩效等级与关键事件的对应关系,并为每个关键事件赋予数值,来代表行为是好的还是不好的。这种方法评估的是员工的行为而不是其他特性,通过明确每个绩效水平对应的行为,为评价者提供明确而客观的评价标准,能够在一定意义上克服图尺度评价法的缺陷,但开发和维护成本比较高,并且不同的岗位需要设计不同的行为锚定量表。

没有哪一种评估方法是最好的,在特定的情况下使用组合的绩效评估方法可能更明智。评估方法的选择与绩效评估的目的紧密联系在一起。管理者根据绩效考核的不同目的、不同种类的员工来选择绩效考核的方法。

3)绩效考核中的常见问题及应对

绩效考核对公共部门和私营部门的组织发展都具有极其重要的促进作用,各类组织都将其引入管理实践中,但是在具体的实施过程中,容易因制度问题和评分者问题,使绩效考核难以达到预期目的。

一方面绩效考核中容易出现制度问题,具体表现在:评分标准不够清晰、评价过于主观;缺乏目标任务计划,评价指标不清楚;方法不科学等。另一方面绩效考核会因评分者问题出现偏差,评分者的观念、能力、品德、责任心各有差异,难以监测,在一定程度上影响了考核结果的公平性和准确性。

因此,应当建立健全的绩效管理制度,制订详细的操作规则,减少考核主体评分的主观性;提高考核主体的考核能力和品行素质,降低考核主体考核中的误差;增进被考核对象的参与,提升考核的透明度。

7.4 绩效反馈与面谈

7.4.1 绩效反馈

1)绩效反馈的内涵与目的

绩效反馈是绩效管理中的关键一环,是绩效持续改进的重要动力。很多组织忽视了绩效反馈,从而影响了绩效考核的最终结果。绩效反馈是在绩效考核后,管理者与下属通过绩效反馈面谈,将考核结果反馈给下属,共同分析绩效不佳的方面与原因,并制订绩效改进计划的过程。绩效反馈的意义在于通过沟通反馈,提高绩效结果的可接受性,辅助被考核对象了解自身的问题与不足,促进被考核对象科学有效地制订下一阶段的任务目标,最终增强被考核对象自身的能力素质。

绩效反馈要达到两个目的:①把绩效考核结果反馈给员工;②与员工一起建立关于未来的计划,即确定员工下一步要达到的绩效目标。针对绩效考核中发现的问题,采取纠正措施。因为绩效是员工主、客观因素综合作用的结果,纠正不仅是对被考评者的,也需要对环境条件作出相应调整,以增进员工持续改进绩效的能力。客观、合理的考评结果可以真实地说明员工达到组织所期望的标准的程度,不足之处经过分析,可以成为有针对性的培训需求。绩效考评的结果可以使上级了解员工,管理者根据考核中获得的信息与员工进行面谈,并对员工进行适当、明确的指导,可以使员工的个人发展与组织目标的实现有机结合,从而达到提高绩效的目的。

2)绩效反馈的原则和方式

绩效反馈遵循经常性原则;对事不对人原则;多问少讲原则;着眼未来原则;正面引导原则;制度化原则等。绩效评估结果反馈前需要进行相关的准备,进行资料的搜集,安排面谈计划。

绩效反馈可以采用绩效面谈和绩效会议等正式反馈方式,也可以采用非正式反馈方式。

7.4.2　绩效反馈面谈

Walker 和 Smither(1999)认为,绩效反馈面谈对员工的绩效提高影响较大。跟下属见面讨论他们绩效的管理者与那些不跟下属见面讨论他们绩效的管理者相比,员工的绩效有更大的提高。

绩效面谈作为绩效反馈的主要方式,在绩效考核实施中不是可有可无的环节,一定意义上可以说是必不可少的环节。遗憾的是,很多管理者不重视绩效面谈。绩效面谈是管理者履行管理者的职能,担当教练角色去指导与帮助员工,充分发挥考核的培育个人成长和发展的回馈机能。

1)绩效面谈的概念与意义

绩效面谈是指主管与下属共同针对绩效考核的结果所做的看法交换与研讨。目的是通过他们的双向沟通,共同解决问题,让下属工作绩效得到提升,让组织的发展更健全。具体体现为以下三个方面:一是检讨过去,建立绩效改善方案,发现问题,改进工作。二是把握现在,维持现有绩效,给予认同,肯定激励。三是展望未来,建立绩效发展计划,了解期望,设定目标。

绩效面谈的意义在于体现对员工的尊重和激励,帮助管理者强化员工已有的正确行为;帮助管理者及其下属有机会通过制订绩效改进计划来克服工作过程所揭示出来的低效率行为;帮助管理者根据员工已经表现出来的优点和弱点,制订员工的培训和个人职业生涯发展规划。

2)绩效面谈的原则

绩效面谈遵循直接具体原则、互动原则、基于工作原则、分析原因原则和相互信任原则。表 7.3 详细列出了管理者在进行绩效面谈时,应该做哪些事情,不应做哪些事情,这些具体的建议是绩效面谈原则在实践中的具体化。表 7.4 给出了管理者在和不同的下级进行绩效面谈时可能采取的策略。管理者如果能够采纳这些建议和策略,绩效面谈的效果就会非常好。

表 7.3　绩效面谈的建议

绩效面谈时应当做的	绩效面谈时不应当做的
事先做好准备	教训员工
聚焦于绩效与发展	与工资和晋升一起谈论
具体解释考核结果	只强调表现不好的一面
确定今后发展的措施	只讲不听
思考负责人对下属发展的责任	过分严肃和对某些问题喋喋不休
强化理想的表现	期望在所有方面达成一致
重点强调未来绩效	与其他员工进行比较

表 7.4　面向不同下级的绩效面谈

这样的人	怎么谈
优秀的下级	鼓励;制订发展计划;莫急于许愿
一直无明显进步的下级	开诚布公;讨论现职位是否适合他;使其认识不足
绩效差的下级	具体分析原因;不要认定是个人问题
年龄大、工龄长的下级	尊重;肯定其贡献;耐心而关切;为其出主意
过分雄心勃勃的下级	耐心开导;用事实说明差距;不能只泼冷水;讨论未来发展的可能性和计划,但不要让其产生错觉;水到渠成
沉默内向的下级	耐心启发;提非训导性的问题;征询意见
发火的下级	耐心听完;尽量不马上争辩;找原因,冷静分析

3)绩效面谈的技巧

①绩效反馈面谈一般单独进行,设计一份面谈提纲,建立并维护彼此的信赖,营造一种可适合面谈的气氛。

②清楚地说明面谈的目的,针对特定事件具体而明确。

③鼓励员工说话,倾听而不要打岔,避免对立和冲突。

④集中在绩效而不是个性特征,集中于未来而非以往。

⑤优点和缺点并重,采用三明治法则,即先肯定被考核者的工作成绩,然后指出不足和有待改进的地方,最后给予鼓励和支持。

⑥切不可置身事外。

⑦不要在部属之间进行比较。

⑧该结束时立刻停止。

⑨以积极方式结束面谈。当对绩效差距部分进行面谈时,管理人员可采用“自我审查”的方法,以鼓励员工发现自己的绩效不足。

具体沟通时可以遵循 BEST 法则:Behavior description(描述行为);Express consequence(表达后果);Solicit input(征求意见);Talk about positive outcomes(着眼未来)。

4)绩效面谈的注意事项

针对绩效面谈的不同侧重点,管理者也需要注意一些具体的事项。促使员工认为绩效考评是公正的注意事项:如何使员工认为绩效考评是公正的:经常对员工的工作绩效做出评价;确信你对员工的工作绩效非常熟悉;确信你和员工对其工作职责和目标的看法是一致的;当你为员工制订绩效改善计划时,应当吸收他们一同来参加。

了解员工问题的注意事项:谈话内容绝对保密;完全接纳与容忍;建立信任关系;尊重当事人的意见与感受;任何后续处理措施均应取得当事人同意。

纠正员工问题行为的注意事项:针对问题而非个人;不可强迫对方承认犯错;以开明的态度聆听;强调你需要他的协助;采用员工自己所提的解决方案;不可期望一次见效。

纠正员工问题行为的步骤:清楚说出你所观察到的不良工作习惯;指出引起你关注的原因,说明影响及后果严重性;询问原因并以开放的态度聆听说明;强调必须改善的工作习惯,并请员工提出具体解决方案;请员工协助讨论每个提案;拟订具体行动及追踪日期。绩效面谈要做好充分的面谈准备,要注意避免冲突和对抗,要做好相关的书面记录,可以使用绩效沟通记录表。

制订绩效改进计划的步骤:分析员工的绩效考核结果,找出员工绩效中存在的问题;针对存在的问题,制订合理的绩效改进计划,并确保其能够有效地实施。在下一阶段的绩效辅导过程中,落实、实施已经制订的绩效改进计划,尽可能为员工的绩效改进提供知识、技能等方面的帮助。

7.5　绩效考核结果的应用

7.5.1　绩效考核结果应用的必要性

绩效考核本身不是目的,而是一种手段。绩效考核结果能否合理应用到公共部门人力资源管理实践中,关系到绩效考核本身的意义和价值,如果不能把考核结果作为人力资源培养、发展的途径,考核将无法完全发挥其具有的管理、激励、导向、监控、学习等功能。所以,考核结果的使用是考核工作的归宿和落脚点。考核结果的使用有其理论上的依据。

1)期望理论

将期望—行为努力程度—激励结果有机统一起来。

2)强化理论

强化组织期望的优异行为,负向强化、惩罚组织不期望的行为甚至消灭。

3)公平理论

通过绩效考核结果的应用,员工进一步获得公平感。

7.5.2　绩效考核结果应用的原则

1)客观公正原则

它包括两层含义:考核结果的应用必须依据考核的实际结果;考核结果的应用与其他方式方法之间必须平衡,即绩效考核结果与其所获得的激励程度应保持一致。

2)功能多向原则

它是指考核结果可以为公共部门人员的级别、职务、工资的调整和奖惩提供科学依据,也可以为公共部门在选拔录用、培训开发、职位分类、政策法规制定等方面提供反馈信息。

7.5.3　绩效考核结果应用的途径

公共部门人力资源绩效考核结果的用途是非常广泛的。我国公务员的考核等次为优秀、称职、基本称职和不称职四等定期考核的结果是调整公务员职位、职务、级别、工资以及进行公务员奖励、培训、辞退的依据。

1)考核与级别调整、职务升降

绩效考核结果的等次与级别的调整紧密关联,考核结果等次高可以晋升行政级别,不合格者可以降低行政级别,级别工资部分也作相应调整。我国《公务员考核规定(试行)》规定,连续3年被评为优秀或连续5年被确定为称职以上等次的,在本职务对应级别内晋升一级。年度考核被确定为基本称职等次的,对其诫勉谈话,限期改进;本考核年度不计算为按年度考核结果晋升级别和级别工资档次的考核年限;一年内不得晋升职务;不享受年度考核奖金。优秀等次的评定,当前的做法多为上级机关先向各单位和部门分配优秀比例和指标,再由各单位和部门推选上报。在这一过程中,往往出现各个公务员“轮流坐庄”,部门负责人或者“独揽”,或者“谦让”等情况。

绩效考核的结果为职务变动提供一定的信息。人员与职位的匹配程度高,相应的绩效水平较高;反之,绩效水平较低。把绩效考核的结果应用于职务变动,可以提高人员与职位的匹配程度。职务升降具有复合性,影响公职人员的权力、地位、荣誉、级别、工资等各个方面,对公职人员的激励作用最大。《公务员考核规定(试行)》规定,确定为称职以上等次，且符合规定的其他任职资格条件的，具有晋升职务的资格；连续 2 年被确定为优秀或连续 3 年被确定为称职，取得晋升职务的年度考核的资格条件；连续 3 年以上被确定为优秀等次的，晋升职务时优先考虑；年度考核被确定为基本称职等次的，1 年内不得晋升职务；年度考核被确定为不称职等次的，降低一个职务层次任职，本考核年度不计算为按年度考核结果晋升级别和级别工资档次的考核年限。

2）考核与薪酬调整

绩效考核的结果与薪酬调整紧密关联，这也是绩效考核结果最普遍的用途。为了增加薪酬的激励作用，个人的报酬中有一部分是与绩效挂钩的。同时，薪酬的调整往往也由绩效来决定，考核结果比较好的公职人员，可以得到工资增加的奖励，根据不同情况，既可以晋升工资档次，又可以晋升职务工资和级别工资。在我国，公务员在现任职务任期内，考核连续 2 年被确定为称职以上等次者，在其现任职务工资的标准内晋升一个工资档次；考核被确定为称职以上等次的，按照国家规定享受年度考核奖金，以其本年度 12 月份基本工资额为标准。

3）考核与奖惩

绩效考核结果与奖惩连在一起。奖惩不仅影响员工的名誉，惩罚还将影响到今后对受罚员工的评价，严重不满意的绩效水平甚至影响国家和员工之间的雇佣关系。公务员年度考核被确定为优秀等次的，当年给予嘉奖；连续 3 年被确定为优秀等次的，记三等功。公务员定期考核 1 年被确定为不称职者，应予以降职；连续 2 年被确定为不称职者，应予以辞退。

4）考核与培训以及绩效改进计划

通过绩效面谈等方式向员工反馈考核的结果，员工能够清楚地知道自己哪些地方做得好，哪些地方做得不够好，在下一个绩效计划的制订阶段提出改进的方向和措施。绩效考核的结果也可以用来衡量招聘、选拔和培训的有效性如何。公务员主管部门和公务员所在机关应根据考核情况，有针对性地对公务员进行培训。公务员培训情况、学习成绩作为公务员考核的内容和任职、晋升的依据之一。

事业单位工作人员在年度考核中被确定为合格以上等次的，按照有关规定晋升工资档次和发给奖金。职员连续 3 年考核被确定为合格以上等次的，具有晋升职务的资格；连续 2 年以上被确定为优秀等次的，具有优先晋升职务的资格。专业技术人员年度考核被确定为合格以上等次的，具有续聘的资格。工人连续 2 年考核被确定为优秀等次的，具有聘任技师的优先资格。年度考核被确定为不合格等次的，不发年终奖金，并予以批评教育。连续 2 年考核被确定为不合格等次的，根据不同情况，可予以降职、调整工作、低聘或解聘。连续 2 年考核被确定为不合格等次，又不服从组织安排或重新安排后年度考核仍不合格的，予以辞退。对年度考核实行告诫的人员，暂不兑现考核结果、待告诫期满，依据所定等次办理。

考核结果是续聘、解聘或者调整岗位的依据。事业单位受聘人员年度考核或者聘期考核不合格的，聘用单位可以调整该受聘人员的岗位或者安排其离岗接受必要的培训后调整岗位。岗位变化后,应当相应改变该受聘人员的岗位工资待遇,并对其聘用合同作相应变更。受聘人员无正当理由不同意变更的,聘用单位有权单方面解除聘用合同。

【本章小结】

绩效管理在公共部门人力资源管理中有着重要的功能和作用。从绩效、绩效考核、绩效管理的概念出发,本章提出了公共部门绩效管理活动应遵循的原则,阐述了公共部门绩效管理的流程,即绩效计划制订、绩效实施、绩效考核、绩效反馈以及绩效结果应用等完整的PDCA循环。重点探讨了绩效实施中运用目标管理法、平衡计分卡、关键绩效指标法建立绩效指标体系的步骤,绩效考评指标的要求、绩效考评标准的建立以及绩效指标权重的设定方法。在进行绩效考核时,绩效考核主体的选择必须遵循相应的原则并对考核主体进行培训。绩效考核的方法分为相对评分法和绝对评分法两种,其中相对评分法主要有排序法和强制分布法,绝对评分法包括图尺度评价法、关键事件法、行为锚定等级评价量表法。最后,介绍了绩效反馈面谈的原则、技巧和注意事项以及绩效考核结果的应用途径等。

【案例分析】

【案例7.1】美国联邦政府高级公务员绩效考核体系

1.考核内容与权重

考核内容分为5项关键要素:①领导变革。从能否建立并实施体现组织使命、核心价值观、战略的组织愿景,能否准确预测和把握环境变化的情况并据此作出相应的调整等角度对高级公务员进行考核。②领导人员。其考核标准主要是能否设计并实施能最大限度地挖掘下属潜能的策略、确保下属绩效计划与组织使命、目标相一致等。③运营管理。考核的是高级公务员能否运用有效的管理工具与手段对财务、人力资源等进行管理,从而赢得公众的信任并推动组织使命的完成。④建立联盟。其考核标准是能否与组织内外部的利益相关者建立良好的关系、获得足够支持等。⑤结果驱动。就是考核高级公务员是否完成了既定的目标与任务,尤其是与所在机构的使命、愿景和战略目标相关的、具体的工作,其权重不得低于20%。高级公务员个人绩效目标的设定以其所在机构的战略为基础,结合高级公务员的工作职责,确保组织的战略能够通过高级公务员的绩效目标落到实处。其他关键要素的权重不得超过它,最低为5%。

2.考核主体

主要有两个考核主体:上级和绩效审查委员会。上级主要是对高级公务员的绩效进行初步考核,并将考核结果反馈给被考核者。如果高级公务员对初步考核结果有异议,可以在将考核结果上交绩效审查委员会之前申请更高层次的审查。更高层次的审查虽然一般不能改变初步考核的等级,但是可以向绩效审查委员会提出改变原来的考核等级的建议。为了保证绩效考核的一致性和客观性,各机构必须成立绩效审查委员会来对每一位高级公务员的初步考核结果进行必要的附加审查,并就其绩效考核的总体评级、津贴和薪酬调整等情况向委任高级公务员的领导提出书面建议,形成年度考核结果。

3.考核周期

美国联邦政府高级公务员绩效考核是对年度绩效情况作出的总体评价。各机构的考核周期一般从10月1日起至第二年的9月30日。另外,由于绩效结果无法在短时间体现出来,高级公务员考核系统还规定了90天的最短考核周期。如果已经掌握了足够多的资料,那么在达到最短绩效考核周期的要求后,各机构可以随时考核高级公务员的绩效。同时,由于新任职的高级公务员需要一定的时间了解和适应工作,高级公务员考核系统规定在职业高级公务员履新的120天内,不得对其进行绩效考核。此外,每个高级公务员必须在绩效考核周期内至少接受一次绩效回顾,并需被告知如何更好地执行绩效计划。

4.考核方法

采用行为锚定法,界定每一个等级绩效的标准行为,简便易行。共有5个绩效考核等级:一级(不称职)、二级(基本称职)、三级(完全称职)、四级(非常称职)、五级(杰出)。

考核主体在对高级公务员进行考核评价时需要将其表现与行为标准进行仔细对比,确定每个关键要素的等级,并匹配相应的分值。其中,五级为5分,四级为4分,三级为3分,二级为2分,一级为0分。在计算高级公务员的考核总得分时,则按照以下方法:如果该高级公务员在某关键绩效要素被评为一级(不称职),则总体考核亦为一级(不称职)。如果没有任何关键要素被评为一级,则需要将每一关键要素的得分乘以分配给该要素的权重并加总,得出该高级公务员的初步考核总分。初步考核的总分需要按照如下规则转换为对应的考核等级,475~500分对应五级,400~474分对应四级,300~399分对应三级,200~299分对应二级。

5.考核结果应用

考核结果主要用于调整薪酬、授予奖励、确定培训需求以及调整职位等方面。在调整职位方面,如果高级公务员的绩效考核结果欠佳,相关机构必须采取以下措施:①重新安排、调动或解聘最终评级为一级的高级公务员;②解聘三年期间内至少两次最终评级低于三级(即两次二级或二级和一级各一次)的高级公务员;③解聘五年内两次最终评级为一级的高级公务员。

案例讨论:

1.如何评价美国联邦政府高级公务员的绩效考核体系?

2.美国联邦政府高级公务员的绩效考核体系对我国公共部门人力资源的绩效管理有何启示?

3.我国公共部门应如何借鉴美国联邦政府高级公务员的绩效管理规定?

【思考与练习】

1.绩效考核与绩效管理有何区别?

2.绩效管理具有怎样的功能和作用?

3.什么是绩效计划?绩效计划的制订经过哪几个阶段?

4.绩效指标的内涵以及绩效指标应满足怎样的要求?

5.绩效标准的含义以及制订绩效标准的方法有哪些?

6.设计绩效指标权重的方法有哪些?

7.如何运用目标管理法设计绩效指标?

8.运用平衡计分卡设计绩效指标的具体步骤是什么?

9.关键绩效指标的内涵及要求是什么?

10.绩效考核的主观误差有哪些?如何降低绩效考核中的各种主观误差?

11.绩效考核常见的方法有哪些,在实际工作中应如何选择绩效考核的方法?

12.绩效面谈遵循哪些原则和技巧?

13.绩效考核的结果应用体现在哪些方面?

14.请结合我国公共部门人力资源绩效管理的现状、问题,思考如何提高我国公共部门人力资源绩效管理的水平?

【扩展阅读】发挥干部考核的指挥棒作用

党的十八大以来,中央明确提出要完善干部考核评价机制,促进领导干部树立正确政绩观。习近平总书记强调,干部考核要在协调推进"四个全面"战略布局中发挥重要作用;要改革和完善干部考核评价制度,用好考核结果,解决突出问题。这为进一步加强和改进干部考核工作提供了依据。建立科学规范的考核评价机制,必须形成更加鲜明的用人导向,切实发挥干部考核的指挥棒作用。

坚持干什么考什么,突出干部考核评价工作的导向性。坚持把政治标准放在首位。客观评价工作实绩。按照统筹推进"五位一体"总体布局和协调推进"四个全面"战略布局的要求,牢固树立并切实贯彻创新、协调、绿色、开放、共享的发展理念,合理设置实绩考核评价指标和权重。既注重考核内容的全面性,看领导班子推进经济、政治、文化、社会、生态文明建设和党的建设等各方面工作成效,又注重考核内容的个性化,看解决本地区本部门改革发展中突出矛盾和问题的成效。考核评价干部不仅要看经济建设取得的成绩,同时还要看落实社会保障、保护生态环境、发展教育医疗等民生事业的情况,充分体现发展速度与发展质量效益相统一、激励性与约束性相统一的要求。实行分级分类考核。注重分析把握不同区域、不同行业、不同级别、不同年龄段干部的特点,解决"上下一般粗""左右一个样"的问题。按照职能相近、工作相近的原则,区分党群政务、经济管理、社会服务、科研院校等单位类别,在体现共性要求的基础上各有侧重,分级分类设置突出工作特点和岗位职责的考核评价指标。

把功夫下在平时,真正发挥考核评价在干部工作中的基础性作用,建立干部日常考评档案,健全干部考评数据库,强化综合分析研判。

考用结合、以用促考,让干部考核评价由"软指标"变成"硬杠杠"。要强化考核评价结果的综合运用,把考核评价与激励干部、监督干部、推进干部能上能下有机结合起来。要把考核结果作为领导班子建设和领导干部使用的依据,畅通干部"下"的渠道。明确不胜任现职干部的认定标准,明确不称职、不胜任现职领导干部的概念、标准和认定依据,对群众反映问题较多的单位主要领导进行约谈或函询,对在年度考核中不称职票超过三分之一、工作不在状态的干部进行诫勉谈话,根据情况作出调岗、降职、降级等处理。

强化主体责任,形成干部考核评价工作整体合力。干部考核工作的质量与目标实现,关键在于考核主体作用的发挥和考核能力的提升。要强化各级党组织的领导责任,加强对干部考核评价工作的统一领导和统筹协调,整合考核力量,归并考核项目和种类,减少"一票否决"事项,防止多头考核、重复考核。

第 8 章　公共部门薪酬管理

【知识目标】

1.定义薪酬管理、薪酬调查、职位评价。

2.定义薪酬结构、薪酬水平、内部公平、外部公平。

【能力素质目标】

1.描述薪酬管理的一般流程。

2.描述薪酬调查的基本方法。

3.描述职位评价的基本方法。

4.描述薪酬结构的设计方法。

5.阐述薪酬管理的价值。

6.解释薪酬管理的技术要领。

8.1　公共部门薪酬管理概述

8.1.1　公共部门薪酬管理的内涵

1)薪酬的概念与实质

薪酬是一个综合性的范畴,广义薪酬是指员工基于雇佣关系从组织得到的所有利益的总和,不仅包括物质利益,如货币和可以折算为货币的实物;也包括非物质利益,如表扬、晋升、受到尊重的社会地位等带来的心理满足。狭义薪酬是指员工因为劳动贡献从雇主那里获得的货币和实物形式的补偿,包括货币形式的财务回报和非货币形式的各种福利。本章从操作层面介绍薪酬管理,采用的是狭义薪酬的概念。

公共部门薪酬是公职人员在为组织目标和顾客需求提供所需的行为和服务时,从组织获取的工资、奖金和其他经济性补偿或间接性货币收入。对于公职人员来说,薪酬是其付出劳动和提供服务的回报或交换,是对个人人力资本使用的报偿,是个人经济收入和经济安全的主要来源,也是维持个人和家庭生活的重要决定因素之一。

从本质上讲,公共部门薪酬只是一种分配手段和交换关系。从生产力角度看,它是组织在管理、服务或其他经济活动中投入的活劳动的货币资金表现形式,是服务最终成本的构成要素。从生产关系角度看,它是社会分工后不同经济主体间的资源交换,是微观层面收入分配和再分配的结果。

2)公共部门薪酬的分类与组成

公共部门薪酬由工资制度、福利制度和保险制度组成。根据全面薪酬的理念,薪酬不仅包括组织向员工提供的经济性的报酬与福利,还包括为员工创造的良好的工作环境以及工作本身的内在特征、组织的特征等所带来的非经济性的心理效用。依据薪酬的功能,可以将公共部门薪酬划分为基本薪酬和辅助薪酬,基本薪酬是计算其他报酬的依据,也是薪酬的主要内容;辅助薪酬是对基本薪酬的补充和调节。依据薪酬的取得方式,可将薪酬分为直接薪酬和间接薪酬。依据薪酬的表现形式,可将薪酬分为货币性薪酬和非货币性薪酬。依据薪酬的发生机制,可将薪酬分为外在薪酬和内在薪酬(见图 8.1)。

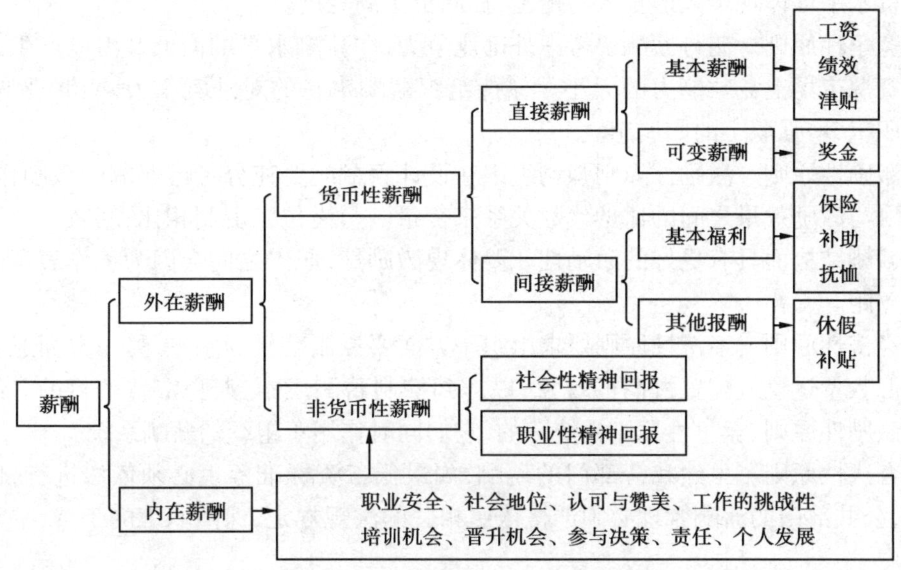

图 8.1　公共薪酬的分类结构

3)公共部门薪酬管理的作用与原则

公共部门薪酬管理是指公共部门根据自身的发展战略和目标,依据国家政策和法律,并综合各方面的因素,确定薪酬策略并付诸实施的整个过程。在这个过程中,组织就薪酬水平、薪酬体系、薪酬结构、薪酬构成以及特殊员工群体的薪酬等方面的内容做出决策。

(1)公共部门薪酬管理的功能

公共部门薪酬管理的功能注重以下 3 种激励机制的综合运用:

①保障功能。发挥薪酬的物质机制,补偿公职人员在工作过程中体力和脑力等的消耗,维持劳动力的再生产;鼓励职工进行自我教育开发投资,提高自身素质,从而更好地

完成工作;保障公职人员在抚养子女和赡养老人等方面的家庭支出。

②激励功能。发挥薪酬的精神机制,通过肯定职工在工作中的表现,促进个人的发展,体现人本主义观念;增强职工荣誉感,鼓励职工积极向上,为公共部门战略目标的实现持续奉献力量。

③调节功能。发挥薪酬的杠杆机制,引导人才的合理流动,使人才从不急需或过剩的行业、部门、地区流向人才急需或者紧缺的行业、部门或地区;通过薪酬调整,吸引优秀人才进入公共部门,留住部门运行和发展所需的关键人才;调节公共部门内部的报酬分配关系,协调个人、公共部门甚至国家之间的利益关系。

(2)公共部门薪酬管理的原则

①公平性原则。公平性原则指薪酬分配要做到合理与平等。传统"大锅饭"式的平均主义薪酬分配,没有体现工作的价值,也没有体现各员工的效率,恰恰是不公平的表现。薪酬的公平性包括:内部公平性,即设定合适的工资水平以适合职务的内在价值;外部公平,即设定合适的工资水平以适应人力资源市场的供求关系;个人公平性,即设定合适的工资水平以体现个人的投入与产出,提高员工满意度。

②竞争性原则。制订薪酬要考虑外部竞争力,即薪酬水平的高低及由此产生的组织在人力资源市场上竞争能力的大小。保持组织薪酬水平的对外竞争力,能够吸纳、保留和激励职工,增强职工的归属感。

③激励性原则。激励性原则强调组织在设计薪酬时要充分考虑薪酬的激励作用,可以用薪酬与激励效果之间的比例代数关系来衡量。与岗位工资制相比,绩效工资制采用不同的薪酬结构而具有更好的激励性。要体现激励性,职工之间会因为工作表现的差异而拉开差距。

④经济性原则。经济性原则要求组织一方面要控制薪酬的水平,另一方面避免出现人力资源数量过剩或配置过高的现象,以达到控制薪酬成本、避免浪费的目的。经济性原则与激励性原则、竞争性原则是统一的,它们同时作用于组织的薪酬系统。

⑤合法性原则。虽然私营部门的薪酬,如最低工资标准等也必须依法进行,但是相比而言,公共部门的薪酬管理必须严格依照相关的法规规定,保障职工的工资、福利和保险待遇。

4)公共部门薪酬制度组合

薪酬制度是指为进行薪酬支付而建立的一套薪酬收入分配的规章制度、措施和所采用的各种分配形式的总和。公共部门人员的薪酬制度是公共部门人力资源管理中重要的环节之一,它对行政效率和效能的提高发挥着至关重要的作用。公共部门薪酬制度主要包括基本薪酬制度、保险制度和福利制度。

(1)基本薪酬制度

基本薪酬是依据员工的劳动熟练程度、工作的复杂程度、责任大小、工作环境、劳动强度和不同工作在国民经济中的地位,并考虑劳动者的工龄、学历、资历等因素,按照员工实际完成的劳动定额、工作时间或劳动消耗而计付的劳动报酬。

我国现行的基本薪酬制度体系中,国家机关实行职级薪酬制度,事业单位按照专业技术人员、管理人员和工人实行不同的薪酬制度(见图 8.2)。

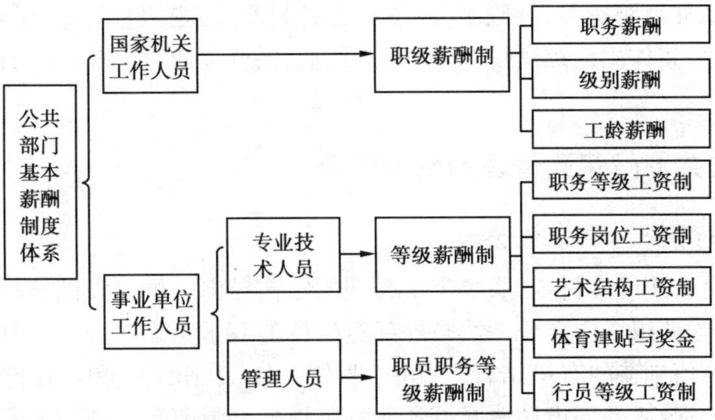

公共部门基本薪酬制度体系
- 国家机关工作人员 → 职级薪酬制：职务薪酬；级别薪酬；工龄薪酬
- 事业单位工作人员
  - 专业技术人员 → 等级薪酬制：职务等级工资制；职务岗位工资制；艺术结构工资制；体育津贴与奖金
  - 管理人员 → 职员职务等级薪酬制：行员等级工资制

图 8.2　公共部门基本薪酬制度体系

(2)保险制度

保险是一种补偿风险损失,从而减轻损失程度的经济方法,它依据大数法则和概率论的原理,通过保险人与被保险人签订合同,或者按照国家有关法律规定,收取保险费,建立专门用途的后备基金,用于补偿自然灾害、意外事故等给被保险人带来的经济损失,从而维护和调节经济,使其正常运行,保证社会的安定和发展。

①养老保险。长期以来,我国公共部门实行退休养老制度。2015 年,国务院发布了《关于机关事业单位工作人员养老保险制度改革的决定》,规定基本养老保险费由单位和个人共同负担,标志着我国存在了近 20 年的养老金双轨制的谢幕,意味着机关事业单位人员实行和企业职工一样的基本养老保险制度。

②失业保险。失业保险是一种保障劳动者在失去劳动机会和收入来源后,获得经济帮助,从而维持基本生活水平的社会机制。失业保险的待遇主要包括失业基本津贴、失业救助金、附加失业津贴和补充失业津贴等。

③医疗保险。医疗保险是为了补偿劳动者因疾病风险造成的经济损失而建立的一项社会保险制度。国家和社会给予因患病而丧失劳动力和收入来源的劳动者一定的医疗服务、假期和收入补偿,以帮助其恢复劳动能力。当前,医保并轨是改革的大方向,包括城乡医保并轨和公费医疗与医保的并轨。

④工伤保险。工伤保险是指对因工受伤,包括职业病造成的伤害,而暂时或永久失去劳动能力的劳动者给予经济补偿和帮助,保证其基本生活的社会机制。工伤保险的待遇主要包括医疗服务、短期负伤津贴、残障抚恤金、丧葬费与遗属抚恤金等。

⑤生育保险。生育保险是指妇女因怀孕、分娩等生育行为而暂时丧失劳动能力、失去收入来源时给予其物质帮助的保险制度。给予的待遇包含医疗服务、生育假期、生育津贴、新生儿补助等。

(3)福利制度

公共部门的福利是由各单位根据自身经济实力、管理目标和员工的不同需要自主建立的,不同单位在内容上可能存在较大的差别。我国现行的公职人员福利主要包括:福利补贴、补助,如生活补助、上下班交通费补贴、冬季取暖补贴、通信补贴等;探亲制度,享受探亲假和报销往返路费等;休假制度,享受工时制度、法定假日休息、带薪年休假、延时工作加倍报酬等;集体生活福利设施,如员工食堂、保育设施、员工住宅、其他文化娱乐设施等。

8.1.2 公共部门薪酬管理的影响因素

1)公共部门薪酬要素假设

薪酬要素是薪酬的支付依据,决定了薪酬的结构导向。根据布朗德战略导向的薪酬管理思想,薪酬强调组织内部公平性与外部竞争性的双重考虑,是与组织的所有职位、职工能力和业绩价值创造的有机结合。其中,职位责任、工作绩效和工作能力是基于内部公平性的参考要素,而外部市场情况是外部竞争性的参考要素。布朗德薪酬设计价值分析四叶模型说明了公共部门在设计薪酬时必须考虑的价值因素,进而通过评估确定相应因素的薪酬支付标准(见图 8.3)。

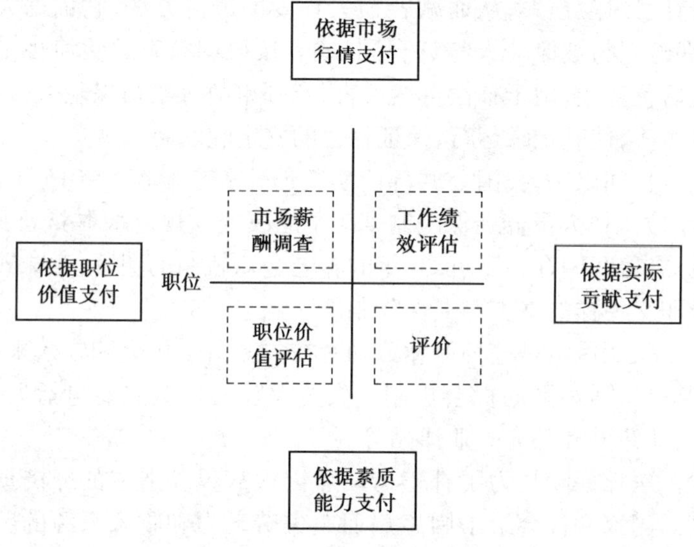

图 8.3 布朗德薪酬要素四叶模型

2)影响公共部门薪酬的外部因素

(1)人力资源市场状况

对特定地理区域内的公共部门来说,与部门内部特定职位相关的外部职位的平均薪酬水平,是招录和保留该职位的合格人员所应支付的一般薪酬。主要有两个市场因素决定薪酬水平,一是公共部门内部相关职位的薪酬水平和劳动力供给状况,二是市场上营利性组织与非营利性组织劳动力的替代性。

(2)地区生活指数

我国经济发展水平呈现明显的地区差别,发达地区与欠发达地区的生活费用、物价水平都存在明显的差距。公共部门在进行薪酬管理的时候需要考虑当地的生活费用指数以及消费习惯,保证职工及其家庭获得维持生活费用的基本需要。同时,薪酬设计要考虑通货膨胀因素,对薪酬进行周期性的调整。

(3)劳动生产率水平

劳动生产率水平是衡量生产力水平的重要指标,对一个地区而言,劳动生产率越高,生产力水平就越高,薪酬水平必然也越高。同时,地区间的产业结构也存在较大的差别,行业和产业间的薪酬水平也存在较大的差距。这些都是公共部门进行薪酬管理需要考虑的因素。

(4)法律法规与政府政策

政府制定的各种影响薪酬的政策和法规,包括对职工最低工资法、职工收入所得税的比例、反歧视工资法、工资指导线等制度,也包括职工特殊保护、员工的退休、养老和医疗保险等方面的规定。这些薪酬调节措施主要是为了协调人力资源供求关系,发展和完善人力资源市场,引导人力资源的合理配置和使用。

3)影响公共部门薪酬的内部因素

(1)财政拨款类型

财政拨款是指政府无偿拨付给企事业单位的资金,通常在拨款时明确规定了资金用途。其资金来源一般为本级政府的财政收入,一般用于公共事业。根据资金的供给方式分为全额拨款和差额拨款两类。在事业单位改革中,全额拨款属于公益类,是保留的对象,而差额拨款属于公益二类甚至三类,其会逐渐减少财政拨款,向自收自支过渡。财政拨款的类型直接影响部门的薪酬水平。

(2)组织的支付能力

组织的支付能力一方面取决于组织人力、物力和财力的投入所能带来的利益与产生的价值,另一方面也取决于组织的资本结构、职工的结构类型以及用于再投资的金额等。组织的支付能力则是职工薪酬水平的上限。更大的资产规模、良好的经营运行绩效都能够为组织提供更高的薪酬预算,也会影响职工的薪酬水平。

(3)组织的战略与文化

组织的战略、制度和文化都是影响薪酬的因素。市场领先型、跟随型、成本导向型以及混合型等策略会提供不同水平的薪酬;组织薪酬制订和实施的公平性和透明性程度,如在管理中坚持以人为本理念的组织往往倾向于强化内在薪酬对职工的激励作用,而弱化对外在薪酬的控制。

4)影响公共部门薪酬的个人因素

(1)职位级别

部分组织根据职工在组织内部所任职位的责任大小和重要程度,即该职位对组织所承担的责任的大小,将职位分为不同的级别,采取职位责任制进行薪酬支付。由于非营利性公共部门的活动涉及公共利益,因此,工作责任在薪酬结构体系中占有重要地位。

(2)工作能力

工作能力是指职工在完成工作目标过程中所需要的能力,组织根据所需知识、能力和经验的多少及相对重要性进行薪酬支付。工作能力与个人的教育程度、认知水平、专业等级等紧密相关，包括看得见的行为和表现出来的语言形式，如表达能力、逻辑思维能力、人际沟通能力、影响力等，工作能力在工作中体现出来，对工作目标的达成有重要影响。

（3）工作绩效

工作绩效是职工根据组织目标，实际工作达成的效果，即为组织贡献业绩的多少和重要程度。组织根据职工的绩效进行支付，一方面可以确定职工的可变薪酬，另一方面实现了组织目标的传递和分解。通过强化绩效，可以使薪酬分配更加公平合理，激励职工不断改进绩效，发挥更大的潜能，做出更大的贡献。

（4）工作年限

组织按照职工的工作年限，即职工的工作经验和劳动贡献的积累，给予经济补偿。虽然工龄工资的金额不是很高，但有利于体现“论功行赏”的原则，可以提高职工的工作积极性，减少职工的流失率。

8.1.3 公共部门薪酬管理的模块与边界

在薪酬管理过程中，组织根据职工提供的劳动或服务，确定他们应当得到的报酬总额以及报酬的结构和形式。不同的薪酬形式对应的不同的薪酬要素，有所侧重地执行和体现薪酬的特定职能。根据职位价值和任职资格确定特定职位的薪酬等级，进而确定基本薪酬，服务于组织的成长；根据职工的实际贡献以及职位的贡献确定成就薪酬，服务于组织的持续发展；根据员工的业绩和职位的价值确定奖励薪酬，以提高组织的效率；以国家政策和社会生活水平确定附加薪酬，以达到稳定职工的目的。

1）公共部门薪酬管理的模块

根据薪酬结构的划分，可以将薪酬管理职能划分为不同的模块，简要描述薪酬管理的日常主要职责和工作内容，提示不同职能板块存在的主要问题和注意事项，以实现薪酬外部的公平性、内部的公平性以及管理过程的公平性等薪酬管理目标。

（1）薪酬体系管理模块

薪酬体系是指薪酬的构成和分配方式。薪酬体系管理主要是确定组织的薪酬体系由哪些部分构成，以及如何确定各个体系之间的比例关系。

首先，组织必须明确组织薪酬体系的构成。一般而言，职工的薪酬包括基本薪酬（即本薪）、绩效薪酬（如奖金）和间接薪酬（如福利等）。

其次，组织必须明确各类薪酬之间的比例。如将基本薪酬和绩效薪酬、固定薪酬和浮动薪酬、直接薪酬和间接薪酬的比例确定为类似6∶4、7∶3、8∶2的关系。

最后，组织还必须明确每一类薪酬的依据。如在制订基本薪酬的时候，需要明确是以工作为基础还是以人为基础，前者表现为职位工资制，后者为技能工资制或能力工资制。

（2）薪酬水平管理模块

薪酬水平是指组织内部各类职位和职工平均薪酬的高低状况，反映了薪酬的外部竞争性。薪酬水平管理就是对组织中各部门、各职位及整个组织平均薪酬数额或水平的确定和调整过程。

首先,要根据组织战略和外部市场的薪酬调查结果,确定本组织合适的薪酬战略和薪酬水平,如整体薪酬水平的领先型、跟随型、滞后型或混合型策略,从而保持组织对核心员工及外部优秀员工的吸引力。

其次,组织要在薪酬结构、等级要素和构成要素不变的情况下,适时调整薪酬结构上每一等级或每一要素的数额。薪酬水平的调整主要依据人力资源市场、绩效、职位和能力等要素。

最后,组织需要确定薪酬总额以及个体薪酬的正常增长机制。主要反映通货膨胀、物价指数、组织效益的增长,以及个体技能的精进和业绩的增长等。

(3)薪酬结构管理模块

薪酬结构是指在同一组织内不同职位或不同技能职工薪酬水平的排列形式,强调薪酬水平等级的多少、不同薪酬水平之间级差的大小以及决定薪酬级差的标准,它反映了组织对不同职务和能力的重要性及其价值的看法。薪酬结构管理应该注意两点:一是制订过程要科学;二是薪酬之间的差异要合理,以调动员工的工作积极性,管控职工的流动性。

薪酬结构管理的内容之一是组织内部的不同职位所得到的薪酬之间的关系,如管理类、技术类、执法类、研发类、后勤类不同职位类别在薪酬总额以及各个薪酬构成体系之间关系如何确定才能做到横向公平。

薪酬结构管理的内容之二是组织内部的同一职位之间薪酬的关系,如职能管理类人力资源管理、行政管理、财务之间薪酬的相关关系。这种关系对横向公平感具有直接的影响,对职工的工作积极性影响很大。

(4)薪酬形式管理模块

薪酬形式管理主要考虑总薪酬的各个组成部分的支付形式和支付周期。因为职工的总薪酬通常包括直接薪酬和间接薪酬,薪酬的支付形式,如货币、公积金以及实物、培训、带薪休假和保险等形式,对不同级别的职工有不同的意义,他们对此的需要在排序上有很大的差异。另外,不同职工对薪酬的支付周期也具有不同的需求。

(5)薪酬模式管理模块

由于组织结构和职位类别的复杂性,现代组织一般实行组合薪酬制或结构薪酬制,即对组织内部的不同人员实行不同的薪酬体系和形式组合。例如,对管理类人员实行“基本工资+岗位工资+绩效工资”制度,对生产、维修类人员实行“基本工资+计件工资”制度,对高度市场化的职位人员实行“佣金制”等。薪酬模式管理需要对不同职工的薪酬模式做出详细界定,对不同级别的薪酬组合和等级差距做出具体的规定。

2)公共部门薪酬管理的作用边界

按照模块划分的方式,组织人力资源管理主要包括人力资源规划、招录与配置、培训与开发、绩效管理、薪酬管理和劳动关系管理等职能,这六大职能相互连接形成一个完整的人力资源管理系统。薪酬管理是人力资源管理体系中最敏感、最系统、矛盾最集中、技术要求最高的环节,是整个人力资源管理系统以及组织运营和变革过程中的重要组成部分,它与其他人力资源管理职能共同构成了组织使命、愿景以及战略目标实现的重要基石。

薪酬管理必须与其他人力资源管理职能有效对接、密切结合才能发挥出最大的效用,深入讨论薪酬管理的作用边界有两点原因:一是薪酬管理处于个体和组织人力资源管理流程的末端,在性质上属于事后管理环节,杠杆作用最大;二是薪酬管理对上游各个管理模块具有巨大的行为强化和引导功能,也必然受到上游各个职能管理环节的影响。

(1)薪酬管理与人力资源规划

人力资源规划从属于人力资源战略和组织发展战略,是指组织根据发展战略、目标以及内外环境变化,科学地分析和预测未来组织对人力资源的需求和供给,并据此制订或调整相应的政策和实施方案,以确保组织在恰当的时间、在不同的职位获得恰当人选的动态过程。人力资源规划是否合理直接决定着薪酬管理是否能有效执行。

首先,组织的战略会影响薪酬管理。例如,引诱型、投资型及参与型等不同的人力资源管理战略会对组织的薪酬水平和形式产生重大影响,投资型人力资源战略下的薪酬总体水平更高,职工的培训费用较高。

其次,人力资源规划本身会影响组织的薪酬水平。人力资源规划大致分为数量规划、质量规划、结构规划三个方面,这三种规划在数量、质量和结构上的不同侧重会使得薪酬水平、结构和形式的要求存在较大差异,最终体现为薪酬等级和总额上的差异。

(2)薪酬管理与职位设计体系

现代组织强调“因事设岗、因岗择人、按岗付酬”的管理原则,组织的组织结构、部门结构、职位结构和职位责任分解和设置的科学性会直接影响组织的职位薪酬的结构、等级和水平的科学性。基于职位的薪酬体系依赖于科学、客观的职位分析和职位评价。

首先,职位分析形成的职位说明书描述了每一个职位的工作性质、工作内容、工作联系,也明确规定了职位的职责、任务和绩效标准等,为进行职位价值评估、确定薪酬等级和进行薪酬等级的合并提供了依据。

其次,职位分析形成的任职资格说明书阐明了任职者为圆满完成此职位工作所必须具备的知识、技能和能力,即任职资格要求是进行员工任职能力评估和员工薪酬等级定位的基础。在此基础上,组织围绕任职资格说明书建立任职资格体系、工作评级标准及办法。

(3)薪酬管理与招聘安置体系

招聘是指组织为了发展的需要,根据人力资源规划和职位分析的要求,寻找、吸引那些有能力、有意愿到本组织任职的人员,并从中选出适宜人员予以录用的过程。组织的薪酬管理与职工的招聘和安置存在紧密的联系。

首先,组织提供的薪酬水平是人才选择工作时考虑的重要因素之一,较高的薪酬水平有利于吸引大量的应聘者,从而提高招聘的成果概率和效率。较高的薪酬水平能够向人力资源市场传递本组织在工作环境、文化氛围、人际关系和发展前景等方面的积极信号,能够吸引高素质的人才,甚至减少培训开支。

其次,科学的薪酬管理有助于实现职工的合理配置。在一个等级制度中,每个职工趋向于上升到他所不能胜任的职位,为了避免这种“彼得高地”现象,薪酬水平就需要注重按绩效和素质付酬而非按岗位付酬。薪酬管理还要为职位轮换提供空间,使职工发现自己的职业兴趣,安心地长期保持在他能够发挥最大效用的职位上,发挥人力资源的最大效用。

(4)薪酬管理与职业生涯开发体系

职工培训、职业生涯开发以及薪酬都属于组织的激励手段,是组织动员职工、提高职工积极性和活力的源泉。不同的薪酬体系、薪酬水平、薪酬结构会促使职工将自己的目标和组织目标之间进行对比,找出差距与不足,重新设计新的职业生涯规划,使之更符合自身状况和实际情况。

首先,职工通过培训,个人技能或职称通常情况下会有所改变,会促进个人绩效和组织绩效的提高,从而产生更高薪酬水平的需要。组织需要对培训后的能力进行认定,在如何不打破整个薪酬体系和薪酬总额的均衡等问题上进行全面的分析和权衡。

其次,通过薪酬管理,将职工的个人职业发展与组织战略结合起来。通过薪酬设计,让职工理解组织的发展战略和报酬决定因素,唤起职工对职业生涯的重视,发挥自己的优势,补足弱点,从而促进组织战略的实现。

(5)薪酬管理与绩效管理体系

劳动是经济学中重要的投入三要素之一,而薪酬是对劳动的定价。一方面,薪酬要保证劳动力生存和再生产的需要;另一方面,薪酬是提升个人绩效和组织绩效水平最关键的因素。薪酬管理在以绩效管理为核心的人力资源管理中占有重要地位,是企业达成吸引、保留、激励人才的重要手段,是“创造—评价—分配”价值的重要环节。

薪酬管理和绩效管理之间是一种互动的关系。一方面,绩效管理是薪酬管理的基础之一,激励薪酬的实施需要对员工的绩效做出准确的评价;另一方面,针对员工的绩效表现及时地给予不同的激励薪酬,也有助于增强激励的效果,确保绩效管理的约束性。根据绩效管理模型,影响绩效的主要因素是职工技能、外部环境、内部条件和激励效应。薪酬的保障作用可以提高员工的技能,薪酬的激励作用可以充分实现激励效应,因此薪酬管理对绩效提升具有非常重要的作用。

8.2　公共部门薪酬管理的方法与操作

为了实现薪酬管理的基本职能,公共部门薪酬管理必须遵循科学的理论与方法,制订规范的操作流程。薪酬管理处于人力资源管理流程的末端,受到上游各管理模块环节的影响,同时也对上游各个管理模块具有巨大的行为强化和引导功能。根据公共部门薪酬管理的外部竞争性、内部公平性、绩效的公平性与薪酬管理过程公平性的目标,薪酬体系、薪酬水平及薪酬结构等模块是薪酬管理的重点,需要人力资源管理各环节提供技术和信息支撑。

在公共部门薪酬管理的一般流程中,根据组织战略分解设定组织结构,确定部门职能,形成薪酬战略和绩效战略;进而进行外部薪酬调查、绩效评价,开展职位分析和职位评价,形成薪酬体系、水平、结构以及政策和制度(见图 8.4)。本节主要介绍薪酬调查和职位评价(技能和能力评价)以及薪酬结构设计的基本方法和操作。

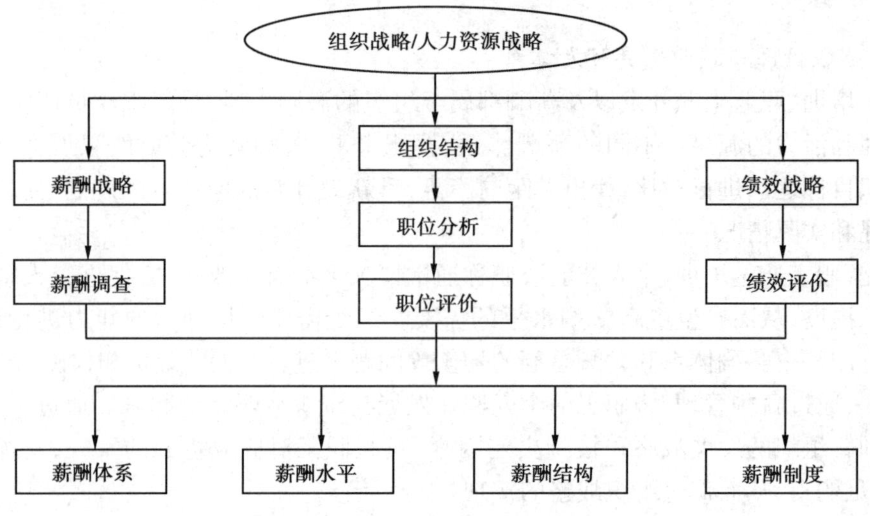

图 8.4 公共部门薪酬管理的一般流程

8.2.1 薪酬体系与职位评价

薪酬体系是指薪酬的构成和分配方式。从总体上来看,组织可以从职位、技能、能力 3 种要素之中选择其一作为薪酬支付的依据,可以将以职位为基础确定基本薪酬的薪酬系统称为职位薪酬体系,将以技能和能力为基础确定基本薪酬的薪酬系统分别称为技能薪酬体系和能力薪酬体系。当前,技能和能力薪酬体系逐渐体现出对现代组织的适用性,但职位薪酬体系仍然具有很强的实用性,在薪酬决策中具有不可替代的作用。在组织中,职位薪酬体系的采用远远超过技能薪酬体系和能力薪酬体系,因为即使采用了技能和能力薪酬体系,仍然要依赖职位薪酬体系所强调的职位的概念,尤其是不同的职位或不同系列的职位对员工的任职资格的差异性要求。

采用职位薪酬体系,首先要对职位本身的价值做出客观的评价,然后根据这种评价的结果赋予承担这一职位的人与该职位的价值相当的薪酬。职位分析和职位评价是确定职位薪酬体系的前提,前面章节介绍过职位分析的基本方法,本节将以职位评价为例,阐述职位薪酬体系的设计方法。

1)职位评价概述

(1)职位评价的内涵

职位评价是依据职位分析的结果,按照一定标准,对职位的性质、强度、责任、复杂性及所需资格条件等关键因素的程度差异,进行综合评价的活动,是对组织各类职位的抽象化、定量化和价值化的过程。通俗地讲,职位评价就是通过一个系统化的程序决定一个职位在组织里的重要性,并以此为依据决定这个职位的薪酬水平的过程。主要目标是比较组织中各个职位的相对价值,确定职位等级,建立科学、公平、公正的职位管理机制。

(2)职位评价的作用

由于职位评价是薪酬体系设计的关键环节,职位评价对实现薪酬制度的外部公平、内部公平和自我公平具有重要作用,可以从以下几个方面来阐述。首先,职位分析对职位进行科学定量测评,性质相同或相近的职位具备了价值的可比性;其次,可以为组织中的职位归级列等奠定了基础,为建立公平合理的等级薪酬提供了科学依据;最后,通过职位评价可以对职位进行深层次分析和认识,是解决组织多方面难题的重要举措。

(3)职位评价与职位分析的关系

在人力资源管理中,职位评价与职位分析关系密切,都是组织进行薪酬设计时的重要环节。职位分析的目的在于了解有关职位的信息和情况,其结果主要表现为职位描述,职位分析结果的一项重要用途就是职位评价。从总体上讲,职位分析是职位评价的起点,职位分析所得到的信息是职位评价的重要基础,而职位评价则是职位分析的重要目的和服务对象,是运用职位分析成果的主要领域之一。在整个薪酬设计的过程中,职位信息的搜集是基础,职位分析是中介,职位评价是核心。

(4)职位评价的特点与原则

职位评价的核心是“事”而非“人”。评价虽然也会涉及职工,但它是以职位为对象,以职位所担负的工作任务或者职责对对象进行的客观比较和定位,与任职者的态度、能力等主观因素无关。另外,职位评价所衡量的是组织中各类职位的相对价值,而不是绝对价值,是各职位重要性、复杂性等因素相对关系的划定。

为确保职位评价的准确性和公正性,职位评价必须遵守一定的原则。客观性原则:评价过程中不能有影响评价结果的个人主观因素;一致性原则:不同评价者给出的评价结果要具有一致性;准确性原则:评价过程要基于准确的信息和正确的计算方式;代表性原则:评价者、评价职位和评价要素都要有代表性。

2)职位评价的方法与技术

职位评价的方法有定性与定量评价法两种(见表 8.1)。定性的方法仅仅从总体上来确定不同职位之间的相对价值顺序,如排序法(Ranking Methods)和分类法(Classification Method);定量的方法则试图通过一套等级尺度系统来确定一种职位的价值比另一种职位的价值高多少或低多少,如要素比较法(Factor Comparison)和要素记点法(Point-factor Method)。根据比较的方法来分,排序法和要素比较法是将职位与职位加以比较,区别在于排序法是通过将职位和职位进行整体比较来得到职位的重要性或价值顺序,而要素比较法则是将职位分解成若干要素,然后将这些职位在某一种要素上的价值逐一进行比较,最终得到职位整体的等级顺序。分类法和要素计点法是将职位与一个事先确定的尺度加以比较,区别在于分类法是直接为职位划分出一个系列等级,并给每一个等级赋予一段描述性的定义,然后将职位与这些等级定义加以比较,从而把职位放入与定义相符的等级之中;而要素计点法则是将职位中包含的报酬要素加以等级划分并加以定义,然后将职位的每一个要素与要素等级的定义加以比较,确定职位的每一个报酬要素应该归属的要素等级,最终获得职位整体的价值排序。

表 8.1 职位评价方法的划分

比较方法	评价方法	
	从要素上定量评价	从整体上定性评价
职位间互相比较	要素比较法	排序法
职位与尺度比较	要素计点法	分类法

(1)排序法

①排序法的界定。排序法是一种最简单的职位评价方法,由评价人员凭着自己的主观判断,总体上根据职位的相对价值进行高低次序的排列。使用排序法的时候,职位等级不宜过多,且上下级职位之间应该容易进行比较,凭直觉就可以进行判断。另外,评价人员要吸收更多的基础员工参加到评价专家组中来。

②排序法的分类。排序法又可分为直接排序法、交替排序法及配对比较排序法。

直接排序法是指简单地根据职位的总体判断,按照价值大小对职位进行总体上的排序。

交替排序法是指首先从待评价职位中找出价值最高和最低的两个职位,然后再从剩余的职位中找出价值最高和最低的职位。如此循环,直到排好所有职位的顺序为止。

配对比较排序法也称比较排序法,通过建立一个职位比较矩阵,将所有要评价的职位进行两两比较,记录评价结果(如价值较高者得 1 分,价值较低者失去 1 分,价值相同双方得 0 分),然后根据特定职位与其余职位的比较结果,对职位进行排序(见表 8.2)。

表 8.2 配对比较排序法举例

	总裁	建筑师	设计师	技师	秘书	总计
总裁		+	+	+	+	4
建筑师	–		+	+	+	3
设计师	–	–		+	+	2
技师	–	–	–		+	1
秘书	–	–	–	–		0

③排序法的操作流程。

步骤一,获取职位信息。通过职位分析充分了解职位的具体职责和任职者的任职资格。规范的职位描述和职位规范对职位排序来说是非常有益的。鉴于排序法是根据职位的总体情况而非系列要素来进行排序的,因此,如果没有具体明确的职位说明书,就要求参加评价的人必须对职位很熟悉。

步骤二,选择报酬要素并对职位进行分类。排序总是要有一定的依据,需要选定某一要素或多个要素的组合,向评价人员解释清楚,确保评价的一致性。另外,由于职位种类很多,不同门类的职位,如生产类职位、行政后勤类职位、职能管理类职位、技术研发类职位等,可以先分组,然后制订组内的评比要素。

步骤三,对职位进行排序。常见的排序方法是给每个职位建立一张索引卡片,每张卡片都对职位进行简短的说明,然后把这些卡片按其代表的职位价值从低到高进行排序。使用索引卡片,对直接排序和交替排序都可以直接挑选排序,而对配对比较法最好准备矩阵表,将要比较的职位填好,以简化评价工作。

步骤四,综合排序结果。在对职位排序时,为避免个人的主观偏见和误差,通常会采取评价委员会的形式来对职位进行排序。因此,在每个评价者的排序结果出来之后,还要对每个评价者的评价结果取一个平均值,从而完成对职位的最终评价。

④排序法的优缺点。排序法的优点是简单、易行、省时省力,容易与职工进行沟通,适用于较小规模、职位数量少、新设职位多,评价者对职位比较了解的情况。

排序法的主要缺点在于其主观性,评价者容易受到额外因素的影响,不同的评价者多依据自己主观标准对职位进行排序;排序的最终结果仅是一个秩次,无法确定相邻职位之间的价值差距有多大;如果职位过多的话,排序的难度会很大,如果采用配对比较排序法,假定有 n 个职位需要排序,就需要作出 $n(n-1)/2$ 次评比。

(2)分类法

①分类法的界定。分类法也称归类法或等级描述法,评价时,将各种职位放入事先确定好的不同职位等级中,类似于书架的整理过程(总体职位分类),然后对书架上每一行中所要放入的图书用一个标签(职位等级描述)来加以清晰的界定,最后把各种图书(职位)按照相应的定义放入不同的横排中。分类法在公共部门有着广泛的运用,尤其常用于技术类职位的评价。

②分类法的操作流程。

步骤一,确定合适的职位等级数量。通常情况下,组织中的职位类型越多,职位之间的差异越大,所需要的职位等级就会越多。但是,组织对职位设计的战略思路也会影响职位等级数量,这一过程实际上确定了职位价值的层级结构。金字塔结构需要对职位等级进行细致划分,而宽带薪酬理念下的职位等级划分就不那么细致。

步骤二,编写每一职位等级的定义。分类法的关键是建立一个职位级别体系,包括步骤一确定的等级数量和步骤二为各等级进行的界定和描述。等级定义通常是对职位内涵的描述,要指明责任性质、职责的复杂程度以及任职者的资格。例如,美国联邦政府的职位分类等级描述中所使用的报酬要素包括九大要素:职位所要求的知识、监督控制、指导方针、工作复杂性、工作范围与影响、人际接触、接触的目的、体力要求以及工作环境。

步骤三,根据职位等级定义对职位进行等级分类。将每一个职位的完整的职位说明书或者工作描述与上述相关职位等级定义进行对比,然后将这些职位分配到一个与该职位的总体情况最为贴切的职位等级中去。以此类推,直至所有的职位都被分配到相应的等级中去。

③分类法的优缺点。分类法是一种简便易理解和操作的职位评价方法,对评价者的培训要求少。一旦职位的等级定义明确,管理起来就比较容易。适用于对职位性质大致

相似、可以进行明确的分组并且工作内容不常改动的职位进行评价。

分类法的缺点在于等级结构的建立。首先,职位等级描述留下的自由发挥空间太大,很容易出现范围过宽或者范围过窄的情形,一些职位只能勉强归类。其次,等级间的差距体现不明显,以此确定薪酬可能存在问题。

(3)要素计点法

①要素计点法的界定。要素计点法又称要素评分法,也称计点法,是一种比较复杂的量化职位评价技术,当前运用得最为普遍。在组建评价机构后,首先确定影响所有职位的共通的主要影响因素,对每个因素的不同水平进行界定,同时给各个水平赋予一定的分值或点数,以建立职位评价标准;评价者在此基础上对职位的每一个报酬要素上的等级进行确定,最终得到该职位的总点数,根据每一职位的总点数大小对职位进行排序,或者将职位评价点数转化为货币数量,由此决定职位的薪酬水平。

②要素计点法的操作流程。要素计点法通常包括三大要素:一是报酬要素指标;二是报酬要素权重;三是报酬要素的数量化衡量尺度。

步骤一,选取合适的报酬要素。

报酬要素是组织认定的对不同职位都有价值的共有特征,是组织愿意为之支付报酬的一些具有可衡量性质的质量、特征、要求或结构性因素。报酬要素的选择必须慎重,因为报酬要素具有强化组织战略和哲学的重要作用,能够清晰地向职工传递组织的价值观等重要信息。报酬要素的使用体现了评价方法的标准化,是一种对排序法和分类的重大改进。

报酬要素的选择有几种方法,如可以从已有的职位评价方案中选取,也可以从职位说明书中提取某些对组织特别重要的相关因素。另外,也可以向职工进行报酬要素的问卷调查,了解职工心目中形成薪酬差异的关键因素。

报酬要素的选择要遵循一定的标准:应当与总体上的职位价值具有某种逻辑上的关系;能够得到清晰界定和衡量;必须在不同职位中具有共通性;必须涵盖组织愿意为之支付报酬的、与组织要求有关的所有主要内容;报酬要素必须是与被评职位有关的且不能出现交叉和重叠;报酬要素的数量应当便于管理。

在实际操作中,最常见的四维报酬要素主要是责任、技能、努力以及工作条件及其相关子要素。责任所表达的是组织对职工按照预期要求完成工作的依赖程度,强调职位上的人所承担的职责的重要性;技能是指完成某种职位的工作所需具备的经验、培训、能力以及教育水平等;努力是对为完成某种职位上的工作所需发挥的体力或者脑力程度所进行的衡量;工作条件是指职位上的人所从事工作的伤害性以及工作的物理环境(见图 8.5)。

步骤二,确定报酬各要素的等级。

选定了报酬要素之后,还需要确定各要素的等级,并对各种不同等级水平进行界定。每一种报酬要素的等级数量取决于组织内部所有被评价职位在该报酬要素上的差异大小。差异程度越大,报酬要素的等级就需要划分为更多的等级。一般来说,差异不大的要素划分为 3 个等级就行了,而差异较多的也许需要 5 个甚至更多的等级才能反映出职位间的差异(见表 8.3)。

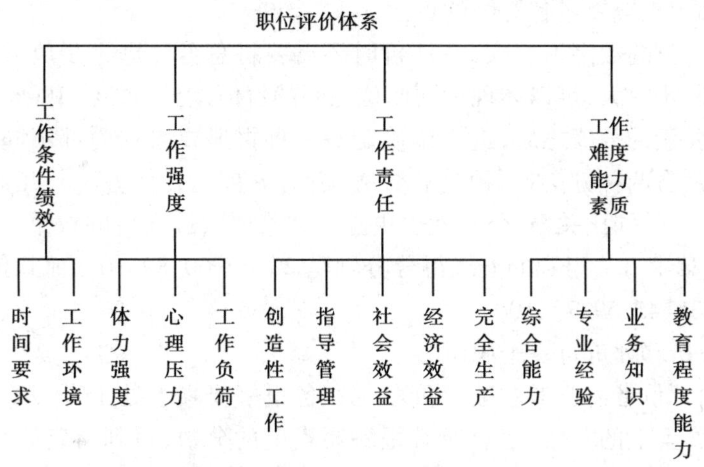

图 8.5　某组织职位评价体系图

表 8.3　报酬要素等级与定义举例

报酬要素	报酬要素定义	等级划分	等级定义
工作责任	用于衡量该职位所赋予的经济责任,由此而造成材料、产品、设备等的损失程度或发生事故责任大小	第一级	无大的经济责任,工作差错可忽视,无大的影响
		第二级	有限的经济责任,如有差错也只是在小范围内引起的推迟或影响本部门的工作和利益
		第三级	有一定的经济责任,如有差错会影响部门之间的工作或影响组织的工作和利益
		第四级	负有较大的经济责任,如有差错不易被发现,其结果直接影响公司较大的经济利益
		第五级	负有很大的经济责任,如出错会影响公司的利益和名誉
		第六级	负有影响公司根本利益和全局财政的重大责任
⋮	⋮	⋮	⋮

步骤三,确定不同报酬要素的权重。

一般会以职位的相对重要性为基础,重要的要素赋予较大的权重,各评价要素的权重之和为 100%。要素的权重对最终的评价结果会产生很大的影响,反映了一个组织对职位重要性的根本看法,是组织战略、文化和价值观与技术、行业和市场等特点的综合考虑。

确定权重的方法通常包括经验法和统计法。经验法实际上是运用经验或共识来决策,以评价小组通过讨论共同决定的。统计法是运用统计计算来决策的方法,首先要选择基准职位,即那些可以作为统一标准的职位,然后对每一种基准职位确定一个总价值的计算公式,运用回归分析等方法计算公式中各要素的贡献。

步骤四，确定报酬要素各等级的点值。

由于权重本身的数字不够大，在评价时还需要将总分数进一步放大，从而每个权重对应的数字也同步放大，足以体现不同职位之间的价值差异。如将100%换算为1 000分。在确定了不同要素的分值之后，进一步确定每一种报酬要素在内部不同等级上的分值。确定等级的分值有两种方法：一种是算数方法；另一种是几何方法。几何方法算出的等级得分跨度更大，是同比关系，公平性也更强。如某要素放大后的权重分是100分，分为5个等级，那么算术方法得到的五级得分分别是20、40、60、80、100，而几何方法算出的五级分数分别是35、45、59、77、100。

步骤五，分析和评价每一个职位。

在评价时，评价者需要考虑被评价职位在各报酬要素上处于哪一等级，确定被评价职位在各报酬要素上的分数，汇总所有报酬要素上的分数，得到特定职位的总分数。然后，将所有职位进行排序，建立等级结构。

某职位的评价结果举例见表8.4。

表8.4 某职位的评价结果举例

报酬要素	要素权重/%	职位对应等级	分数(算术法，总分1 000)
知识	20	2/5	80
技能	5	3/5	30
监督责任	25	4/5	200
决策	25	5/5	250
预算影响	10	4/5	80
沟通	10	2/5	40
工作条件	5	1/5	10
合计	100		690

③要素计点法的优缺点。要素计点法的优点包括：首先，量化的评价更为精确，评价结果更有说服力；其次，向职工传递了组织的需求和战略；最后，通过点数的大小可以比较不同的职位。

要素计点法的主要缺点是成本高，方案的设计和应用费时，要求组织首先进行详细的职位分析，有时还可能会用到结构化的职位调查问卷。另外，在要素界定、等级定义以及点数权重确定等方面都存在一定的主观性。

(4)要素比较法

①要素比较法的界定。要素比较法是一种量化的职位评价技术，是根据不同的报酬要素对待评价岗位进行多次排序，并将工资额合理分解的方法。要素比较法与排序法的区别在于普通排序法是按照职位整体进行的，而要素比较法是按照报酬因素进行多次排序的。多次排序之后，把每个职位在各个报酬要素上的得分通过加权得出一个总分，然后得到一个总体职位序列分。

②要素比较法的操作流程。

步骤一,获得职位信息,确定报酬要素。评价者要仔细、全面地做好职位分析,同时,确定用来进行职位比较的依据和尺度,即报酬要素。

步骤二,选择典型职位。按照全部职位的 10%~15%的比例,选出在组织中具有广泛代表性、现行工资比较合理、被大多数人公认的职位,作为基础职位。

步骤三,对基础职位进行排序。对典型职位在选定的报酬要素上进行排序。如表8.5 中,职位 A 在“身体要求”要素上的得分最高,而职位 B 在“承担责任”要素上得分最高。

表 8.5　对 4 个典型职位在 5 个报酬要素上的排序

	心理要求	身体要求	技术要求	承担责任	工作条件
职位 A	1	4	1	1	2
职位 B	3	1	3	4	4
职位 C	2	3	2	2	3
职位 D	4	2	4	3	1

步骤四,将薪酬水平分配到报酬要素上去。评价小组各成员根据判断将不同的报酬要素对职位的贡献是多少,然后根据该职位的薪酬水平确定各报酬要素的价值(见表 8.6)。

表 8.6　某职位的报酬要素贡献(假如薪酬=1 000 元)

	心理要求	身体要求	技术要求	承担责任	工作条件	合计
评价者 1	10%	20%	15%	25%	30%	100%
评价者 2	15%	10%	15%	40%	20%	100%
评价者 3	5%	25%	15%	35%	20%	100%
平均	10% (100 元)	18% (180 元)	15% (150 元)	33% (330 元)	23% (230 元)	1 000 元

步骤五,对典型职位进行多次排序。确定了所有典型职位的每一报酬要素的价值后,将所有的职位排列在一起,然后根据每一种报酬要素分别对职位进行多次排序。将表 8.7 和表 8.5 的结果进行比较,如果某职位的两个排序差异太大,则表明该职位不适合做基础职位,予以排除。

表 8.7　典型职位的排序结果举例

	薪酬水平	心理要求	身体要求	技术要求	承担责任	工作条件
职位 A	2 000 元	800 元(1)	30 元(4)	650 元(1)	380 元(1)	140 元(2)
职位 B	1 500 元	400 元(3)	140 元(1)	550 元(3)	320 元(4)	90 元(4)
职位 C	1 600 元	500 元(2)	50 元(3)	580 元(2)	360 元(2)	110 元(3)
职位 D	1 200 元	250 元(4)	60 元(2)	400 元(4)	340 元(3)	150 元(1)

步骤六,建立典型职位报酬要素等级基准表(见表 8.8)。将所有典型职位的薪酬水

平以及每一典型职位内部的各报酬要素的薪酬水平都确定下来后,建立一张典型职位薪酬要素等级基准表。根据基准表,确定其他职位的薪酬水平。

表 8.8　典型职位报酬要素等级基准表

薪酬水平/元	心理要求	身体要求	技术要求	承担责任	工作条件
⋮					
30		职位 A			
⋮					
50					
60		职位 C			
⋮		职位 D			
90					职位 B
100					
110					
⋮					职位 C
140					
150		职位 B			职位 A
⋮					职位 D
250	职位 A				
⋮					
320				职位 B	
330					
340					
350				职位 D	
360					
370				职位 C	
380					
390					
400			职位 D	职位 A	
⋮	职位 B				
500					
⋮	职位 C				
550					
⋮			职位 B		
580					
⋮			职位 C		
650					
⋮					
800			职位 A		
⋮					
	职位 D				

③要素比较法的优缺点。要素比较法的突出优点就是系统可靠性高,可以根据在各个报酬要素上得到的评价结果算出一个具体的报酬金额,更加精确地反映职位之间的相对价值关系。可以用于职位类别繁多的大型组织,能够更好地被职工理解和接受。

缺点在于评价过程非常复杂,对报酬要素的数量有一定的要求。另外,由于市场上的薪酬水平经常发生变化,因此要及时调整典型职位的工资水平,避免结果的准确性与公平性受到质疑。

8.2.2　薪酬调查与薪酬水平

薪酬水平是指组织中各职位、各部门以及整个组织的薪酬平均水平,以及相对于其他组织薪酬水平的高低。组织所支付的薪酬水平会影响其在人力资源市场上获取人才的能力强弱,会影响薪酬的外部竞争性。

现代组织的薪酬设计追求薪酬的内部一致性、外部竞争性、绩效报酬的公平性以及薪酬管理过程的公平性。职位评价的结果体现为内部一致性,而内部的一致性往往与外部竞争性产生矛盾,因为不同类型的人力资源市场供求是不一样的。遇到这种外部竞争性与内部公平性的矛盾时,传统的做法是更多地考虑薪酬的内部一致性,而现在的组织更多地考虑薪酬的外部竞争性而不是内部一致性。

薪酬调查是了解市场通行薪酬水平的手段,薪酬调查所得到的结果是确定本组织支付给相应职工薪酬的重要依据。本章主要阐述如何通过薪酬调查确定组织的薪酬水平。

1)薪酬调查概述

(1)薪酬调查的内涵

薪酬调查就是通过一系列标准、规范和专业的方法,对市场上各职位进行分类、汇总和统计分析,采集各类人员的工资福利待遇以及支付状况的信息,形成能够客观反映市场薪酬现状的调查报告的过程。薪酬调查是薪酬设计中的重要组成部分,重点解决薪酬的对外竞争力和对外公平性问题。真实的薪酬信息是非常宝贵的,也是非常难以获得的,因为薪酬具有保密性、即时性,有时还受到法律的限制。薪酬调查报告能够帮助组织了解其他组织的劳动成本,达到以个性化和有针对性地设计薪酬、以合理的人力成本吸引所需人才的目的。薪酬调查还能够帮助查找组织内部薪酬不合理的职位,帮助其制订新参加工作人员的起点薪酬标准等。

(2)薪酬调查的分类

薪酬调查可以分为正式薪酬调查和非正式薪酬调查,其中正式的薪酬调查又可以分为商业性薪酬调查、专业性薪酬调查、政府薪酬调查和组织自己进行的薪酬调查。从支持调查的主题来看,可以分为政府的调查、行业的调查、专业的调查、企业家联合会的调查、咨询公司的调查、组织自己进行的多种形式的调查等。

商业性薪酬调查一般是由专业咨询公司完成,如根据客户需求对某一行业进行调查,或咨询公司为获利而主动进行的调查。专业性薪酬调查是由专业或行业协会针对薪酬状况所进行的调查。政府薪酬调查是由国家人力资源和社会保障部、统计等有关政府部门进行的薪酬调查。

从调查的主体来看,国家行业主管部门进行的薪酬调查往往是以为社会提供无偿信息、进行宏观指导为目的的,其优点是节省调查成本、可信度和准确性高、提供的调查信息丰富,缺点是信息的及时性和有效性不够,缺乏对某个特定职位的调查。社会专业咨询调查机构,如行业和专业协会、咨询公司、企业家联合会等进行的薪酬调查针对性强,但是费用高,可能会泄露调查资料。而组织自己进行的调查针对性强,费用相对较低,但是对调查人员的要求较高。

(3)薪酬调查的定位

在人力资源管理体系中,薪酬调查、职位分析与职位评价、绩效考核等分别解决薪酬的客观公平、内部公平和个人公平问题(见图 8.6)。

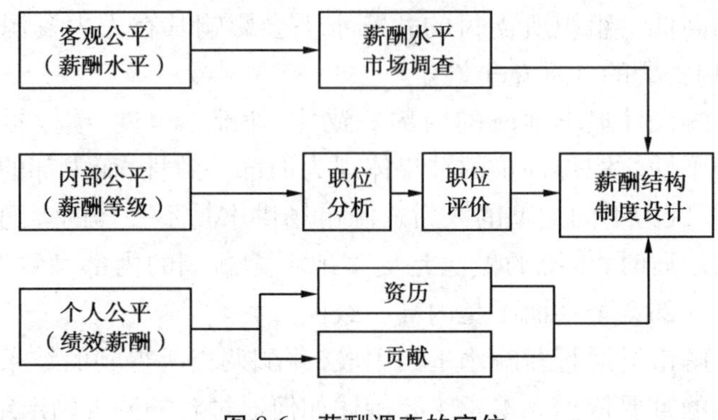

图 8.6 薪酬调查的定位

2)薪酬调查的操作流程

由于薪酬本身是很多公司的机密,因此,组织如果能够利用已经存在的相关数据,将减少时间和精力,减低调查成本。需要注意的是,要使用那些与自身薪酬决策匹配良好,并且代表性和准确性可靠的数据。如果现有薪酬数据无法筛选利用,或无法从市场上获得薪酬调查结果的时候,组织需要亲自做市场薪酬调查。一般情况下,薪酬调查的实施过程分为 3 个阶段:准备阶段、实施阶段、结果分析阶段。

(1)准备阶段

准备阶段是指在具体设计薪酬调查问卷并实施调查之前所要做的工作,在薪酬调查之前需要明确调查的目的、内容、对象和方式方法等。

①确定薪酬调查的主体。实施调查的主体可以是组织内部的薪酬主管人员,也可以和第三方配合完成,或交由第三方独立完成。组织自行调查可以节省成本,调查结果可能更符合组织的要求,但是对薪酬调查人员具有较高的要求,调查数据的质量可能存疑。委托第三方调查的成本往往较高,但是调查数据的质量较好,这是因为:中立的第三方容易说服目标对象合作与参与;第三方的调查人员充足,经验丰富,具备专业的数据分析能力。

②界定相关人力资源市场。相关人力资源市场主要包括同行业中同类型的其他组织、同行业中有相似职位或工作的组织、与本组织雇用同一类劳动力的竞争对象、本地区在同一人力资源市场招聘的组织、与本组织在薪酬等方面类似的其他组织。薪酬调查的

目的是了解组织在同一人力资源市场上可得劳动力的其他组织的薪酬状况,因此,需要界定自己所在的人力资源市场的范围有多大,即本组织流失的人才去了哪里和本组织主要从哪里招募人才。在样本的数量选择上,领先型薪酬战略的组织一般仅与 6~10 个支付高薪酬的竞争对手进行比较,其他类型的组织则需要更多的比较对象。

③选择调查的典型职位。一般来说,薪酬调查是不可能针对所有职位的,选择典型的职位有利于提高针对性。选择典型职位的原则是便利性,应当选择那些普遍存在的通用职位作为典型职位。在选定调查职位时,必须提供最新的职位描述,详细描述该职位的工作内容和职责范围,以及该职位在组织结构图中的位置等信息,保证被调查职位与本组织的职位能够进行匹配,比较组织内职位的定义和市场定义的差别。根据职位描述匹配程度可以决定该职位因工作内容和职责范围的不同而形成的薪酬差异,如组织内此职位有更高(更低)的职位要求或更多(更少)的工作内容,可以根据情况在调查报告的薪酬上增加(减少)适当的百分比。

④明确薪酬调查的内容。薪酬调查的主要信息内容包括基本资料与核心数据两大部分。基本资料是组织性质、规模与经营情况等;核心资料包括参照职位薪酬信息和薪酬政策等。同样的职位在不同组织中所获得的价值评价是不同的,在不同的组织中获得的报酬方式也是不同的。薪酬调查中必须包括薪酬的各个部分,否则就无法反映市场的真实情况。基本薪酬及结构、年度奖金和其他年度现金支付、股票期权或影子股票计划等长期激励计划、各种补充福利计划、薪酬政策等方面的其他信息都在薪酬调查的范围之内。

(2)实施阶段

薪酬调查主要有电话调查、面谈和问卷调查等形式。电话调查通常用于不寻常的、迫在眉睫的薪酬决策的制订;面谈是最好的薪酬调查方式,但需要对访问员进行深入的培训;问卷调查是最常用的方式,能够获得大量的、更一致的结果,其步骤如下:

①问卷设计。调查问卷通常包括组织本身的一些信息,如规模、行业和营业额等,各种薪酬构成方面的信息,职位范围方面的信息,任职者的相关信息等。调查问卷的设计应考虑被调查者的使用方便性,最好能提供一份问卷填写说明;问卷要易读、易懂、易回答。

②问卷试测。为了保证问卷调查顺利进行,最好做调查之前进行试测,可以在组织内部进行试填写,发现难以理解、表达有误、选择范围偏差、问题遗漏等问题,以发现需要改正的地方。

③实施调查。在实施调查的过程中,调查者还需要与被调查者保持联系,在问卷中留下联系方式以接受填写者的咨询和反馈。检查问卷填写的完整性和规范性,保证问卷数据的真实可靠。

(3)结果分析阶段

①数据核查。在问卷收回之后,要对每一份调查问卷的内容进行分析,判断是否存在可疑之处。这是因为被调查者可能未能充分了解调查的意图,或者填写的时候受到其他因素的干扰。可以根据实际职位与参照职位之间的匹配程度来调整薪酬调查数据,保

证数据的有效性。在数据核查的过程中,可以通过再次确认的方式了解情况,对无法确认的畸高或畸低数据以及无效数据予以剔除。

②描述分析。对获得的职位数据进行集中趋势和离散趋势的分析。常见的分析有频度分析,将所得到的与每一职位相对应的所有薪酬调查数据从低到高排列,然后看落入每一薪酬范围之内的组织数据;集中趋势分析,如特定职位的简单平均数、加权平均数和中值分析等;离散趋势分析,如标准差、百分位和四分位数分析等。

③建立薪酬曲线。采用回归分析的方法建立职位的市场薪酬水平和评价点数或序列等级之间的关系曲线。从理论上讲,薪酬水平与职位等级是一种线性的关系,因此,采用最小二乘法进行拟合,设职位等级为 X,对应的薪酬水平为 Y,那么就能得到该职位薪酬曲线的方程 $Y=a+bX$。如果在薪酬曲线中,薪酬水平和职位等级能够很好地拟合在一条直线上,那么就说明薪酬调查的结果和职位评价的结果,即外部公平和内部公平是一致的,如果部分薪酬点明显偏离曲线,如图 8.7 中 A 和 B 两个点,则说明内部公平和外部公平之间出现了矛盾。

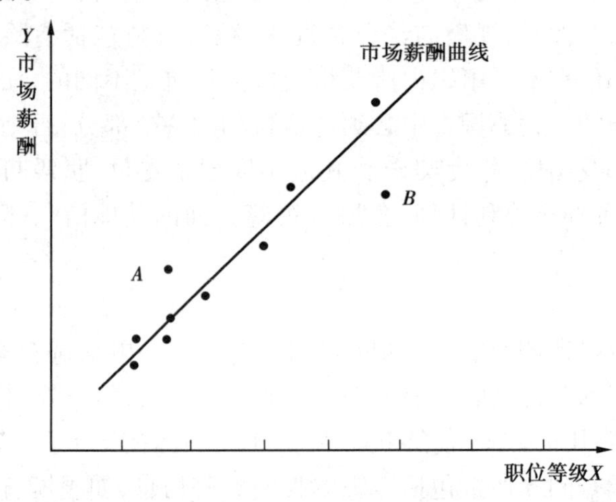

图 8.7　市场薪酬曲线示意图

8.2.3　薪酬结构设计

薪酬结构是对同一组织内部的不同职位之间的工资率所作的安排,它要强调的是职位等级、不同等级之间的薪酬差距以及用来确定这种差距的标准是什么。薪酬结构所强调的是同一组织内部的一致性问题,但它不是一个脱离外部竞争性而独立决策的过程。事实上,薪酬结构决策是在内部一致性和外部竞争性这两种薪酬有效性标准之间进行平衡的结果。

薪酬的外部竞争性在本节中薪酬调查部分讲过,它所揭示的是一个组织的薪酬水平与外部劳动力市场上的其他雇主所支付的薪酬水平之间的可比程度。内部一致性的问题在本章职位评价部分讲过,但没有涉及货币价值的概念,仅仅是就职位本身的价值评价来讨论内部一致性问题,最后的落脚点终究还是在货币报酬上。

一个完整的薪酬结果有以下内容:①薪酬的等级数量;②同一薪酬等级内部的薪酬

变化范围(最高值、中值和最低值);③相邻两个薪酬等级之间的交叉与重叠关系。因此,在职位评价和薪酬调查的基础上,薪酬结构的设计包括薪酬等级、薪酬变动范围以及薪酬等级之间交叉重叠程度的设计。

1)确定薪酬等级

为了建立薪酬等级,首先需要将职位划分成不同的等级,划分的依据是职位评价的结果。每一个等级中的职位,其职位评价的结果应该接近或类似。如果使用的是排序法,就应当包括几个临近等级的职位;如果使用的是要素计点法,就应当包括一定点值范围的职位;如果使用的是要素比较法,就应当包括一定薪酬范围的职位。职位等级划分的数量取决于多种因素,如企业内部职位的数量、职位评价的结果及企业的薪酬政策等,但是一个基本的原则是应当能够反映出职位的价值差异。

2)确定薪酬变动范围

职位等级确定之后,还要确定各个等级的薪酬变动范围,即薪酬区间。薪酬变动范围说明的是在同一薪酬等级内部,最低薪酬和最高薪酬之间的距离,以及中值的位置。薪酬中值的重要性在于,中值是通过外部市场薪酬调查数据和内部职位评价数据以回归的方式确定下来的,薪酬的最高值和最低值都是依据中值而定。

薪酬变动比率通常是指同一薪酬等级内部的最高值和最低值之差与最低值之间的比率。有时候,为了使用的方便,也会计算以中值为基础的薪酬变动比率。具体的计算公式如下:

$$上半部分薪酬变动比率=\frac{最高值-中值}{中值}$$

$$下半部分薪酬变动比例=\frac{中值-最低值}{中值}$$

假如某一职位薪酬的最高值是 9 600 元,最低值为 6 400 元,那么最低与最高值的绝对差距是 3 200 元,薪酬变动比率为 3 200/6 400=50%。由此可以得出,上下侧的薪酬变动比率:(中值-最低值)/中值=20%;(最高值-中值)/中值=20%。

薪酬变动比率在不同等级之间可以是相同的,也可以是不同的,组织应当根据自身的实际能力来确定这一具体数值。不同职位类型及其薪酬变化比率见表 8.9。一般来说,组织考虑的因素包括薪酬支付能力、各等级之间的价值差异、各等级自身的价值以及各等级的重叠比例等。

表 8.9　不同职位类型及其薪酬变化比率

薪酬变动比率	职位类别
20%~25%	生产、维修、服务等职位
30%~40%	办公室文员、技术工人、专家助理
40%~50%	专家、中层管理人员
50%以上	高层管理人员、高级专家

3)薪酬等级之间交叉重叠程度的设计

从理论上来说,在同一组织中,相邻的薪酬等级之间的薪酬区间可以设计成有交叉重叠的,也可以设计成无交叉重叠的。无交叉重叠的设计容易造成两个等级的水平差异过大,因此,大多数组织倾向于将薪酬结构设计成有交叉重叠的。

在考虑薪酬等级之间是否交叉重叠时,应考虑期望的职工分布、行业性质、薪资成本的承受能力等。如果组织期望的高级人员越多,重叠程度就越小。创新型组织薪酬等级之间重叠程度大,传统组织薪酬等级之间重叠程度小。薪酬承受能力下,则应适当增加重叠度以扁平化薪酬水平。

在确定薪酬等级,确定薪酬变化率以及薪酬等级之间交叉重叠程度之后,得到薪酬结构(见图8.8)。

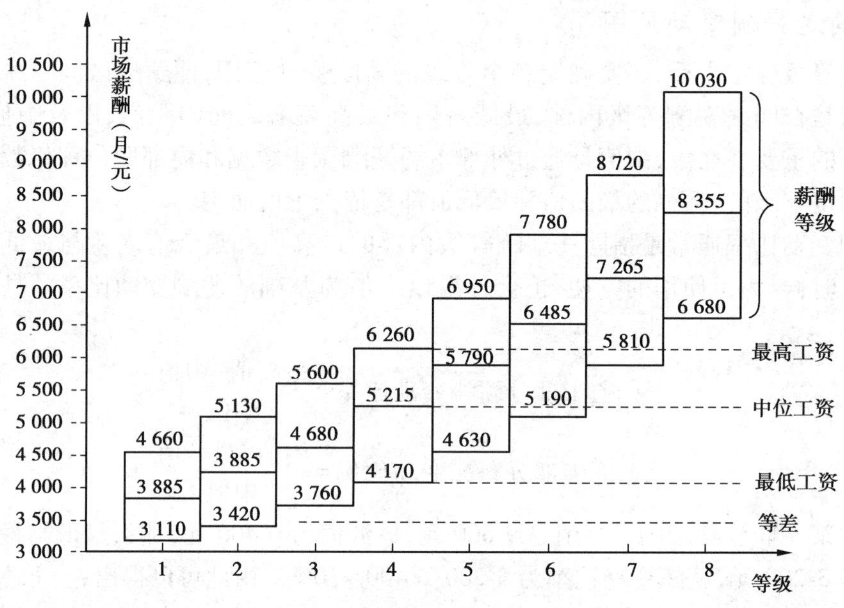

图8.8 薪酬结构示意图

8.3 我国公共部门薪酬管理的实践

8.3.1 我国公务员薪酬制度

公务员是统筹经济和社会管理,贯彻并执行法律法规的公职人员。公务员薪酬制度是指我国政府机关单位的工作人员依法履行职责、完成本职工作后,国家按法律规定向其支付劳动报酬的制度。

1)公务员薪酬制度的基本特点和具体原则

公共部门薪酬制度按主体可划分为公务员薪酬制度和事业单位薪酬制度。因而,公务员薪酬制度不仅符合公共部门薪酬制度的特点和原则，而且具备独有的基本特点和具体原则。

(1)公务员薪酬制度的基本特点

①薪酬来源于财政拨款。公共管理部门属于非物质生产部门，其薪酬来源主要依靠社会再分配。公务员薪酬以国家财政作为保障，薪酬总额在国家预算中进行统一安排。这体现出国家对公务员薪酬在全国范围内的统一要求。

②薪酬水平相对稳定。国家会依据经济发展情况和财政收支状况，对公务员薪酬进行相应的调整。随着经济持续发展，我国政府会定期公开公布公务员薪酬增长百分率，定期增加公务员薪酬。由于国家采取统一调整的方式，公共部门的薪酬变化呈现低频率、小幅度的特点。

③薪酬管理制度规范。公务员实行国家统一规定的工资制度。财政预算具有法定性的特点，不仅预算过程依照法定程序，而且收支范围和方向都要依据相应法规。公共管理支出属于财政支出的一部分，因而公务员薪酬管理制度规范。法律对公务员薪酬的形式、水平和结构以及薪酬决策和管理机制等方面都有明文规定。

④薪酬结构侧重福利。公务员的货币性薪酬主要由基本薪酬、奖金和福利三部分构成。就每部分在总薪酬的占比而言，直接工资比重相对较低，福利保障比重相对较高。这样的薪酬结构使地区间的经济水平和政策差异更容易导致公务员的薪酬差距。

(2)公务员薪酬制度的具体原则

①同工同酬原则。我国以按劳分配为主多种分配方式并存的原则进行个人消费品的社会分配。在公务员薪酬管理过程中，坚持按劳分配原则就必须做到同工同酬，即同工同酬是按劳分配的本质体现。具体而言，处于相同岗位的公务员，在同等的素质、资历和业绩的情况下，所获得的薪酬应该是无差异的。

②正常增资原则。《公务员法》第七十九条规定："国家建立公务员工资的正常增长机制。"正常增长制度保证公务员通过正常增资方式提高收入水平、满足生活需求。正常增资方式包括：职务晋升、职级晋升、级别晋升、工龄增加和工资标准与津贴标准的定期调整。

③社会平衡原则。《公务员法》第八十一条规定："国家实行工资调查制度定期进行公务员和企业相当人员工资水平的调查比较，并将工资调查比较结果作为调整公务员工资水平的依据。"公务员薪酬参照社会上其他部门相同或相似职位人员的平均水平发放，能降低社会各生产部门之间的收入差距，有利于实现社会公平和共同富裕。

④法律保障原则。公务员作为社会工作人员，具有获得工资报酬的权利并且受到法律保护。将公务员工资、福利、保险、退休金以及录用、培训、奖励、辞退等所需费用列入财政预算，切实保障了公务员这一基本权利。

2)公务员薪酬制度的发展历程

中华人民共和国成立以来，我国公务员薪酬制度共经历了多次重大变革，主要包括：1955 年废除工资分计算办法，实行货币工资制度；1956 年确定了职务等级工资制度为国家机关的工资形式；1985 年规定在国家机关工作的行政人员和专业技术人员实行结构工资制等。以下将重点介绍对现行公务员薪酬制度具有重大影响的几次改革：

(1)1993 年职级工资制

1993 年国务院发布的《国务院关于机关和事业单位工作人员工资制度改革问题的通知》规定国家机关工作人员实行职级工资制并确立了正常增资制度。

公务员基本工资由基础工资、职务工资、级别工资和工龄工资 4 个部分构成。其中，基础工资由基本生活需要水平决定，不同机关单位的工作人员之间不存在差异；职务工资随职务调整进行变动，反映了上级、下级职务之间的待遇差别；级别工资体现个人能力和工作资历；工龄工资以工作年限为计算标准。

此次薪酬制度调整，使得公务员与事业单位工作人员的薪资制度相分离，分别实行职级工资制度和绩效薪资制度。相对岗位工资制度而言，职级工资制度更加符合公务员职业特点，更能调动工作积极性。

(2)2006 年《中华人民共和国公务员法》

第十届全国人民代表大会常务委员会第十五次会议通过了《中华人民共和国公务员法》(以下简称《公务员法》)，该法律进一步简化基本工资结构并完善津贴补贴制度，于 2006 年开始实行。

①简化基本工资结构。《公务员法》第七十三条明确规定："公务员实行国家统一的职务与级别相结合的工资制度。"这就将基本工资由职务工资、级别工资、基础工资、工龄工资"四结构"归并为职务工资、级别工资"两结构"。

职务工资按工作人员的职务高低、责任轻重和工作难易程度确定，是职级工资制中体现按劳分配的主要内容。一个职务对应一个工资标准，领导职务和相当职务层次的非领导职务对应不同的工资标准。

级别工资主要体现公务员的工作实绩和资历。增加了级别工资档次，现为 27 级。每个职务层次对应若干个级别，每个级别设若干个工资档次。公务员根据所任职务、德才表现、工作实绩和资历确定级别和级别工资档次，执行相应的级别工资标准。

②完善津贴补贴制度。《公务员法》第七十四条明确规定："公务员工资包括基本工资、津贴、补贴和奖金。公务员按照国家规定享受地区附加津贴、艰苦边远地区津贴、岗位津贴。公务员按照国家规定享受住房、医疗等补贴补助。公务员在定期考核中被确定为优秀、称职的，按照国家规定享受年终奖金。"

此次薪酬制度调整，通过简化基本工资结构，有效缓解了岗位和薪酬之间的矛盾；并通过完善津贴补贴制度健全了公务员正常增资制度。总体而言，《公务员法》的颁布推动了公务员薪酬法制化建设。

(3)2015 年调整基本工资标准

2015 年 1 月发布的《关于调整机关工作人员基本工资标准的实施方案》明确指出调整基本工资标准的办法和建立基本工资正常调整机制。

①调整基本工资标准的办法。从 2014 年 10 月 1 日起，调整公务员基本工资标准，同时将部分规范津贴补贴纳入基本工资。调整后，规范津贴补贴标准相应降低，严格按纳入基本工资后剩余的额度执行。

②建立基本工资正常调整机制。建立定期调整机关工作人员基本工资标准的制度。今后基本工资标准原则上将每年或每两年调整一次,依据工资调查比较结果,综合考虑国民经济发展、财政状况和物价变动等因素确定调整幅度。

此次薪酬制度调整,通过将部分正常的津贴补贴纳入基本工资,使得公务员工资管理更加规范化、透明化,从而有效地减少了“灰色收入”。同时,定期调整基本工资标准的制度,使公务员工资水平更符合社会发展和市场规律。

(4)2017年聘任制公务员实行协议工资制

中共中央办公厅和国务院办公厅印发《聘任制公务员管理规定(试行)》,其中第二十八条明确指出聘任制公务员实行协议工资制,聘任制公务员工资一般按月支付,也可以实行年薪制等特殊工资政策。

聘任制公务员是指以合同形式聘任、依法履行公职、纳入国家行政编制、由国家财政负担工资福利的工作人员。聘任制公务员的工资水平根据市场同类人员和本单位其他公务员工资水平调整情况进行调整。

此次特殊薪资政策的提出,有利于政府机关单位广泛引进优秀人才,促进了公务员薪酬的市场化、社会化发展,更是对目前所实行的薪酬政策的新探索。

3)现行公务员薪酬制度存在的问题

我国公务员薪酬制度通过多年改革实践已逐步完善,在坚持基本原则的前提下,对调动公务员工作积极性和提高政府机构办事效率起到了促进作用。但是,现行薪酬制度依然存在一些有待解决的问题,主要分为公平和激励两大类。

(1)公平问题

①同级行政区域、同级政府部门的内部收入差距大。

第一,同一省市不同市区公务员工资差距较大。公务员工资收入包括基本工资和各种奖励津贴。基本工资由中央统一规定,具有一致性;奖励津贴因审批标准不同,呈现较大差异性。

第二,同一地区不同部门的公务员之间薪酬有较大差距。政府各部门对地区事务进行分工管理,事务管理过程中涉及相应的部门权力。然而,这些权力却造成了公务员之间的收入差异,也使政府部门出现“清水部门”和“权力部门”。

②公务员群体总体薪酬水平低且缺乏外部比较标准。

第一,我国公务员薪酬水平总体偏低,偏离市场人才价位。据有关部门资料反映,我国各级公务员平均工资水平在全国行业工资水平排名中处于中下位次。

第二,薪酬的外部比较对象和标准亟待确定。《公务员法》规定的工资调查制度没有从理论和技术层面对如何比较公务员和企业相当人员的工资水平做出具体的说明和解释。

③公务员个人分配“平均主义”工资与绩效相关度低。

第一,公务员工资分配仍然存在平均主义思想。无法通过提高工作绩效实现工资晋级,正常增资的情况大多属于工资普调。这使得能者多劳不能多得的现象产生,并大大打击了公务员的工作积极性。

第二,实际工资与工作绩效相关度低。在实际生活中,由于公务员考评指标可量化程度低、缺乏可操作性,上级或有关部门依据印象、感情等主观因素对工作绩效进行考评。

(2)激励问题

①层次级别少,津贴补贴比重大,薪酬结构尚需规范。

第一,一个职务层次对应一个工资标准,职务工资设计上"平台"现象严重,职务、学历、资历等相差很多的人员却聚集在几个工资平台上。

第二,级别工资设置过少,27个工资级别,分配到12个行政级别中,每个职务对应的级别非常有限。

第三,津贴补贴名目过多,规模过大,难以调控,并且占公务员实际收入相当大的比例,有的甚至超过国家规定的基本工资。

②工资极差小,津贴、补贴均发放,收入激励无法实现。

第一,公务员基本工资的垂直压缩率(不同职务公务员最高工资最低工资比)和水平压缩率(同职务公务员最高工资最低工资比)偏低,工资级差小。

第二,各地、各部门自行出台的津贴补贴,不考虑工作考评结果,采取平均发放的方式。

4)现行公务员薪酬制度的完善路径

完善公务员薪酬制度既要切实考虑各地区经济、社会发展的客观实际,又要充分调动个体积极、主动的探索精神。具体而言,完善路径包括转变思想观念、健全薪酬制度、优化薪酬设置并完善评估体系。

(1)转变单一思想,多角度、全方位思考问题

思想观念从单纯地关注公务员工资水平转变为综合地考虑公务员总薪酬。其中,公务员总薪酬应包括工资收入、可享福利、组织氛围、工作压力和职业保障性因素等。

(2)健全薪酬制度,实现管理科学化、多样化

第一,形成以劳动力市场为参照的公务员薪酬水平调整机制,建立公务员薪酬水平的平衡比较机制和正常增资机制。

第二,改革公务员福利制度,实现福利项目的计量化、信息化和公开化管理;推动福利收入明确化、规范化和差异化。

第三,分离公务员薪酬与离退休人员退休费。在职工资与离退休金属于分配制度中的两大系列。在职工资来源于国家财政中工资基金(或称拨款),离退休金则出自社会保障基金,财政拨款仅为其中一部分,不应混同。

(3)优化薪酬设置,一手抓公平一手抓激励

第一,职务工资要实现"一职一薪",在不同职务之间形成薪酬梯队。通过适当拉开收入差距,将人才资源合理配置到最需要、最能体现价值的岗位上。

第二,增加级别工资档次,使得12个行政级别中的每一个都能对应多个工资级别,避免不同档次公务员薪资水平相同或较低档次公务员薪资水平较高的"倒极差"现象。

第三,在保持公务员总体薪酬不变的前提下,调整公务员薪酬结构。适当提高基本

工资所占总体收入比例，最大限度缩小同级异地工资差异；合理降低津贴、补贴所占总体收入比例，加强薪酬管理的规范性和透明度。

(4)完善评估体系，注重工作考评反馈作用

第一，要有严格、严谨的考核标准，避免在人员任用和工作评估中的主观性和随意性。根据部门实际情况，建立一套可量化的评价指标体系，并作为人员考评依据。

第二，注重科学的考核形式，注重过程评估。通过科学规范的考核形式和评估过程保证评价结果的真实性，同时引起评价人员和被评估人员的思想重视。

第三，评估主体的多元化，杜绝考评过程中的“官本位”思想，避免评估结果的片面性，建立民主考评机制。

第四，有功者奖有过者罚，及时对考核结果严格认真兑现，使其真正与个人的职务晋升和经济利益挂钩，从而实现工作考评机制的反馈作用。

8.3.2　我国事业单位薪酬制度

事业单位是国家机关或其他组织机构为实现社会公益，利用国有资产创办的，从事各项服务活动的社会组织。事业单位薪酬制度是指我国事业单位的工作人员依法履行职责、完成本职工作后，国家按法律规定向其支付劳动报酬的制度。

1)事业单位薪酬制度的基本特点和具体原则

公共部门薪酬制度按主体可划分为公务员薪酬制度和事业单位薪酬制度。因而，事业单位薪酬制度不仅符合公共部门薪酬制度的特点和原则，又具备独有的基本特点和具体原则。

(1)事业单位薪酬制度的基本特点

①不同事业单位类型薪酬类别各具特色。我国事业单位按社会功能划分为 3 类：依据现有法律，担任行政职能的事业单位，如执法监管部门；从事生产经营活动，具有服务性的事业单位，如文艺演出单位；为社会提供公益性服务的公益性质的事业单位，如义务教育学校。分类后的事业单位可以根据人员结构的差异，建立不同的薪酬类别。

②事业单位工作人员薪酬来源存在差异。《事业单位财务管理制度》明确指出，事业单位收入来源包括财政补助、上级补助(非财政)、事业收入、经营收入和其他。事业单位工作人员的总体薪酬是政府全额拨款除去差额拨款和自收自支项目。根据薪酬的经费来源可分为固定薪酬和活动薪酬，这两部分所占比重往往因所属单位不同而存在差异。

(2)事业单位薪酬制度的具体原则

①效率优先、兼顾公平原则。事业单位薪酬制度要能够通过绩效考评，适度拉开人员的收入差距，充分调动其工作积极性和创造性。同时在提高工作绩效的前提下，避免不合理的收入分配，促进社会公平。

②尊重知识、尊重人才原则。事业单位通过提供社会服务，满足科学、教育、文化和卫生等事业发展需要。在薪酬分配的过程中，应该尊重工作人员的劳动付出，使其得到应有的精神鼓励和货币补偿。

③区别对待、分类设计原则。不同类型的事业单位为实现各自的社会功能，会采取

特有的组织、管理和分配方式。因此,要区别对待担任行政职能、从事生产经营活动和提供公益性服务的事业单位并分类设计薪酬制度。

④市场导向、动态运行原则。事业单位薪酬制度直接关系到所属人员的实际收入,要根据经济发展和市场变化进行变动调节,从而实现合理分配、促进社会公平。

2)事业单位薪酬制度的发展历程

中华人民共和国成立以来,我国事业单位薪酬制度共经历了几次重大变革,主要包括:2006 年岗位绩效工资制度、2009 年事业单位绩效工资改革和 2015 年调整基本工资标准。

(1)2006 年岗位绩效工资制度

党中央、国务院批准的《事业单位工作人员收入分配制度改革方案》中,明确规定了事业单位实行岗位绩效工资制度。岗位绩效工资由岗位工资、薪级工资、绩效工资和津贴补贴四部分组成。

①岗位工资。岗位工资主要体现工作人员所聘岗位的职责和要求。事业单位岗位分为专业技术岗位、管理岗位和工勤技能岗位。专业技术岗位设置 13 个等级,管理岗位设置 10 个等级,工勤技能岗位分为技术工岗位和普通工岗位,技术工岗位设置 5 个等级,普通工岗位不分等级。不同等级的岗位对应不同的工资标准。工作人员按所聘岗位执行相应的岗位工资标准。

②薪级工资。薪级工资主要体现工作人员的工作表现和资历。对专业技术人员和管理人员设置 65 个薪级,对工人设置 40 个薪级。每个薪级对应一个工资标准。对不同岗位规定不同的起点薪级。工作人员根据工作表现、资历和所聘岗位等因素确定薪级,执行相应的薪级工资标准。

③绩效工资。绩效工资主要体现工作人员的实绩和贡献。国家对事业单位绩效工资分配进行总量调控和政策指导。事业单位在核定的绩效工资总量内,按照规范的程序和要求,自主分配。事业单位实行绩效工资后,取消现行年终一次性奖金,将一个月基本工资的额度以及地区附加津贴纳入绩效工资。

④津贴补贴。

第一,完善艰苦边远地区津贴制度。建立科学合理的艰苦边远地区津贴实施范围和类别的评估指标体系,建立艰苦边远地区津贴水平正常增长机制和实施范围、类别动态调整机制。

第二,规范特殊岗位津贴补贴管理。国家统一制定特殊岗位津贴补贴政策和规范管理办法,规定特殊岗位津贴补贴的项目、标准和实施范围,明确调整和新建特殊岗位津贴补贴的条件,建立动态管理机制。

此次薪酬制度调整,使事业单位工作人员薪资制度与公务员薪资制度相分离,并且岗位绩效工资制度更加符合事业单位岗位类型多样化的特点,有利于事业单位人力资源优化配置。

(2)2009 年事业单位绩效工资改革

2009 年 9 月 2 日国务院常务会议,审议并原则通过《关于义务教育学校实施绩效工资的指导意见》,决定在全国义务教育学校实施绩效工资,确保义务教育教师平均工资水平不低于当地公务员平均工资水平。

事业单位绩效工资改革"三步走"战略。第一步是指在 2009 年 1 月 1 日义务教育学校全面实行;第二步是指配合医院医疗卫生的体系的改革,在 2009 年 10 月 1 日医疗绩效卫生事业单位开始实行;第三步是指在 2010 年 1 月 1 日其他事业单位开始实行。

(3)2015 年调整基本工资标准

针对之前薪酬制度改革中基本工资因为调整标准在总体收入中比重持续下降的情况,2015 年 1 月发布了《关于调整事业单位工作人员基本工资标准的实施方案》。该方案明确指出调整基本工资标准的办法和建立基本工资正常调整机制。

①调整基本工资标准的办法。从 2014 年 10 月 1 日起,调整事业单位工作人员基本工资标准,同时将部分绩效工资纳入基本工资;没有实施绩效工资的,从应纳入绩效工资的项目中纳入。调整后,绩效工资水平相应减少。

②建立基本工资正常调整机制。建立事业单位工作人员基本工资正常调整机制。今后基本工资标准原则上每年或每两年调整一次,近期每年调整一次。

此次薪酬制度调整,将部分绩效工资纳入基本工资,使得对事业单位工作人员工资管理更加科学化、统一化,从而有效地实现了"收入公平"。同时,建立并实施的基本工资正常调整机制,有利于事业单位工作人员工资反映经济发展水平和适应市场变化要求。

3)现行事业单位薪酬制度存在的问题

我国事业单位薪酬制度通过多年改革实践已逐步完善,在坚持基本原则的前提下,在调动事业单位工作人员工作积极性和提高事业单位社会服务效率方面起到了促进作用。但是,现行薪酬制度依然存在一些有待解决的问题。

(1)"先行入轨"的非正常程序套改工资利弊交织

《事业单位工作人员收入分配制度改革实施办法》规定专业技术人员、管理人员、工人执行相应的岗位工资标准,先行入轨的方式简化薪酬制度改革的程序。但是,这也导致人们将收入分配制度改革与单纯的工资调整等同,增加了完善岗位绩效工资制的难度。

(2)薪酬合理化分配与收入规范化管理尚未到位

①不科学的薪酬结构。

第一,薪酬结构残缺,无法满足多数员工在薪酬方面的不同需求。

第二,薪酬单元的组合比例失调,"活工资"并未活分配。

第三,津贴补贴名目过多,这使得薪酬规范难度增大;同时,造成不同岗位的工作差异大但实际收益差距小的情况。

②僵化的薪酬分配方式。

现行事业单位的薪酬分配,长期以来沿用的内部分配标准,没有完全引入市场机制。事业单位中的人事管理和薪酬安排等各项工作由上级部门直接安排,缺乏独立自主性,与现行市场价格脱轨,薪酬定位不准。

③收入规范遗留问题

虽然国家规范了收入分配结构,但是尚未对事业单位工作人员的工资收入项目进行梳理和规范,其中一些地方性收入或行业性收入还有待进行认定。

(3)绩效工资体系改革无法真正解决社会公平问题

①照搬政策不顾当地实际。大多数事业单位按照统一政策进行套改,并没有结合自身实际情况思考如何落实并运行绩效工资改革。

②分配不当,绩效工资缺乏激励作用。事业单位也没有进行合理有效的分类管理和单位内部分配方案,造成单位员工的工作酬劳和做出的贡献并不能真正通过绩效工资表现出来,这使得绩效工资激励功能降低。

(4)主客观因素共同制约绩效评估的准确性

①绩效评估实际操作难度大。

第一,事业单位工作人员的主要职责是向社会大众提供各项公共服务,服务本身作为一种无形产出,量化难度大。

第二,具体评估过程中,以服务数量、服务质量和满足程度作为目标,不准确、具有片面性。

第三,员工的能力发挥往往受到多种外部因素的制约,这使得自身能力和工作绩效不能成正比。

②尚未形成一套健全完善的绩效考核方法。

第一,现行的绩效评估制度缺乏原则性指导,绩效考评标准不统一、不健全。

第二,考评方式缺乏监督,主观随意性强。上级依照年初制订的工作目标,根据搜集整理的相关考评资料,对下属员工直接进行绩效工资考评。

第三,绩效考核方法无法对全体工作人员进行评价。这包括实际参与部门工作却无正式编制的编外人员和工作能力不高、积极性不强的普通员工。

4)现行事业单位薪酬制度的完善路径

完善事业单位薪酬制度既要切实考虑不同类型事业单位的工作内容和环境条件,又要充分调动个体积极、主动的探索精神。具体需要做到以下几点:

①进行广泛的市场调查,确定以市场价格为基础的薪酬分配结构。

②切实落实事业单位分类管理、聘用制等相关制度的配套改革工作。

③科学合理地量化工作指标和绩效考核标准,切实贯彻执行科学的考核制度,把规范考核与薪酬分配紧密结合起来。

④不断理顺薪酬体系,逐步建立多元化分配机制。

第一,按劳分配与按生产要素分配相结合,坚持多劳多得。

第二,打破行业和单位内部的单一工资制,对各种要素在工作和生产过程中的贡献及作用进行科学评价,确定其参与分配的权重比例。

第三,建立适应不同事业单位特点的多层次、多形式、多元化分配机制。

⑤逐步规范带有平均主义色彩的津贴补贴,引入竞争、激励机制,加大薪酬中可变部分的比例,将工作人员的报酬与其实际贡献结合起来。

【本章小结】

本章从公共部门薪酬管理的概念、原则出发,分析了影响公共部门薪酬管理的外部、内部以及个人因素,重点介绍了公共部门薪酬管理的流程。首先,进行职位评价解决薪酬内部公平性问题,职位评价的定性方法有排序法和分类法,定量方法有要素比较法和要素记点法,当前运用最为普遍的是要素计点法。其次,薪酬水平市场调查,解决薪酬外部公平和竞争性问题,薪酬调查具有一定的实施过程和形式。最后,进行薪酬结构设计,包括薪酬等级、薪酬变动范围以及薪酬等级之间交叉重叠程度的设计。

【案例分析】

【案例 8.1】为什么公务员工资那么低,大家都争着考?

对于很多普通人来讲,高考、考研、考公务员已经成为他们人生中必经的几项大考,而目的只有一个:获得更好的工作机会和更好的生活水平。那么,为什么公务员工资那么低,大家都争着考呢?

第一,公务员和高考一样,比较公平、公正、公开。

对于很多普通人来讲,公务员考试就像高考一样,是一个只要靠努力就能实现的手段。大家都希望进入名企,可是名企的招聘条件经常需要"985""211"研究生,英语过 6 级,甚至还倾向海外留学生。然而公务员只要达到一定的标准,普通学校的本科学生,有无工作经验都可以报考,进入笔试环节。选择公务员考试,可以改变那些没有辉煌简历、学校一般、遭受职场性别歧视的人首轮被刷的命运。大家可以站在一个较为公平的起点,进行笔试和面试。

第二,公务员为广大冷门专业学生提供就业机会。

每年 6 月毕业季都是几家欢喜几家愁。部分专业的行业壁垒比较低,专业到企业应用性不强,这些专业的学生就业压力大。自然而然,这些就业冷门专业的学生更倾向于公务员考试,因为很多基层岗位对专业要求并不高,只要符合条件,考试面试合格,政审过了,就能够得到一份相对稳定、体面的工作。对这些就业冷门的学生来讲,比他们海投简历、去企业找一份月收入两千的工作要强得多。

第三,公务员的工资水平并不低。

虽然北上广深的平均薪酬高,但是一线城市往往是挣得多花销也大,一个月薪10 000 元的程序员不一定比挣 5 000 元的公务员过得舒适。虽然很多人觉得公务员(科员基础岗)薪酬水平低,但是仍然有很多基础岗位(如行政、人力、文员等)工资水平也徘徊在四五千的水平。相比这些基础岗位,同样处于基础岗位的公务员在一线城市工资水平处于中等,甚至在二、三线城市工资水平处于中上等,成为别人眼中羡慕的高薪工作。

第四,五险一金以外,福利待遇好。

对普通企业员工来讲,很多人的福利待遇有且只有五险一金(养老保险、医疗保险、失业保险、工伤保险和生育保险,还有住房公积金)。但是对国家公务员来讲,他们工资包括基本工资、津贴、补贴和奖金。公务员按照国家规定享受地区附加津贴、艰苦边远地区津贴、岗位津贴等津贴。公务员按照国家规定享受住房、医疗等补贴、补助。公务员在定期考核中被确定为优秀、称职的,按照国家规定享受年终奖金。

第五,"铁饭碗"思想,爸妈眼中的体面工作。

国家公务员在政府机构工作,属于大家眼中的"铁饭碗",发展不好也能够稳定地做个科员,发展得好可以继续向上发展,在仕途上走得更高。"铁饭碗"和"官本位"的思想,让父辈觉得公务员是一个包赚不赔的工作,既稳定,福利待遇好,又能够获得较高的社会地位。

第六,公务员往往提供更多利好女性的岗位。

虽然国家有法律保护,用人企业不能出现性别歧视,但仍有很多女性面试时听到"何时结婚?""何时生育"即色变。在职场中,女性如果生育,可能被降薪降职,或被变相调岗,甚至被辞退……面对这些职场权益,公务员岗位则能够给女性提供婚假、产假、年假等保障,让女性获得更多的职场安全感。

案例讨论:

1.如何客观评价公务员的工资是高还是低?

2.如何评价公务员的薪酬体系?

【思考与练习】

1.公共部门薪酬管理的基本原则是什么?

2.在公共部门薪酬管理过程中,有哪些关键环节?

3.为什么要进行外部薪酬调查?其结果如何使用?

4.为什么要进行内部职位评价?其结果如何使用?

5.如何评价与选用职位评价的几种常见方法?

6.如何理解我国公共部门薪酬管理的改革?

第9章　公共部门人力资源培训

【知识目标】

1.了解公共部门培训现状。

2.了解培训理论。

3.了解成人学习的特点。

【能力素质目标】

1.掌握公共部门培训需求分析。

2.掌握公共部门培训设计。

3.掌握公共部门培训评估方法。

4.能够综合运用部门特点进行培训安排。

9.1　公共部门人力资源培训概述

9.1.1　公共部门人力资源培训内涵

公共部门人力资源培训是指公共部门根据相关法律法规的要求和规定,以提高公务人员的素质、能力和工作绩效为目的,所开展的一系列针对公务人员的培养、训练和教育等活动。它是国家人力资源管理的重要组成部分,培训可以提高公务人员的工作水准,进而不断提升公共部门的综合行政能力和服务能力,形成一支优质、高效、廉洁的公务员队伍,从而获得社会公众的广泛认可和信任。

作为一种成人继续教育,公共部门人力资源培训与一般的学校常规教育有所不同。

首先,公共部门人力资源培训是以提高工作岗位的工作效率和水平,改进工作方式为核心和直接目的,因此,它的针对性较强。培训的内容和方式,基本上都是围绕公职人员从事行政活动所必备的政治素质、职业道德以及知识、能力和技巧。

其次,公共部门人力资源培训是一种终身的、回归的继续教育,是常规教育的发展和延续,属于"第二过程教育"的再教育,它伴随着公职人员个人职业生涯发展的始终。

再次,公共部门人力资源培训的内容是根据职位或职务的具体要求,向受训者灌输专门的知识和特殊的技能,以工作需要为着眼点。从长远和整体上看,培训被作为提高整个政府组织绩效的基本途径和手段。

最后,公共部门人力资源培训的形式多样灵活,伸缩性较强。在教育时间、范围和方法上,都是契合公职人员的工作需求的。

9.1.2 公共部门人力资源培训的必要性

21 世纪,人类进入了一个崭新的时代,社会矛盾加剧,整个国际社会面临新的挑战和困难,对公共部门人力资源管理也有了更高的要求。因此,公共部门人力资源培训具有重要的意义。

第一,随着科技革命时代的到来,传统的学习、工作方式逐渐被网络化替代。这就要求公共部门人员努力提高自身的素质,完善自身的知识体系,掌握学习更新知识的方法,用新的工作方式从事公共管理事务,为公众更好地服务。

第二,当今政府面临严峻的社会环境,环境的急剧恶化、危机冲突的不断发生等社会问题往往具备复杂性、成因多样化等特征。因此,公共部门人员在处理这些问题时,要有整体意识,注意把握问题的主要方面与次要方面。这些能力都需要公共部门人员参加培训,增强判断能力和解决问题的能力,不断完善自我,具备与时俱进的公务处理能力。

第三,随着市场经济体制的不断完善以及行政改革的深入,当今政府逐步由统治型政府向服务型政府转变。服务型政府以让公众满意,提高公众的服务质量为目标。因此,公共部门服务型政府的建设需要培训一支能够适应政府职能转变后的新型行政运作方式的行政队伍。

第四,公共部门人力资源是国家维护政权稳定、提高综合国力的主要力量,公共部门人力资源的人才结构模式和发展是公共部门长期规划的重要组成部分,因此,公共部门人力资源培训是一项战略性任务,关系着国家和民族的前途。

9.1.3 公共部门人力资源培训的相关理论

关于公共部门人力资源培训理论的研究最早可以追溯到 19 世纪 60 年代,较为著名的理论有人力资本理论、学习型组织理论、激励理论和终身教育理论。

1)人力资本理论

“人力资本”最早是由美国芝加哥大学的经济学家西奥多·舒尔茨(Theodore Schultz)提出的。他认为:“人力资本理论,即在影响经济发展诸多因素中,最为关键的是人的因素,经济发展主要取决于人的质量的提高,而不是自然资源的丰瘠或资本的多寡。”舒尔茨认为人力资本是投资后凝固在人身上的价值,是通过投资所获得的体能、知识和技能,体现为劳动者素质的提高。继西奥多·舒尔茨之后,1964 年,加里·贝克尔的著作《人力资本》,从微观分析了人力资本理论框架和正规教育的成本和收益问题,重点讨论了培训的经济意义,研究了人力资本与个人收入分配的关系。

2)学习型组织理论

1965年,美国哈佛大学佛睿思特(Forrester)教授在《企业的新设计》一文中提出了“学习型组织”,后来他的学生彼得·圣吉(Peter Senge)1990年在《第五项修炼》一书中,明确提出了“学习型组织”的全新培训理念,即五项修炼,这五项修炼包括:自我超越,辨认什么是对个人而言最重要的能力;团队学习,团队学习是基于“深度会谈”之上的,是一个团体的所有成员,提出心中的假设而进入一起思考的能力;心智模式,根深蒂固于心中、影响我们如何了解这个世界;共同愿望,根据人民真正想要创造的东西,在一个集体中建立以此为目标的责任感的能力;系统思考,整理个项并寻求整体性结论的能力。

学习型组织理论的出现,提高了学习、培训在组织中的地位,使培训从被动变为主动,使整个培训模式融入新的理念和内涵,它将培训活动从生产领域拓展到组织机构工作的运行,增强了培训的重要性。

3)激励理论

激励理论是行为科学中用于处理需要、动机、目标和行为四者之间关系的核心理论。比较有代表性的理论有马斯洛的“需要层次论”、斯金纳的“强化理论”、弗鲁姆的“期望理论”等。激励理论认为,人的动机来自需要,需要可以激发、驱动和强化人的行为。

管理学界认为激励就是管理主体(激励主体)通过运用某种手段和方式,让管理客体(激励客体)在心理上处于紧张状态,积极行动起来,付出更多的智慧和精力,奋发努力,以实现激励主体所期望的目标。按照不同的划分标准,激励可分为不同的类型:根据激励性质的不同,分为正激励和负激励。正向激励策略是通过制订一系列的行为标准,以及与之配套的激励政策如表彰、奖励、晋升、提拔等,以强化某种行为,鼓励员工更加积极主动的策略。正向激励策略可以是物质激励、精神激励,也可表现为货币形式和非货币形式。负向激励策略则与正向激励策略完全相反,采取惩罚的手段,以防止或禁止某种行为的激励。主要惩罚手段有扣发工资奖金、降薪、调任等。根据激励形式的不同,激励可分为内在激励和外在激励。内在激励源于员工对工作的兴趣和完成任务所带来的满足感,是一种内在的心理激励策略。外在激励则是通过外在的一系列激励手段和措施,如对完成任务的员工支付适当的报酬,以激发员工的积极性。公共部门人力资源培训的激励机制主要通过职务升降制度、奖惩制度来体现。积极有效的培训考核激励机制依据培训的考核结果,为公共部门人力资源设定一种有奖有惩、奖罚分明的激励机制,促使公共部门人力资源提高培训的积极性和热情度,通过培训提高公共部门人力资源的素质技能,改善服务态度,提供一种提高素质技能水平和工作绩效的保障机制。

4)终身教育理论

20世纪60年代,终身教育理论形成。1972年,终身教育理论代表人物法国著名教育家保罗·朗格朗和联合国教科文组织终身教育部部长E.捷尔比认为:终身教育应是学校教育和毕业以后教育及培训的总和;它是正规教育和非正规教育之间关系的发展,也是个人通过培训实现其最大限度教育方面的目的。

终身教育理论强调教育不应局限于学校教育阶段,教育应贯穿个体的终身,关注学习者的需求,关注学习能力和终身学习情感态度的养成。

终身教育理论是顺应时代发展趋势的理论成果,在科技经济迅猛发展的情况下,终身教育理论对整个世界来说都有着重大的影响和作用。公共部门人员培训的终身教育是指公共部门人员离开学校教育之后,根据其所面临的工作岗位要求对其进行再教育或岗位培训的过程,并且这个过程将贯穿公共部门人员的一生。终身教育有利于我国学习型政府的建设发展,终身教育已成为当今世界各国公共部门人力资源培训的新趋势。

9.2 我国公共部门人力资源的培训

我国公共部门人力资源培训制度最初源于干部培训制度。我国干部培训制度的形成和发展,经历了一个漫长的历史进程。早在1921年8月,毛泽东同志亲自创办湖南自修大学补习学校和初中班,宣传马列主义,发展党团组织,成为培养工农干部的摇篮。中华人民共和国成立以后,为了尽快适应社会主义建设的需要,各级党政机关兴办了各级各类党校、干部学校等培训场所,充实了教学内容,大规模地对干部进行培训。当前,各国公共部门越来越重视公共部门人力资源的开发与管理,对教育培训方面的投资也越来越大。

9.2.1 我国公共部门人力资源培训现状

1)我国公共部门人员培训的类型

公共部门人员培训属于在职教育,其形式具有较强的弹性,类型也多种多样。一般来说,有以下几种:

(1)任职或初任培训

对新录用、尚未正式任职的初任公务员进行的理论和实践教育培训,它是被录用后试用期内的必经环节,培训合格者才能被正式任用。

(2)在职培训

它的对象是已经在公共部门服务若干年的公职人员。这类培训根据社会经济环境的变化,以及政府某些行政职能的扩大和加盟,知识结构的更新等需求,以调整公职人员的知识技能,提高政治素质和提高行政管理的能力为目的。培训的方式以离职学习为主。国家有计划地加强对优秀年轻公务员的培训。

(3)晋升培训

对在职公职人员中高层次的人员和有希望或拟将晋升到更高职位的公职人员进行的培训。此类培训有明确的针对性,它根据职务所要求的理论知识、政策水平、组织能力和综合素质,给予公职人员在政治、业务、技能等方面的教育,使其能够胜任更高一级的领导职位的工作。

(4)专门业务的培训

公职人员在从事某项专门性的业务工作或临时性业务工作之前,接受培训,其目的是使培训人员掌握拟从事的专门业务工作所要求的特殊知识、技能和能力等,从而胜任此专项工作。如我国1998年建立和实行的向企业派出特派稽查员制度,担任特派稽查员的公务员就要首先接受财务、审计等方面的特殊专业知识和技能的培训。

2)我国公共部门人力资源培训模式

我国现有的公共部门人力资源培训模式大致可以分为MPA教育培训模式、岗位技能培训模式和跨国培训模式3种。

(1)MPA教育培训模式

公共管理硕士(Master of Public Administration,MPA)学位教育是国际公认的高层次职位研究生教育之一,它起源于20世纪20年代的美国。由于具有一套完整的公共行政和公共管理的教育体系,MPA教育在许多发达国家和地区的公共人力资源管理中起着积极的促进作用。随着我国社会主义市场经济体制的建立健全,公共部门在市场运作中角色的变化,我国大胆借鉴国外MPA教育的成功经验和先进做法,通过大力建立和创新我国的MPA教育体系,培养面向国际的、适应新时期发展需求的高素质管理人才。1999年国务院学位委员会、教育部、人事部组织来自国内一流大学的专家、学者开始对在我国设置和开办公共管理硕士专业学位进行可行性的研究论证。我国的MPA教育有以下特点。

①培训目标方面。基于我国的政治、经济、社会、文化对公共人力资源的素质要求,我国提出了具有中国特色的MPA教育培训目标:造就德、智、体全面发展,德才兼备,适应我国改革开放和现代化建设需要,能够担当起21世纪中华民族复兴的领导与管理重任的新型高层次公共事务、政府管理和政策研究与咨询的高级人才,为公共部门特别是党政机关和群众团体及企事业单位培养具有现代公共事务、公共管理和公共政策理论素养,掌握先进分析方法及技术,精通某一具体公共管理或政策领域的领导者、管理者、政策分析者及其他公共服务人才。

②招生对象方面。MPA的招生对象为大学本科毕业,具有学士学位,年龄在45周岁以下,具备4年以上实际工作经验的政府部门及非政府公共机构的工作人员。

③课程设置方面。全国公共管理硕士专业学位教育指导委员会对我国的MPA课程设置做了以下规定:MPA课程包括专业核心课程、专业方向必修课和选修课三类。其中专业核心课程实行“9+1”形式,即9门专业核心课程是教育指导委员会指定的,另外一门是学校根据自身的学科情况确定的。专业方向必修课是根据公共管理学科特点和领域,设置5个专业方向,每个专业方向列出若干专业方向必修课,培养对象自行选择一组作为专业方向必修课。

④教学方法方面。MPA教育培训主要实行启发式、参与式的教学,尤其是涉及能力提高的课程一般都是采用案例分析的教学方法。设定情景、分派角色、组织开展教学“游戏”或现场模拟活动的教学方法也常常在MPA教育培训中使用。

⑤师资队伍方面。从事MPA教育的专职教师必须具备国内外著名大学或研究机构的博士学位,可以说是政治学、管理学、经济学、社会学、法律等学科的专家;从事MPA兼职教师的是在公共管理部门中有实际管理工作经验的工作人员和资深专家;此外,国外一些知名大学教授也会应邀为MPA上课,以开拓学生的国际视野。

(2)岗位技能培训模式

岗位技能培训模式是指按照岗位职务需要,有针对性地对在岗在职人员进行岗位专业知识和实际技能的在职培训。它要求培训内容与岗位需要相吻合,其目的是帮助干部及时获得适应工作发展所必需的知识和技能,完备上岗任职资格,按照培训的对象可以分为以下两种:

①新录用工作人员的适应性培训。适应性培训主要是针对初任的工作人员及转换岗位的工作人员,它是以示范实习为平台的"传帮带"培训,完成新录用人员的适应性培训就能基本胜任当前的工作。它的培训内容主要围绕专业领域的基础知识和技能,受训对象经过培训后具有专业的背景知识理论,能熟练掌握该职位所必需的工作方式和操作技能。

②在职工作人员的强化性培训。强化性培训是指对专门人才的培训,主要针对职位具有较强专业性的工作人员,专业领域的知识、操作技能及工作方式的更新换代都会实施强化性的培训。培训使受训人员不仅掌握和更新满足时代社会新发展要求的岗位技能,更有利于他们才能的发挥和潜能的挖掘,调动他们的创造性和积极性,也有利于培训对象的职业生涯规划,为日后职业生涯中的晋升、深造等奠定基础。

当前的岗位技能培训模式呈现出以下的特点:

①岗位技能培训目标具有明确性。岗位技能培训的目标是保证公共部门工作人员能够胜任专项工作的需要。培训需求的分析、培训内容的确定、培训方案的制订及培训效果的评估都要围绕明确的培训目标展开。

②岗位技能培训形式具有创新性。在组织内部开展岗位技能培训主要依据各岗位、各专业对组织内部工作人员的文化知识和专业技能的具体要求,所以受训对象接受培训的内容一般都是在平时工作中用得上的实际操作技能。培训内容的特殊性要求培训形式要从以传统的课题讲授为主转变为以技能的现场操作为主,培训形式的转变大大增强了培训的实效性。

③岗位技能培训标准的层次性。培训对象决定了培训标准的层次性,如适应性的岗位技能培训主要是指基础类的培训,它以基础理论和基本专业技能的传授为主要标准;而强化性的岗位技能培训则是在基础培训后继续培训,它以提高受训对象的职业素养、更新和完善他们的知识结构为主要标准。

(3)跨国培训模式

随着改革开放的深入和经济全球化的进一步发展,为了适应新形势发展的要求,学习和借鉴西方一些发达国家的成功经验,各类跨越国家界限的公共部门人力资源培训模式不断涌现。在成功体验国外优秀的培训方式、学习先进的公共管理理论和技术的同时,跨国培训模式也拓展了公共部门人力资源的视野,为培养国际化的公共管理人才提供了机会。根据培训投入机制、委托方和受托方的类型,将当前公共部门培训中的跨国模式分为"国外受托机构"(见图9.1)与"一中一外受托机构"(见图9.2)两种,其中"一中一外受托机构"根据国内受托方的不同,又可以分为国内直属的党校和行政学院与国内高校两种。

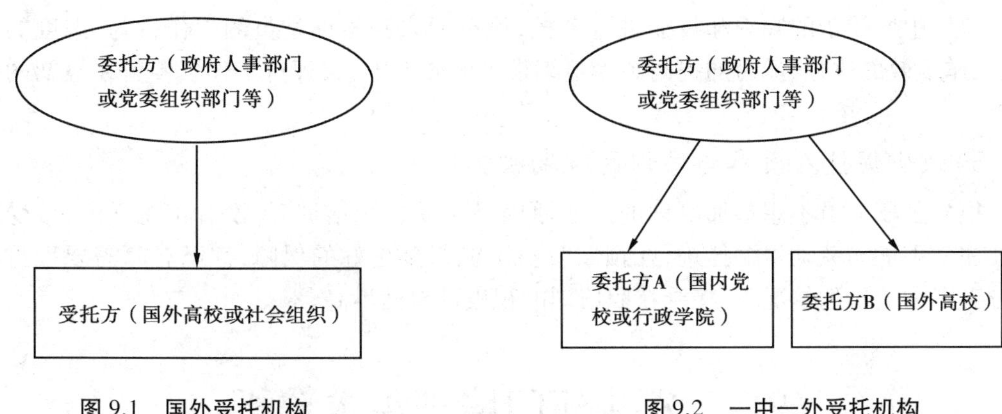

图 9.1　国外受托机构　　　　图 9.2　一中一外受托机构

9.2.2　我国公共部门人力资源培训问题

我国公共部门人力资源培训事业还处于起步阶段,存在许多不足,主要表现在以下几点:

1)公共部门人力资源培训制度不完善且形同虚设

2008 年由中共中央组织部和人力资源和社会保障部联合颁发的《公务员培训规定(试行)》对培训对象、培训分类、培训方式、培训保障、培训登记与评估、监督与纪律作出了原则性的规定。2015 年由中央组织部颁发的《干部教育培训工作条例》对干部教育培训的内容、方式方法、机构、师资、课程、教材、经费以及考核与评估作出了相关的规定。而我国公共部门人力资源培训工作法制化还处于起步阶段,制度执行过程中缺少相关法律制度和措施的保障,培训具体实行的细节问题并没有得到详细的规定,除政府部门外,其他事业单位,如医疗机构、教育机构的培训工作缺乏法律制度的保障。此外,由于缺乏监督制度,各部门在实施培训工作时也未完全按规定进行,虽有制度,却无执行,造成我国公共部门人力资源培训执行欠缺力度。

2)人力资源培训工作实施过程不科学

人力资源培训工作是一个制订培训策略,筹划培训项目,安排培训内容,实施培训行为和评价培训效果的复杂过程,大致由 3 个阶段组成,即前期准备阶段、培训实施阶段和培训估计阶段。我国公共部门人力资源培训系统极不完善,造成了我国公职人员培训长期存在针对性不强、分类业务培训差、在职培训不规范和培训效果不佳的状况。

首先,在培训的前期准备阶段,往往忽略了对受训者的状况进行考察,即培训开发前的评价缺失,培训目的模糊,结果造成培训与需求的脱节,培训内容无法转换为现实的效果。

其次,培训实施过程中缺乏监督,培训过程中出现的问题没能及时得到反馈,这在一定程度上造成我国培训工作效果普遍不佳。许多培训流于形式,如一些短期的研讨会、考察学习,由公费学习变成了公费旅游,这都是因为对培训过程缺乏必要的监控。

最后,培训开发效果评价几乎没有开展,以致培训没有系统的总结和分析,也就无法对系统进行改进。而且,培训效果的测评方法单一,内容不全面,多数的培训评估仅仅对培训课程中所授予的知识和技能进行考核,没有深入到培训学员的工作行为、态度的改变、工作绩效的改善、能力的提高和为组织带来的效益上来,评价工作仅停留在最初的层次上。

3)缺少促使人员参与培训的激励机制

很多公职人员不想参加培训的主要原因是接受在职培训后,没有正规学历,接受培训往往又不能与劳动报酬挂钩,在预期收益不能得到更好的保障,甚至有时需要以付出部分工资为代价的情况下,接受在职培训的积极性自然不高。

9.3 公共部门培训需求分析

公共部门人力资源的培训并非盲目进行,培训的实施是建立在培训需求分析上的,公共部门人力资源培训大致分为3个步骤:培训需求分析、设计与执行和培训效果评估。

培训需求分析是整个培训工作的起点,对培训的质量起着决定性的作用。公共部门人力资源培训与开发系统模型如图9.3所示。

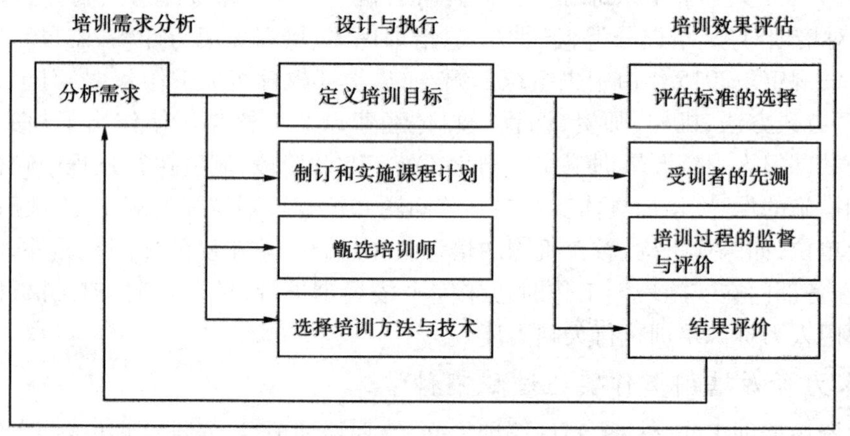

图9.3 公共部门人力资源培训系统模型

对于培训需求的分析,最具代表性的观点是麦吉(McGehee)和塞耶(Thayer)于1961年提出的:"通过组织分析、任务分析和人员分析这三种方法来确定培训的需求。"整个培训需求分析可以用图9.4来表示。

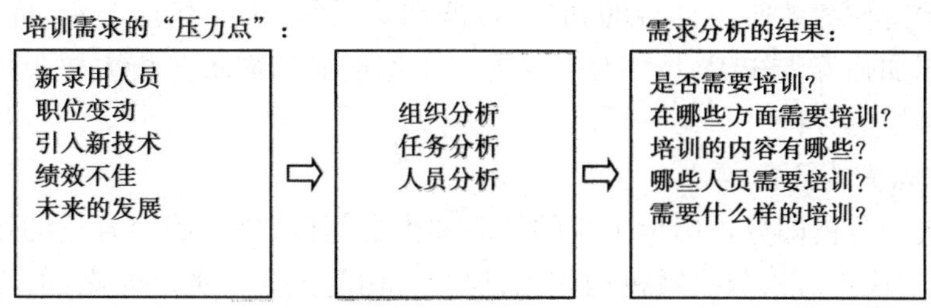

图 9.4　公共部门人力资源培训需求分析

9.3.1　不同层面的需求分析

1)组织层面的需求分析

在这一层面上的培训需求分析是通过对组织的目标任务、资源、环境等因素判断组织存在的问题,并确定培训是否是解决问题的最佳途径,以确定培训的项目。组织层面的分析通常包括组织目标分析、组织资源分析、组织特质与环境分析、组织支持分析 4 个方面。

(1)组织目标分析

在公共部门人力资源培训中,组织目标分析是分析为了达到组织的目标,现有人员的素质是否与组织的目标存在差距,这些差距能否通过培训来弥补。如果培训可以弥补人员素质与组织目标的差距,那么首先就要考虑可以采用什么样的培训方式、什么样的培训规模、培训费用多少等问题,其次考虑在各种备选方案中,分析培训的方法是否有效,是否还有更有效、更经济的培训方式。

(2)组织资源分析

公共部门组织资源分析主要是对资金、人力和时间资源的分析。首先,明确组织能够为培训提供的费用,组织能够提供的费用影响培训的规模和培训深度;其次,分析组织人员数量、年龄结构、技能水平和知识水平来确定培训的项目;最后,分析组织所能提供的时间以及根据人员的工作时间,尽量找到组织与人员时间的吻合点。

(3)组织特质与环境分析

组织特质与环境分析也是组织层面需求分析的重要环节之一,它影响培训是否能够成功,因为当培训计划与组织价值相悖离时,组织的培训就会受到很大影响。组织特质与环境分析主要是对组织的输入、输出、运作以及与外界环境交流的特质和软硬件设施、规章制度、文化建设等公共部门内部环境进行分析。

(4)组织支持分析

领导和人员的支持关系到培训的最终效果。培训能否取得成功,关键在于管理者是否支持培训,是否愿意向学员提供相关知识、技能以及应用培训内容的实践机会。只有得到领导和学员的共同重视与积极支持,培训才能达到良好效果。

2)工作层面的需求分析

工作层面的需求分析是指通过查阅工作职责,了解工作的详细内容,分析组织成员为达到理想的工作绩效所需具备的知识、技能和素质等，进而找出差距，确定培训需求，明确培训应该加强哪些知识、技能和任务等。工作层面的需求分析主要包括工作职责的分析和任职资格的分析。

(1)工作职责的分析

工作职责的分析即分析岗位工作的任务和难易程度，进而确定合适的培训方案。例如：公共部门的执行机构与决策机构相比，执行机构的大多事务是繁杂的，而决策部门的工作较为宏观，若对这两个部门的人员进行培训，培训方案应有所区别。

(2)任职资格的分析

任职资格的分析即分析任职工作需要具备什么样的条件，需要掌握哪些知识和技能等。分析现有的任职资格与预期的所需任职资格的差距，并确定能否通过培训弥补差距。

3)人员层面的需求分析

人员层面的需求分析主要是公共部门通过对照工作绩效管理和考核评估标准及分析人员德、能、勤、绩、廉绩效考核成绩，分析人员的实际工作绩效和部门的绩效标准之间的差距以及造成差距的原因，以确定哪些需要培训及需要哪方面的培训。人员层面的需求分析资料主要来源于绩效考核记录、人员自我评估和领导考核等。

(1)绩效分析

通过分析绩效考核记录表，将个人现有工作绩效与组织设定的绩效标准进行比较，如果存在差距，则说明组织有培训需求。

(2)素质和技能分析

一是人员自我评价，个人通过自己的工作绩效，对自己的工作成果以及知识技能方面的自我评价。二是上级领导评价，上级领导对个人的思想政治、工作能力、勤奋廉政等作出综合评价。

(3)个人的态度评量

运用科学的测评方法了解影响个人工作绩效的工作态度状况。个人态度的分析主要是区分不能做和不想做的问题。个人的工作态度不仅影响其知识技能的发挥，而且影响其与同事的人际关系，这些都直接影响工作的表现。

9.3.2 公共部门培训需求分析的技术方法

各个部门要进行有效的需求分析，就必须采取合适的方法和工具，通常情况下培训需求分析使用的方法以及对应的工具选取如下：

1)需求分析的方法和工具介绍

(1)调研问卷法

调研问卷法是最普遍也最有效的搜集资料和数据的方法之一。一般由培训部门设计一系列培训需求相关问题，以书面问卷的形式发放给培训对象，待培训对象填写之后再收回进行分析，获取培训需求的信息和数据。

(2)访谈法

访谈法也是数据搜集的一种重要方法,指为了得到培训需求的数据和信息,与访谈对象进行面对面交流的活动过程。这个过程不只是搜集硬性数据,比如事实、数据等,还包括印象、观点、判断等信息。

(3)现场取样法

现场取样法一般多用于服务性行业的培训需求调查(如饭店、卖场等),是通过选取培训对象现场实际工作的部分片段进行分析,以确定培训需求的一种分析方法。现场取样法主要包括两种形式:拍摄和取样。

拍摄是指在培训对象的工作环境中安装监控录影机、摄像机等拍摄设备,对培训对象的现场工作过程进行实际拍摄,事后通过录影带进行观察分析,得出培训需求结论。取样又分两种形式:一种是"神秘访客",即由取样人乔装成顾客,在培训对象不知情的情况下与其进行沟通、合作或者买卖活动等,事后以取样人对取样对象工作表现的评价和分析为依据,确定培训需求;另一种是客户录音取样,即选取培训对象与顾客对话的录音为需求分析的依据,总结培训需求的信息和数据。

(4)观察法

观察法多用于生产性或服务性行业,是指到培训对象的实际工作岗位上去了解其工作技能、态度、表现,以及在工作中遇到的主要问题等具体情况的一种方法。为了提高观察效果,一般要设计一份观察记录表,以作为需求分析的参考依据,如表 9.1 所示。

表 9.1　观察记录表

观察对象:	部　门:	岗　位:
观察地点:	观察时间:	
观察内容	记　录	评　价
工作态度		
工作方法		
工作熟练程度		
工作制度遵守		
工作沟通与协作		
灵活性与创新性		
工作效率		
工作完成情况		
时间管理		
突发事件应对		
备注:		
记录人:	记录时间:	

(5)小组讨论法

小组讨论法是指从培训对象中选出一部分有代表性且熟悉问题的员工作为代表，通过讨论的形式调查培训需求信息。小组讨论法的形式比较灵活，可以是正式的也可以是非正式的，可以通过头脑风暴、组织对照等多种方式进行。

在小组讨论开始之前，会议的组织者或主持人要事先确定讨论的形式和内容，以便有效地控制讨论的方向和进度。

(6)档案资料法

档案资料法即利用现有的有关单位发展、组织目标、岗位工作、人员分析等方面的文件资料，对培训需求进行综合分析的方法。由于档案资料信息纷杂，通常需要利用表格工具对其进行提炼归纳，如表9.2所示。

表9.2　资料信息归纳例表

归纳人：	归纳时间：
归纳方式(用"√"标出)：□资料收集 □资料整理	
资料份数：　　资料完整情况：	
资料信息分类	内容
单位信息	
外部信息	
管理层信息	
部门信息	
岗位信息	
个人信息	
备注：	
整理人：　　日期：	

(7)关键事件法

关键事件法是指通过分析企业内外部对员工或者客户产生较大影响的事件，以及其暴露出来的问题，确定培训需求的一种方法。常见的典型事件如顾客投诉、重大事故等。

(8)自我分析法

自我分析法即通过培训对象的自我评价，如对岗位知识、技能、掌握程度等内容的分析，来判断个人培训需求的一种方法。表9.3是一份自我分析例表。

表9.3　自我分析例表

姓　名：	部　门：	岗　位：
项目	分析	
岗位任务所需条件		
岗位工作胜任情况		
工作成绩		
工作失误及遇到的问题		
自身优点		
个人不足		
应加强哪些方面的学习		
学习目标及学习标准		
学习方式		
部门主管意见：		
备注：		
		年　月　日

2）需求分析方法的选用

上面提到的培训需求分析的这些方法各有优劣（见表9.4），公共部门可以根据自身状况自由选择。不同类型的公共职能部门使用调研分析方法的侧重点也有所不同，例如：一个20人的小部门通过访谈就知道每个职员的基本培训需求和岗位差距，一个2 000人的国有企业的培训需求调查靠访谈却很难实现，而用调研问卷法则更容易，也更能了解到普遍情况。又如在具体方法的使用过程中，调研问卷和访谈法都是自上而下进行，由于职务、工作等缘故，被访对象反映的问题不一定是真实情况，因此就没有现场取样方法那么直观和可靠；但是现场取样方法在使用的时候也有一定的局限性，不能覆盖企业管理的各个层面。

因此，各个部门在实际操作中，可以结合自身特点，综合利用各种方法进行培训需求分析，得出培训需求结论。

表9.4　培训需求分析方法对比表

方　法	说　明	优　点	缺　点
调研问卷法	将有关事项转化成问题，以问卷形式进行调查	成本低；信息比较齐全；可大规模开展	针对性强；很难收集具体信息；难保证回收率
访谈法	可根据访谈的对象和内容灵活变换形式	方式灵活；信息直接；易得到支持和配合	主观性强；分析难度大；需要高水平访谈员

续表

方　法	说　明	优　点	缺　点
现场取样法	包括拍摄和取样	资料直观、真实	实施设备成本高;可能以偏概全
观察法	到员工的工作岗位上了解员工的具体情况	可以得到有关工作环境的信息;所得资料与培训需求相关性较高	可能会影响观察对象的行为方式;观查结果只是表面现象
小组讨论法	选择有代表性的成员组成小组进行讨论	全面分析;允许当场发表不同观点	持续时间长;讨论需要保证组织性和结构性
档案资料法	利用现有文件资料综合分析培训需求	耗时少;成本低;信息质量高	不能显示解决办法;需要分析专家
关键事件法	以影响较大的事件来收集培训需求信息	易于分析和总结	事件具有偶然性;易以偏概全
自我分析法	通过个人情况来判断自己的培训需求	信息真实、直接	只代表个人情况

9.4　公共部门培训方法设计

经过需求分析之后就可以确立培训的方式方法,但在这之前还需了解成人学习的特点。公共部门培训的对象一般为成人,了解成人的学习动机和特点,是实施有效培训的前提。

9.4.1　成人学习的特点

我们可以借助个人心理成熟标志对成人作出判断,包括独立自主的自我概念、整体一致的自我认同感、自我调节控制能力、多样且人格化的经验、注重现时的时间观念。相比于未成年人,成人有着更加丰富的经验、阅历,其学习动机较为复杂,对学习的要求与期望也相对较高,具有以下几个特点:

(1)被人尊重的需求

与未成年人相比,成人在学习中更要“面子”、更强调他人的尊重。如果是在一个安全的、被接受的环境中学习,他们会因过去的成就得到他人认可而更加高效。因此,需要培训师注意的是,要将学员视为“伙伴”并给予更多的理解与尊重,使其感受到自身的重要性和不可或缺性,进而主动参与培训活动。从这个角度上看,成人学习者和培训师之间是一种伙伴性质的新型合作关系。

(2)整体一致性

成人具有整体一致的自我认同感,能将自己的过去、现在、未来整合成为一个完整的社会形象。在学习过程中,如果他们始终保持这种自我认同感,维持与培训师、同学间的良好伙伴关系,便可实现自主学习、自我指导,改善并促进培训活动取得较好的效果。

(3)强烈的目的性

成人学习具有很强的目标性,只有确实需要的东西才会学习。成人具有"现时"的时间观,对"当下"更为敏感;这种对于时间的珍视,是未成年人难以想象且无法比拟的。在培训过程中,成人追求的是"学用一致"和"学后即用",更加关注并乐意接受可以即学即用的知识与技能,特别是那些与现实联系密切的内容,这也正是他们学习的一个主要动力。因此,在设计成人培训课程时应充分考虑教学内容的实用性、注重实践性,只有这样,才能使其通过培训将知识迅速转化为解决实际问题的能力。

(4)学习潜力极大,可以富有成效地终身学习

与青少年相比,成年人虽然在机械记忆、感知等方面的能力有所下降,但其意义记忆、抽象能力和逻辑思维却有着明显优势。培训过程中,培训师尽可能地发挥成人的优势,扬长避短,从而提高培训效果。

(5)成人学习基于丰富的人格化经验

正如成人教育家诺莱斯所述,"对成人来说,他们的经验就是他们自己……在任何情况下,当成人的经历被忽视或被贬斥,他们认为这不是拒绝他们的经历,而是拒绝他们本人"。开展培训时,培训师应注意吸收、利用成人学习者的已有经验——"使学习者自己从已知到未知",而不是由培训者"带着学习者从已知到未知"。由于对自身需求及能力有着充分的了解,成人在感觉学习进程可控时往往会有更好的学习效果,当他们不得不处在"被教"位置,被动接受培训师灌输的知识时,其效果往往不能让人满意。

9.4.2　培训师的角色定位

成人的学习特点和经验学习模式对讲授者提出了不同于传统教师的要求,培训师应当做好角色的调整与转变。在成人培训中,培训师扮演着5种角色。

1)引导者

与青少年不同,成人是能够自我导向、自主决定的独立个体,其所拥有的经验更是重要的学习资源。因此,成人教师不应只局限于传授知识,而应承担起协助学习者自主学习的"引导者"职能。在教学过程中,要为成人学习者提供必需的资源与支援,帮助他们在适当的情境中最有成效地学习。鉴于此,培训师要在成人经验学习中成为引导者:把握经验学习的方向,关注过程,运用直接、间接的手段予以适当调控;使每个学员都能积极参与学习、分享经验;及时指导、点拨,确保经验学习得以有效推进;提出学习的主题和问题,激励学员加以思考或展开讨论。

2)研究者

提高成人经验学习的效果,就需要培训师首先成为一名研究者,这也是成人培训师专业发展的必由之路。首先,培训师要研究学员,了解学员的工作情况、心理特征等,对其已有经验进一步予以掌握,以做到有的放矢、因材施教。其次,培训师要对课程内容加

以研究。课程内容是经验学习的载体，需要培训师从研究者的角度进行审视，使培训内容贴合学员已有经验，并与成人特点相结合、与实践相联系，从而促进学员实施新的意义建构。最后，培训师要研究培训方法。

通过不断反思已有的方法，分析、指导成人经验学习中的行为、决策及其结果；同时注意方法的整合与互补，以提升学习效果。

3）建构者

正如大教育家杜威提出的著名论断，“教育就是经验的不断改造或改组”，其实质就是一个不断建构经验的过程。有效指导成人进行经验学习，培训师便要成为建构者。在指导经验学习时，不再局限于对系统知识的单纯讲解与呈现，而应分析学员既有经验（知识、技能、态度和信念），提示新旧知识间的联系线索，使其同化、顺应，从而得到新的收获。在此过程中，培训师和学员均要进行经验建构。

4）设计者

成人经验学习的发生是以一定学习情境为载体，情境对学习效果发挥着极为重要的作用。如果处在积极的情境，呈现给学习者的是一种支持、信任和信心，将促使其开展与以往不同的行动与思考；若是感觉受到威胁或缺乏信任，通常会抑制学习者的学习动机，使其负面印象得以强化。因此，培训师要根据培训目标和课程内容，有机整合各种资源，选择合理的方式，对真实世界的经验加以模仿、浓缩和分析，使学员融入经验学习的情境当中。

5）评价者

美国“成人教育之父”马尔科姆·诺尔斯指出，成人教师最重要的职能是评价职能，即“帮助学习者评价学习活动的结果”。由于经验是一种抽象、感性的资源，对这种“隐性知识”采取传统的定量评价方法，很难取得应有效果；而学习过程的个性化，也使经验学习的评估标准难以统一。因此，培训师要摒弃以学员成绩为中心的传统评价体系，采用灵活多样的方法对学习效果进行评判。例如，将定性评价与定量评价相结合，定性评价为主、定量评价为辅；在考虑学员学习特性的前提下，采用自评与他评相结合的方法；强调学习活动本身的意义与价值而实施的形成性评价等。也就是说，培训师要结合学员的实际情况（如工作经历、学习经验等）确定评价指标及评价标准，以期增强成人的学习兴趣和最终效果，使学员“诗意地栖息在学习中”。

9.4.3 确立有效的培训方式

从一定意义上讲，培训的方式、过程与培训内容、结果同样重要，培训方式往往会影响学员对内容吸收的程度，而培训过程又决定培训质量。随着年龄的增长，成人的短时记忆力将逐渐下降，将所见所闻转为长期记忆的能力也会相应减弱。此时，那种过多依靠短时记忆的培训方法很难奏效，譬如讲座。讲座本身强调的是信息与事实的传递，然而成功的培训不能仅仅依靠信息、事实的灌输，还需要学习者的参与、体验和行动。相比之下，参与式培训或许更适合成人学习。参与式培训与讲座式方法之间存在诸多不同

(见表9.5)。

表9.5　讲座式培训和参与式培训的区别

类　型	培训内容	组织形式	师生角色	培训理念
讲座式培训	在教育研究成果、教学方法、教改动态等的基础上,结合培训者的认识、形成的系统专题作为培训内容,直接传授	被动型讲座式培训,整个课堂由培训者讲解,参培人员记笔记	培训者是权威的信息提供者,参培人员是信息和命令的接受者,二者是一种"我→你"式单向传递等级分明的师生关系	传授知识
参与式培训	由一个中心概念或案例开始,由师生共同参与研究确认,最后上升为某个方面的理论知识。内容是随着参与研究的深入而逐渐生成的,既有普遍性又有个别性	培训组织形式多种多样,它包括相互讨论、案例分析、经验分享、教学观摩、角色扮演等,强调多元化的培训组织形式	培训者成了参培人员的"协作者""合作者",与他们一起学习研究、共同提高;两者之间是一种"你⟷我"式双向互馈的平等的师生关系	培养技能,提高能力

二者最大的区别在于:讲座式是培训者讲授、学习者接受式学习;参与式则是通过培训者组织活动、由学习者进行发现式的学习。在实施这种培训模式时,需要关注以下三个方面。

1)关注学员的主动学习

参与式培训强调学员发展的主体性、主动性。在这种模式中,培训师的职责由传统的"传道、授业、解惑"向引导学员学习转变,由"教"学员转化为"导"学员。这就要求培训师充分"放权",以信任、真诚、谦恭、勇担风险和友爱的态度与学员交流、对话;要考虑学员的学习动机及其心理特点,了解学员已有的知识与经验,帮助学员诊断具体的学习需求,与对方共同制订学习计划、激发他们的学习热情,并提供必要的人力、物质资源,将其推上获取知识的舞台。通过培训师的指导,使学员能够积极主动地参与学习,变"要我学"为"我要学",进而在知识能力、情感态度、创新精神等方面得到发展。

2)合理利用学员经验

经验是重要的学习资源,"成人学习需求、学习兴趣、学习动机的形成以及学习内容的选择,很大程度上要以其经验为依据"。对于学习而言,经验无疑具有积极的促进作用,但同时也会对成人学习产生消极影响。例如,经验易使成人固守已有的习惯、方法或是形成保守的心态。因此,培训师需要全面了解学员,在确定培训内容时考虑对方已有的知识水平,确定新旧知识间的连接点,指导学员对已有经验加以分析并进行取舍,以学员的兴趣、爱好以及参与活动的主体性为标尺,开发经验课程。

3)采取多元化的培训方式

研究表明,成年人一般可以在90分钟的聆听中保持理解能力,却只能记住20分钟的内容。这也就意味着,作为学习的引导者,培训师在培训过程中要注意改变培训的节奏与方式。参与式培训在调整培训节奏时,可以采用个体加入活动、与他人合作学习的方法,如分组讨论、案例分析、角色扮演、模拟、填表、画图、访谈、座谈、辩论、打分、小型讲座,以及其他根据培训内容而设计的游戏或练习。运用这些方法,可以创建出轻松愉悦的学习环境;之后再结合成人的自身经验,利用感官、表达等方式引导对方积极思考、自我监测、多向交流(见表9.6)。

表9.6　各种培训方法的优缺点比较表

类别	方法	定　义	优　点	缺　点	适用性
知识类培训方法	讲授法	最基本的培训方法,培训讲师按照讲义系统地向学员传授知识	①传授知识比较系统 ②有利于大规模培训 ③对环境要求不高 ④有利于培训师发挥 ⑤费用低	①单向传授,不利于双向互动,比较枯燥 ②不能满足学员个性需求 ③培训师的水平直接影响培训效果 ④传授方式不利于成人学习	各种知识性培训
	研讨法	在培训师引导下,学员围绕一个或几个主题进行交流,相互启发,有集体讨论、分组讨论、对立式讨论等形式	①强调学员的积极参与,有利于学员培养综合能力 ②多向式信息交流加深对知识的理解,提高运用能力 ③形式多样,适应性强,可针对不同的培训目的	①对研讨题目和内容的准备要求较高,对指导培训师的要求较高 ②题目要具代表性和启发性,难度要适当,并事先提供给学员做准备	①针对特定问题或任务解决的培训 ②判断能力或表达能力的培训
	专题讲座法	针对一个专题进行的课堂讲授	①时间形式灵活 ②可随时满足员工某一方面的培训需求 ③讲授内容集中在某一专题,学员易于理解	内容系统性较差	比较集中的知识性培训

续表

类别	方法	定　义	优　点	缺　点	适用性
技能类培训方法	工作指导法	由指导者在工作岗位上直接对员工进行培训,也称教练法或实习法,应用最普遍,具有很强的实用性,是员工培训的有效手段	①经济、实用、有效 ②适用范围广泛	受指导者能力的限制	①基层生产人员培训 ②管理人员培训
	工作轮换	受训者在预订时期内变换工作岗位使其获得不同的工作经验	①能丰富受训者的工作经验 ②增加其对企业的了解 ③了解自己的长处和短处,找到适合的位置 ④增强部门之间的合作和理解	鼓励通才化,适合一般直线管理人员的培训,不适合职能管理人员的培训	一线管理者培训
	个别指导法	师傅带徒弟的培训方式	①新员工可以避免盲目摸索 ②有利于新员工快速融入团队 ③消除新员工的紧张感 ④有利于优良传统的延续 ⑤新员工可以获得相关的经验	①指导者可能保留自己的经验,使指导流于形式 ②受指导者本身水平的影响很大 ③不良的工作习惯会影响新员工 ④不利于工作创新	新员工培训
混合类培训法	自学	指定教材让学员学习、网上学习、电视教育	①费用低 ②不影响工作 ③学员自主性强 ④可体现学习的个性差异 ⑤培养员工自学能力	①学习内容受限制 ②学习效果差异大 ③学习过程较枯燥	①岗前培训 ②在岗培训 ③学历教育
	案例分析法	内容真实,案例中应包含一定的管理问题,案例必须有明确的目的	①参与性强,将提高解决问题的能力融入知识传授中 ②教学方法生动 ③学员之间能够通过案例分析达到交流的目的	①案例准备时间长、要求高 ②对学员和顾问的能力要求高 ③无效案例可能会浪费时间	工作技能培训
	头脑风暴法	研讨会法,激发创造性思维,互相启迪	①为企业解决实际问题,提高培训收益 ②学员参与性强 ③有利于加深学员理解 ④集中集体智慧,达到相互启发的目的	①对顾问的引导要求高 ②讲授的机会少 ③主题挑选难度大,能否解决实际问题受学员能力限制	①工作技能培训 ②管理者培训
	管理者训练	针对管理者的系统培训,理解管理的基本原理和知识,从而提高管理能力	①管理知识的系统性好 ②可以大规模施训	①成本较高 ②学员需要脱产训练	中低层管理者

9.4.4 培训内容的设计

1)培训内容设计原则

(1)培训内容的设计要有层次性和阶段性

接受培训的人员是有个体性差异的,在培训计划的制订过程中,应充分考虑这些因素,既要满足不同学历或级别层次的公职人员的培训需求,又要满足处于不同职业生涯发展阶段的公职人员的培训需求。

另外,还要考虑不同性质、不同组织的差异,公职人员价值观、技术水平、能力、兴趣爱好的差异性。不同职业生涯发展阶段的公职人员,在工作经验、个性心理特征、知识能力结构上都会有所不同。新任公职人员往往充满干劲,对新的岗位和环境充满新奇感,表现为对知识的渴望会比较强烈,对这类公职人员就要在知识与技能方面给予培训;处于中期发展阶段的公职人员,随着工作经验的积累,因受多种因素的影响,需要更多的是组织能力、决策能力、心理素质及管理能力的提高。

(2)培训内容的设计应具备实效性

培训内容的选择应突出以人为本的理念特征,在培训过程中,适当地引入职业生涯管理方面的知识,如自我认知能力、职业生涯规划技能和自我调适能力等。

通过培训使公职人员能够正确认识自我,分析自我,从而树立正确的价值观,合理地制订适合自己的职业生涯规划,这对公职人员的自身职业发展也大有裨益。这样一来,不仅为公职人员提供了更强的内在驱动力,而且提高了培训的实际效果。

(3)培训内容在设计时要兼顾知识技能培训与组织文化培训

在公职人员培训中,培训内容应与岗位职责相衔接。公共组织的任何职位都要求任职者既要掌握必备的知识和技能,又要了解并遵守组织的制度、具有基本的职业道德、信守组织的核心价值观。

一方面,可以通过招聘中的考查来保证;另一方面,还必须通过不断的培训加以强化。组织既要安排文化知识、专业知识、专业技能的培训内容,又要安排理想、信念、价值观、道德观等方面的培训内容,后者必须与组织的目标、精神、制度、文化传统等密切结合起来,使之切合公共部门实际发展的需要。但同时要注意组织愿景与个人取向可能会发生矛盾,如果出现矛盾或偏差,要及时协调并调整,以保证培训的顺利进行。

2)培训内容选取

职业生涯导向的培训模式是以组织与个人共同发展为目标,培训方案的设计采用自上而下与自下而上相结合的方法,组织与个人共同参与培训方案的设计,能够充分调动公职人员参与培训的热情,兼顾组织、工作、绩效、职业发展的要求。在将整个培训内容付诸实施的过程中,公共部门须转换观念,树立人性化和职业生涯规划的意识。

(1)公共部门要树立人性化的管理理念

首先,要尊重公职人员个人的职业发展要求,将促进公职人员个人的职业发展视为政府工作的一部分,为公职人员职业发展提供必要的指导。

其次,公共部门的领导要转变培训观念,充分认识培训对公职人员能力与素质的提升及对公共部门发展的重要性,将培训视为提高为民服务质量的重要手段,贯穿公职人员职业生涯的始末。将公职人员培训与公职人员职业发展相结合,转变旧的思维方式,摆脱原有的僵化的晋升机制的约束,使培训真正落到实处。

(2)公职人员个人也要树立职业生涯规划意识

在人本管理理念的指导下,公职人员是公共部门人力资源管理的客体,同时更是主体。在这种情况下,公职人员必须具备个人职业生涯规划的意识与能力,对自身的职业发展优势及劣势作出审时度势的判断,这样才能实现个人更加全面的发展。

现阶段,针对我国政府组织部门的培训需求以及公职人员个人能力需求,培训内容的设计要做到以下几方面:

首先,围绕提高公务员的理论素养、知识水平、业务能力及管理能力,适应不同公职人员职业发展的需要来确定具体的培训内容。

其次,要不断追求知识更新及知识结构完善。除普及岗位专门业务知识、现代科技及管理知识外,还应进行市场经济知识、法律、外语、计算机及心理素质等方面的培训与提高,开展学法用法及依法行政方面的培训,以适应不断发展变化的外部环境。

最后,要建立统一、规范的配套教材体系,为公职人员培训提供高质量、有特色的培训教材,各部门也可根据部门实际情况自行编写教材,因材施教,尽可能多地采用最新的包括国内国外的研究成果,使公职人员在学习与实践中不断提高,不断成长。

9.5　公共部门培训评估

评估的目的是合理配置资源、优化培训系统和提升培训效果。我国目前公职人员培训之所以流于形式,效果不明显,一个重要的原因就是缺乏一套科学有效的培训评估机制。公共部门培训评估的流程有待进一步规范化,培训评估的内容和层级的选择应更切合培训目标,培训评估的方法应趋向多样化,使得培训评估促进有效培训成果转化,将无形知识转化为生产力,进而转化为可见的培训效益。

9.5.1　实施标准化的培训评估流程

对培训过程实行全程控制,从而使培训需求的确定更加准确,培训内容与形式更加科学合理,更为重要的是可以对培训实施中出现的偏差进行及时纠正,培训效果能及时、有效地得到反馈。一个完整的培训效果评估流程应分为三个阶段:

1)培训前评估

培训前评估主要是为制订培训评估计划服务,培训评估计划的设计应从培训需求分析开始。在这一阶段需要明确学员现有水平、能力和工作岗位需要之间的差距。只有进行培训需求分析,才能发现存在的问题,从而确定培训目标,有的放矢地设计培训项目。

因此,为了确保培训目标的实现,应对培训需求进行评估。

2)培训实施过程评估

对培训过程的评估应从培训项目的设计或购买开始,评估培训项目的价值,评估培训计划的可行性,评估培训课程的合理性和针对性,等等,对培训实施过程实行全程控制评估,直至项目实施完成。

3)培训结果评估

具体的评估流程:①培训结束后,学员回到工作岗位工作一段时间后,按照评估计划的时间安排,检查培训内容是否在工作中得到运用,由此带来的行为的改变,以及给组织带来的影响。②使用评估计划设计的方法和工具搜集上述信息。③运用统计方法进行分析。④核算培训项目的成本和收益,计算投资回报率。⑤将评估过程、数据、分析结果及建议等信息汇总,形成评估报告。

培训评估时应秉承科学、客观的原则,明确评估目的,制订切实有效的评估方案,采用标准方法,有效搜集、整理和分析第一手评估信息,针对性地开展培训评估,最后形成完整的培训评估报告,既是对培训项目培训成果的展示,又为以后的培训提供有价值的参考资料。

9.5.2 建立层级式培训评估系统

柯氏四级培训评估法由国际著名学者威斯康星大学教授唐纳德·L.柯克帕特里克(Donald L.Kirkpatrick)于1959年提出,是目前应用最广泛的评估模型。它简单、全面,有很强的系统性和操作性,从反应、学习、行为、结果四个层面上进行了论述,比较全面和具体,简称“4R”,其主要内容是:

Level 1.反应评估(Reaction):评估被培训者的满意程度。

反应评估是指受训人员对培训项目的印象如何,包括对讲师和培训科目、设施、方法、内容、自己收获的大小等方面的看法。反应层评估主要是在培训项目结束时,通过问卷调查来搜集受训人员对于培训项目的效果和有用性的反应。这个层次的评估可以作为改进培训内容、培训方式、教学进度等方面的建议或综合评估的参考,但不能作为评估的结果。

Level 2.学习评估(Learning):测定被培训者的学习获得程度。

学习评估是目前最常见也是最常用到的一种评价方式。它是测量受训人员对原理、技能、态度等培训内容的理解和掌握程度。学习层评估可以采用笔试、实地操作和工作模拟等方法来考查。培训组织者可以通过书面考试、操作测试等方法来了解受训人员在培训前后,知识以及技能的掌握方面有多大程度的提高。

Level 3.行为评估(Behavior):考查被培训者的知识运用程度。

行为的评估指在培训结束后的一段时间里,由受训人员的上级、同事、下属或者客户观察他们的行为在培训前后是否发生变化,是否在工作中运用了培训中学到的知识。这个层次的评估可以包括受训人员的主观感觉、下属和同事对其培训前后行为变化的对比以及受训人员本人的自评。这通常需要借助于一系列的评估表来考查受训人员培训后在实际工作中行为的变化,以判断所学知识、技能对实际工作的影响。行为层是考查培训效果最重要的指标。

Level 4.成果评估(Result):计算培训创造的经济效益。

效果的评估即判断培训是否能给企业的经营成果带来具体而直接的贡献,这一层次的评估上升到了组织的高度。效果层评估可以通过一系列指标来衡量,如事故率、生产率、员工离职率、次品率、员工士气以及客户满意度等。通过对这些指标的分析,管理层能够了解培训所带来的收益。

公共部门培训评估严格围绕培训效果这个核心,分四个递进的层级和两个阶段实施,如图9.5所示。

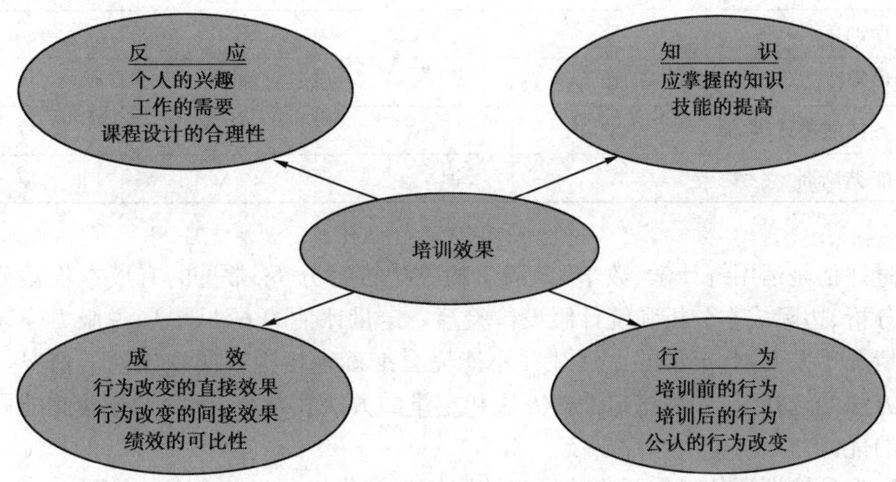

图9.5　培训评估层级图

在培训进行阶段,通过问卷、访谈等方式观察学员的反应情况,如个人的兴趣、工作需要和课程设计的合理性;通过考试、面试等方式对学员的应掌握的知识,技能是否有提高等进行评估;在培训后续阶段,评估学员在培训前后的工作行为有无变化,上级、同事对行为改变的认可程度。

检测培训成效是追踪员工行为改变所带来的直接效果和间接效果,绩效在培训前后的可比性等。培训部门有义务把培训成绩、培训评价结果以各种有效的方式反馈给参训者,使公职人员能了解自己的参训情况。

通过制度建设来保障对培训效果的评价并向培训学员提供必要的反馈。

在实际工作中,对培训结果和实效化的评估是十分重要的环节。每次培训完以后,不仅可以要求被培训者以书面或口头方式陈述学习情况,还可以以实际操作、换岗见习等方式验证培训工作是否有实效。在此基础上用科学的方法进行评估、分析,就可以基本估价出一个人的工作能力、学习能力、应变能力等综合素质。同时,应该将培训学员的培训成绩与调岗、晋级、再次培训的机会等有机结合起来,从而激发被培训者的内在活力与潜力,促使他们在培训过程中全身心学习。在提高培训者学习知识和技能的积极性的同时,也能使培训投入实现效益最大化。

9.5.3 采用科学的评估方法

定性评估方法的种类很多,比如培训结束后由培训的组织者对接受培训的公职人员进行座谈交流询问学习情况,组织填写调查问卷、相关测试和专家访谈等,了解和分析受训公职人员在培训中学到的知识、对培训内容和方法是否有效的认可程度、培训的结果是否满意和是否达到培训所提出的目标要求等情况。定性评估的方法运用得好,可以比较客观地反映培训的效果。但是定性评估的方法有其局限性,如果使用不当会有较大的随意性。因而,培训组织者应依据评估层次确定相应的评估方法(见表9.7)。

表9.7 培训组织者依据评估层次确定相应的评估方法

培训类型	反应层评估	学习层评估	行为层评估	结果层评估
观念类培训	√	√		
知识类培训	√	√		√
技术业务技能类培训	√	√	√	√
管理技能类培训	√		√	√

定量评估是运用统计学、数学、经济学的方法进行分析,常见的有成本收益分析、机会成本分析、边际成本分析和统计假设检验等。定量评估的方法严密、说服力强,但是现实中的情况千差万别,定量的方法往往不能完全准确地模拟现实中出现的情况。因此,在评估方法的选择上,如果将定性的方法和定量的方法相结合,可以弥补彼此的弱点,强化各自的优势。

公职人员培训评估工作要坚持将定性评估与量化打分相结合、平时考核与年终考核相结合、内部考核与外部考核相结合、领导考核与群众考核相结合,并鼓励各部门结合实际探索灵活多样、行之有效的考核方法,逐步形成各具特色的量化考核目标体系。

9.5.4 评估实施

培训效果评估根据培训内容、培训目标以及效果评估目的可采用反应层评估、学习层评估、行为层评估或结果层评估等不同的评估层次(见表9.8)。

表9.8 培训评估的4个层次

效果评估层次	评估侧重点	常用评估方法	评估时间	评估主体
反应层	了解学员对培训项目的满意度,包括学员对培训策划、课程设计、培训师授课水平、培训组织者管理水平以及培训设备设施是否满足培训要求等方面的评价	培训满意度问卷	培训结束时	培训组织单位

续表

效果评估层次	评估侧重点	常用评估方法	评估时间	评估主体
学习层	衡量学员通过培训对所学知识、技能的把握和熟练程度	案例研究,角色模拟、笔试、学习心得	培训进行中或培训结束时	培训组织单位
行为层	评估培训对学员在实际工作中的行为所产生的影响,掌握学员从培训项目中所学到的技能和知识转化为实际工作行为改进的程度	直线经理评价、下级评价、访谈法	培训结束后3个月到6个月	培训组织单位
结果层	判断培训对个人和组织绩效改善的贡献率	绩效考核结果、离职率、工作效率、公司盈利水平等	培训结束后半年到1年	部门直线经理,人力资源部,公司领导

【本章小结】

公共部门人力资源培训是公共部门人力资源开发的重要内容。我们从基本概念出发,探讨我国公共部门人力资源培训的现状,分析其中存在的不足之处。本章围绕公共部门人力资源培训的基本步骤展开。培训需求分析是整个培训工作的起点,基于组织、工作、人员层面的需求分析有不同的侧重点,主要采用的技术方法有调研问卷法、访谈法、现场取样法、观察法、小组讨论法、档案资料法、关键事件法、自我分析法等。在分析成人学习特点、成人培训中培训师扮演的角色以及实施参与式培训模式所关注内容的基础上,阐述培训内容设计应遵循的原则,从而合理确定培训的内容。采用科学的定量和定性相结合的评估方法,建立包括反应评估、学习评估、行为评估、成果评估4个层级的培训评估系统。

【案例分析】

【案例9.1】干部培训须高举学风教育"杀威棒"

近日,笔者参加某期干部读书班时发现,老师在台上耐心细致地授课,而台下少数干部却心不在焉开"小差",有的玩手机当"低头族",有的交头接耳上"小课",还有的昏头昏脑在"梦会周公",总之就是没有静下心来,将心思和精力放在学习上。

“学者非必为仕，而仕者必为学。”对干部而言，参加教育培训有其重大意义，从有利于党和国家事业发展的角度讲，学习不仅是干部应具备的基本功，而且是一种责任。各级干部只有不断学习、提升自己，才能紧跟时代步伐，在日益复杂的工作环境中得心应手、游刃有余，否则，将难免陷入本领不足、本领恐慌的困境，不但会影响工作，还有可能被时代淘汰。

党的十八大以来，党中央坚持把从严管党治吏摆在突出位置，下大力气狠抓作风建设，干部参加教育培训时的风气不断好转，一些诸如公车“伴读”、用公款相互宴请、搞“小圈子”等不正之风得到有效遏制。然而，一些干部在教育培训过程中，学习的主动性不强、积极性不高，还存在“身在曹营心在汉”、犯“小毛病”的现象，使干部教育培训的效果大打折扣。

学风事关作风。干部参加教育培训静不下心来，甚至出现纪律散漫现象，说到底就是学风不端、学风不实，从本质上讲，这是“四风”问题的具体表现，其后果不仅仅是导致干部学无所获、学无所用，还有损干部队伍形象，试想，干部在学习期间的作风都是如此涣散，那么平日里的作风又是如何？况且，授课老师备课不易，花费了不少心血，干部如果不专心听课，也是不尊重老师的劳动成果。

事实上，干部在教育培训期间存在学风不实问题，原因不只在于干部自身不重视、老师授课水平不高，而更多地在于干部学风管理未跟上。现实中，一些单位在开展干部教育培训时，往往基于干部尤其是领导干部的身份等原因，存在不想管、不敢管现象，这虽给干部留足了“情面”，避免了干部闹情绪的情况，但结果却严重影响了正常的教学秩序，最终害了干部本人。

学风教育应是干部教育培训“第一课”。在笔者看来，要确保干部教育培训取得实效，真正让干部学有所获、学有所用，必须先行抓好学风教育这堂课，只有讲明规矩、严明纪律，才能让干部“收心”“静心”，将心思和精力花在学习上。同时，要从严训中监督管理，以有力的制约措施，坚决纠正教育培训中出现的各种顽症痼疾。只有将整风“杀威棒”贯穿干部教育培训始终，才能推动形成积极向上、学比赶超的良好学风。

“立身以立学为先，立学以读书为本。”各级干部尤其是领导干部在学习这件终身大事上，必须端正学习态度，始终持有好学、乐学之心，只有将学习作为一种追求、一种爱好，不断摄取能量，才能积跬步致千里、汇细流成大海，练就过硬本事，从而为人民群众掌好权、服好务。

案例讨论：

1.该案例反映了公共部门在人力资源培训中的哪些问题？

2.同传统企业人力资源管理培训相比较，公共部门培训有哪些特殊性？

【思考与练习】

1.公共部门人力资源培训的相关理论有哪些？

2.培训需求分析需要考虑哪几个层面？每个层面具体考虑哪些因素？
3.培训需求分析的技术方法有哪些？如何进行培训需求分析方法的选择？
4.成人学习具有什么特点？
5.在成人培训中,培训师扮演怎样的角色？
6.如何进行培训内容的设计？
7.如何建立层级式培训评估系统？
8.我国公共部门人力资源培训的现状以及存在的不足是什么？
9.如何结合公共部门特点进行人力资源培训安排？

【扩展阅读】人才立国:新加坡公务员培训的根本方针

新加坡在 20 世纪 50 年代独立以后,奉行“人才立国”“精英治国”的理念,大力开发人力资源,重视通过公务员培训提高公务员执政能力与公共管理能力,在 20 世纪 90 年代进入发达国家的行列。新加坡政府公务员培训的经验主要有如下几个方面。

第一,以人才立国战略为根本指针,实施公务员持续培训政策。面对日益激烈的全球化竞争,新加坡政府高度重视公务员的培训,将其作为公务员能力建设的重要途径。新加坡公务员培训的总体目标是,通过不断培训和开发,充分地发挥公务员的潜能,以及不断提高他们的知识、技能和专业水平,使之表现出色和全心致力于公共服务,从而使新加坡在全球经济竞争中保持竞争优势。新加坡政府在 20 世纪 90 年代提出国家公务员的“持续培训”计划(即持续培训、持续学习、持续改进),并于 1995 年提出要把新加坡政府建设成“学习型政府”的奋斗目标。新加坡政府提出公务员“持续培训”政策的目的是开发公务员的潜能,提高公务员的能力。对常务秘书以上的高级公务员及其后备人选,除了安排其在多部门轮岗锻炼以增长才干外,还轮流选送其到国外名牌大学深造。通过人才立国战略和持续培训政策,新加坡不仅成功地培养了第一、二代治国精英,而且形成了一支年轻化的世界一流的公务员队伍。

第二,以建设世界上最好的公务员队伍为目标,造就富有能力和创新精神的公共部门管理人才。如新加坡民事服务学院的主要任务,就是建设一支富有能力和创新精神的、高瞻远瞩的、第一流的公务员队伍——世界上最好的公务员队伍之一。新加坡民事服务学院下设的政策发展学院着眼于领导者的发展,以培养和发展领导者的价值观、管理与政策分析能力、人文素质为目的,主要开设政策发展和领导科学课程,包括行政服务基础课程、高级管理课程、行政领袖培训课程等。新加坡民事服务学院下设的公共行政管理学院主要是开发各级公务员的潜能,把每个公务员培养成变革的推动者与积极参与者,增强公务员队伍在国家管理中的核心作用,开设的课程主要有管理发展课程、人力资源课程、后勤管理课程、效率与应变课程、信息科技课程等。在培训的过程中,新加坡民事服务学院注重开发和提高公务员的能力,注重实际操作能力与创造力的培训,注重在教学中应用案例教学与情境模拟教学法,该院可利用的教学案例达 18 000 余个;新加坡民事服务学院还下设公共服务咨询团,负责指导学员回工作单位后如何运用在学院学到的知识与技能。

第三，以能力建设作为公务员培训的核心，推出一整套能力培训计划。新加坡公务员培训以提高公务员称职能力为核心，着眼于建设一支高瞻远瞩、高效能干的公共服务队伍，确保公共服务部门的优秀领袖人才层出不穷、后继有人。新加坡政府规定的培训课程分五个层次，包括员工引导培训、基本知识与技能培训、高级知识与技能培训、延续培训以及持续培训。政府要求，国家公务员在每年的规定时间内，至少有60%所修科目须与工作有关，其余40%可以进行其他知识与技能的进修。政府规定的培训范围分两类：一类是职责范围（即与工作有直接关系的）；一类是普遍范围（即与工作无直接关系但能帮助改进工作的一般技能），普遍范围涉及服务管理、人员管理、资源管理、自我管理等方面，如沟通技巧、人际影响、工作中的人际关系处理、在团队中工作、建设优秀团队、管理者的创造性思维技巧、改革内部人事管理、兼顾工作与家庭的责任、未来退休基金的计划安排、高层行政官的生活方式与健康管理等。

第四，采用市场化的办法改革公务员培训机制，促进培训机构之间的竞争。1997年，政府对公务员培训机构停止下拨行政事业费，而把公务员培训经费按人头分配到各部门，由各部门自主支配、专款专用。这就迫使官方培训机构——新加坡民事服务学院采取市场化的经营办法与其他培训机构竞争。新加坡民事服务学院把公务员的实际需要作为开发、推出各个培训项目和课程内容的根本依据，并在深入进行培训需求调查的基础上，针对培训市场需求，每年推出220多门课程，涉及1 500余个专题，吸引了全新加坡约75%的公务员接受培训。

第五，加大公务员人力资本投资的力度，确保国家公务员持续培训的经费。新加坡政府认为，人才是最重要的战略性资源，培训是开发人力资源的重要途径；加强对公务员培训的投入，是积累公务员人力资本、提高政府管理国际竞争力的必要条件。因此，新加坡政府十分舍得在公务员的培训上投入巨资，每年高达5亿新元；还有计划地将各部门局级以上高级公务员及后备人员派往国外名牌大学进修，并提供政府奖学金；同时，加大对学历不高的一般公务员的培训力度，保证他们每年的培训经费不少于其工资总额的4%。

第六，将培训公务员与改进公共管理效率相结合，使培训的效益延伸到政府公共管理的过程之中。新加坡政府规定，参加培训的公务员应于学完后一个月内向常务秘书和公务委员会提出受训报告，在报告中要切实评价所受培训以及从培训中所得到的益处。同时，应针对改进公共管理效率提出自己的建议，从而能够主动向政府提出有价值的政策建议。为了鼓励和激发公务员的创意意识，各部门根据政府的要求，普遍成立了“工作改进小组”，每周拿出一个下午的时间，讨论改进工作的意见。凡是这样做的，政府每月发给公务员人均80新元的奖励费。如果公务员提出的政策建议富有创意，当月还可以一次性地获得政府发给的120新元的奖励费。新加坡各政府部门与公共机构成立了8 000多个“工作改进小组”，针对公共管理中存在的问题，承担了近3 000多个工作改进项目。

第七,采取各种措施确保公务员培训落到实处、取得实效。新加坡政府规定,制订公务员培训计划是各部门主管的重要责任,并将所在部门公务员每人能否完成培训计划与任务作为考核该部门主管政绩甚至影响其职位晋升的硬指标。为确保公务员的培训时间,新加坡政府明确规定,国家公务员每年必须在工作时间内完成一定的培训任务,政府从 1995 年开始,以每两年递增 1% 的学习时间,逐步加大公务员培训的力度,2001 年至 2002 年,每人每年参加培训的时间达 100 小时(折合 12.5 天),占全年工作时间的 5%。

第 10 章　我国公共部门人力资源管理的法治化

【知识目标】

1.掌握公共部门人力资源管理法治化的内涵与意义。

2.了解公共部门人力资源的权利与义务。

3.描述公共部门选人法治化的具体表现。

4.了解公共部门绩效考核、薪酬福利、培训的法治化。

5.了解公共部门人力资源奖惩制度、申诉控告制度和人事争议仲裁制度。

6.描述事业单位人力资源管理法治化的内容。

【能力素质目标】

1.掌握公共部门职务任免的条件、程序以及方式。

2.理解公共部门职务升降的内涵和相关规定。

3.掌握公共部门人力资源的交流方式。

4.掌握公共部门人力资源回避的形式、类型和程序。

5.区分公共部门人力资源辞职、辞退和退休制度。

6.区分公共部门和私营部门人力资源管理法治化的异同。

7.运用公共部门人力资源管理法治化的理论和相关法律规定,分析如何防范公共部门人力资源管理在入口、育留、出口等环节的法律风险。

10.1　公共部门人力资源管理法治化概述

10.1.1　公共部门与私营部门在人力资源管理法律层面的区别

在法律层面,公共部门人力资源管理与私营部门人力资源管理相比,主要表现为公权与私权、公法与私法的不同,具体表现为以下几个方面:第一,权力的性质和来源不同。公共部门人力资源管理主要依靠公权进行,依据《公务员法》《法官法》《检察官法》《事业单位管理条例》等行政法进行人力资源管理;而企业的私权以法律认可和依法保护的产权为基础,主要依据带有公私混合性质的《劳动法》进行人力资源管理。第二,受到限制的程度不同。公共部门人力资源管理受到来自立法机关、各级行政机关、监督机关以及法院的审查等方面繁多的正式的法律限制,在运作领域和运作程序上限制较多,管理人员制订人力资源管理决策的自主性很弱,同时正式行政控制的范围呈现扩大的趋势。而私营部门人力资源管理受到的限制很少,在法律规定的范围内管理人员制订相关决策的自主性很强。第三,微观环节上存在一定的差异。公共人力资源管理在公务人员权利义务、选拔录用、任职资格管理、绩效考核、薪酬福利、培训开发、离职管理、权益保障等环节上都有严格的详细的法律政策规定,这些规定统一了公共部门人力资源管理的基本规则,降低了管理的成本。私营部门人力资源管理在选人、用人、育人、留人等方面除非法律上有特别规定,一般受双方约定条款的约束,基于平等民事主体协商的劳动合同作为管理的基本准则。第四,人力资源法律身份的不同。公务人员的法律身份比较复杂,包括普通公民身份、公务人员身份以及行政主体代表身份。公务人员的职权依法或依授权而获得,在和公共部门之间形成的内部行政法律关系中,双方地位不对等,公务人员必须服从宪法、法律以及公共部门人力资源管理的相关政策规定。作为行政主体的代表,行使行政主体的权力与行政相对人之间形成外部行政法律关系时,其不具有独立的法律地位,行使职权的结果和法律责任由行政主体承担,其行政行为趋向保守。而私营部门人力资源的身份包括普通公民和私营部门员工两种,比较容易识别。第五,在法律态度上,公共部门人力资源管理为追求公平而实际趋向保守、僵化,私营部门人力资源管理因逐利而主动、激进。

10.1.2　公共部门人力资源管理法治化的内涵与意义

英国著名的行政法学家威廉·韦德认为,法治有四层含义:一是任何事情都必须依法进行,满足合法性原则,这是首要的。对公共部门来说,就是要求公共部门行使权力的行为都必须有严格的法律依据。二是政府必须根据公认的、限制自由裁量权的一整套规则和原则办事,满足合理性原则,符合法律的精神和目的。三是对政府行为是否合法的争议应当由完全独立于行政之外的法官裁决。四是法律必须平等地对待政府和公民。既然政府拥有特别权力,法治所需要的是政府不应当在普通法律上享有不必要的特权和豁免权。

公共部门人力资源管理法治化是指公共部门人力资源管理应用法治原则,以法律的精神和原则调整公共部门人力资源管理主体与客体的关系,依据法律规定的权限,依法进行管理,保护其合法权益,约束公职人员依法行使职权和职责。具体包括:法律规定公共部门人员的地位,确认其身份、职权与职责、权利与义务;公共部门人员与其上下左右形成法定关系,依据这种法定地位履行自身的职责;公务行为依据法律和法规;关于公务人员的规定必须由法定机关经过法定程序予以制定、修改等。我国宪法对人权、公民权与劳动者权益的保障,是公共部门人力资源管理的前提条件和重要保障。公务员法律法规是公共部门人力资源管理迈向法治化的基本标志。现代公共部门人力资源管理确立了法治化的管理规则和行为准则,从而提供了一种理性、客观、公正的人力资源管理环境。

公共部门人力资源管理法治化的基本构件有 4 个:①有法可依,建立完善的公共部门人力资源管理的法律、法规是前提条件。②有法必依、执法必严,严格依照法律法规进行公共部门人力资源管理是核心条件。③违法必究,依法追究公共部门人力资源管理中的违法行为是保障条件。④监督权力,制约和监督公共部门人力资源管理的权力是保障条件。

公共部门人力资源管理制度的设计应该做到合法、合情、合理。本书前面几大板块的技术大都注重于合理,即按照程序和规律处理人力资源管理问题,但实践运行中的人力资源管理更需要贯彻合法性,约束公共部门人力资源管理的规范多是具体的、明确的,公共部门必须依法进行管理,同时也需要依法保护自身的合法权利。公共部门人力资源管理法治化的重要意义主要体现在以下几个方面:①确立公共部门人力资源管理的标准和规划,维护公共部门人力资源管理的良好运行秩序;②塑造公共部门人力资源成长和发展的良好环境,提高公共部门人力资源管理绩效;③依法行使公共部门人力资源管理权限,有效维护公共部门人员的合法权益。

10.1.3 公共部门人力资源管理法制建设的现状

公共部门人力资源管理的法律渊源包括宪法、法律、行政法规、规章、地方性法规、法律解释、国际条约与惯例、其他法律中有关公共部门人力资源管理的法律规定以及政策。

2006 年开始实施并于 2018 年修订的《公务员法》是一部规范公务员行为准则的重要法律。它对公务员的权利义务、录用、职务级别、职务职级任免与升降、考核、监督、奖惩、培训、工资福利、交流回避、辞职辞退退休、申诉控告、职位聘任做了法律上的规定。已制定了很多与《公务员法》相配套的政策法规,内容涵盖公务员考试录用、新录用公务员任职定级、职务任免与升降、调任、考核、奖励、辞职辞退、申诉、培训等各个方面。我国公共部门的人力资源管理是在既定的统一的“政策制度”中进行非特殊化、非个性化管理。

2014 年国务院颁布了《事业单位人事管理条例》,这是我国公共管理领域的一件大事,对完善事业单位人事管理制度,提高公共管理水平,提升公共服务品质都极为重要。其中,《事业单位人事管理条例》在公开招聘、竞聘上岗、业绩考核、实际贡献与工资增长高度挂钩、依法参加社会保险等方面体现了进一步市场化、企业化的原则。

10.1.4 公共部门人力资源的权利与义务

主要是《公务员法》规定了公务员的权利与义务。

《宪法》中关于公民权利的规定是公共部门人力资源权利的最根本保证。公共部门人员根据身份不同依法享有相关法律法规规定的各项权益。《公务员法》明确规定,我国国家公务员享有以下权利:①获得履行职责应当具有的工作条件;②非因法定事由、非经法定程序,不被免职、降职、辞退或者处分;③获得工资报酬,享受福利、保险待遇;④参加培训;⑤对机关工作和领导人员提出批评和建议;⑥提出申诉和控告;⑦申请辞职;⑧法律规定的其他权利。

公务员应当履行下列义务:①忠于宪法,模范遵守、自觉维护宪法和法律,自觉接受中国共产党领导;②忠于国家,维护国家的安全、荣誉和利益;③忠于人民,全心全意为人民服务,接受人民监督;④忠于职守、勤勉尽责,服从和执行上级依法作出的决定和命令,按照规定的权限和程序履行职责,努力提高工作质量和效率;⑤保守国家秘密和工作秘密;⑥带头践行社会主主核心价值观,坚守法治,遵守纪律,恪守职业道德,模范遵守社会公德;⑦清正廉洁,公道正派;⑧法律规定的其他义务。《国家公务员行为规范》规定国家公职人员必须遵守政治坚定、忠于国家、勤政为民、依法行政、务实创新、清正廉洁、团结协作、品行端正等八大行为规范。《公务员法》第五十九条列举了公务员不得有的十七条行为。

公务员执行公务时,认为上级的决定或者命令有错误的,可以向上级提出改正或者撤销该决定或者命令的意见,即公务员享有抗辩权。上级不改变该决定或者命令,或者要求立即执行的,公务员应当执行该决定或者命令,执行的后果由上级负责,公务员不承担责任,即下级公务员享有免责权。但对明显违背公共利益的那些直接违反上位法明确规定的上级命令、必然导致刑事犯罪的上级命令、不符合法定身份和形式的上级命令、超越法律规定权限的上级命令,下级不得执行,即下级公务员享有抵抗权。如果下级执行该命令或决定,无论其是否提出过修改意见,均应承担相应的责任。2011 年廉江市国土局副局长何耘韬执行市政府会议纪要违规发放土地证而被控玩忽职守罪一案,反映了公务员服从上级决定或者命令的义务界限问题。19 世纪德国著名行政法学家奥托·迈耶就认为,公务员服从义务的界限是命令主体是上级长官,命令内容属于其职权范围,命令内容不得违反刑法的规定。如何准确判断上级的决定或命令明显违法?明显违法不是由公务员主观确定的,而是一种法律客观事实。明显违法不存在理解上的歧义或不同,而是一种法律明文规定,即上级的决定或者命令与法律的明文规定相冲突和矛盾。明显违背的“法”主要包括宪法、法律、行政法规、地方性法规、自治条例和规章等。

10.2　我国公务员选、用、育、留环节的法治化

10.2.1　“选”公务员环节的法治化

私营部门根据自身战略发展的需要制订人力资源规划,通过招聘的相关程序选人,程序比较简单,注重效率和成本原则。而公共部门选人依据公共部门人力资源规划,招募计划必须得到上级组织的许可,符合编制要求,并有相应的职位空缺。新录用的人员涉及公共部门人力成本的增加,还必须纳入政府预算管理,由人大审议。公共部门在选人环节上,与私营部门灵活的招聘方式相比,公共部门更强调公平原则,程序化、法制化、制度化倾向明显。如科学命题、严格规定考录程序,保护社会弱势群体平等参与竞争,依照法律和有关规定对少数民族报考者予以适当照顾等。从高级人力资源的获取上看,公共部门的领导成员,带有较强的政治性,在我国体现为党管干部的原则,主要依据《党政

领导干部选拔任用工作条例》进行人员选拔。而私营部门高级管理者的获取,可以通过内部提拔,也可以通过外部人力资源市场、委托猎头公司等方式选聘。

我国公务员招募、甄选、录用的法治化具体表现为以下几个方面。

1)考试录用原则法定

《公务员法》规定,公务员的管理坚持公开、平等、竞争、择优的原则,依照法定的权限、条件、标准和程序进行。录用担任一级主任科员以下及其他相当职务层次的公务员,采取公开考试、严格考察、平等竞争、择优录取的办法。

(1)公开原则

公开原则是指录用主管部门通过各种媒体向社会发布招考公告和招募结果,招录机关根据考试成绩、考察情况和体检结果,提出拟录用人员名单,予以公示。公示期满,中央一级招录机关将拟录用人员名单报中央公务员主管部门备案;地方各级招录机关将拟录用人员名单报省级或者设区的市级公务员主管部门审批。

(2)平等原则

平等原则是指对所有应聘者应平等对待,不应有歧视。根据 1958 年国际劳工组织第 111 号公约《就业和职业歧视公约》的规定,歧视是指"基于种族、肤色、性别、宗教、政治见解、民族血统或社会出身等原因,具有取消或损害就业或职业机会均等或待遇平等作用的任何区别、排斥或优惠"。歧视的原因还包括有关会员国经与有代表性的雇主组织和工人组织以及其他适当机构协商后可能确定的具有取消或损害就业或职业机会均等或待遇平等作用的其他区别、排斥或优惠等弹性条款。我国公共部门人力资源选拔录用中贯彻平等原则还受到一定的限制。

(3)竞争原则

按照省级以上公务员主管部门的规定,笔试结束后,招录机关根据笔试成绩由高到低确定面试人选。根据报考者的考试成绩由高到低的顺序确定考察人选,并对其进行报考资格复审和考察。

(4)择优原则

通过各种人才甄选方法,选择适合职位的优秀人才。

2)报考资格条件法定

报考公务员,应当具备下列资格条件:①具有中华人民共和国国籍;②年满十八周岁;③拥护中华人民共和国宪法,拥护中国共产党领导和社会主义制度;④具有良好的政治素质和道德品行;⑤具有正常履行职责的身体条件和心理素质;⑥具有符合职位要求的工作能力;⑦具有大专以上文化程度;⑧省级以上公务员主管部门规定的拟任职位所要求的资格条件;⑨法律、法规规定的其他条件。经省级以上公务员主管部门批准,可以适当调整对于报考年龄和学历的要求。

任何招录机关不得随意缩小公务员报考年龄范围。放宽年龄上限的,必须经省级以上公务员主管部门批准。为广泛吸引高层次人才,对于应届硕士、博士研究生(非在职)报考公务员的,可以适当放宽年龄标准到 40 周岁以内,具体办法由省级以上公务员主管部门研究确定。法律法规规定和省级以上公务员主管部门确定可以放宽年龄上限的其他人员，从其规定，主要是依据《关于进一步规范公务员招考年龄设置的通知》（人社部发〔2010〕74 号）。

公务员主管部门和招录机关不得设置与职位要求无关的报考资格条件，注意劳动立法关于反歧视、反欺诈方面的禁止性规定。我国缺乏细致的反歧视立法的规定，1958 年《就业和职业歧视公约》（第 111 号公约）、1951 年《对男女工人同等价值的工作赋予同等报酬公约》（第 100 号公约）、2007 年劳动和社会保障部、卫生部《关于维护乙肝表面抗原携带者就业权利的意见》等都是设置报考条件的约束性规定。

3）录用程序法定

录用公务员，应当按照下列程序进行：

（1）发布招考公告

招考公告应当载明招录机关、招考职位、名额和报考资格条件；报名方式方法、时间和地点；报考需要提交的申请材料；考试科目、时间和地点以及其他报考须知事项。招录机关应当采取措施，便于公民报考。

（2）报名与资格审查

招录机关根据报考资格条件对报考申请进行审查。报考者提交的申请材料应当真实、准确。

（3）考试

公务员录用考试采取笔试加面试的方式进行，考试内容根据公务员应当具备的基本能力和不同职位类别分别设置。《公务员录用面试组织管理办法（试行）》对面试试题命制与管理、面试考场管理、面试考官管理、面试工作人员管理、面试考生管理、面试实施、安全与保密、纪律与监督等问题做出了较为详尽的规定。

（4）考察与体检

招录机关根据考试成绩确定考察人选，并对其进行报考资格复审、考察和体检。体检的项目和标准根据职位要求确定，依据《公务员录用体检通用标准（试行）》和《公务员录用体检特殊标准（试行）》的有关规定进行。

（5）公示、审批或备案

录用特殊职位的公务员，经省级以上公务员主管部门批准，可以简化程序或者采用其他测评办法。

新录用的公务员试用期为一年。试用期满合格的，予以任职；不合格的，取消录用。

4）录用人员的要求法定

曾因犯罪受过刑事处罚的、曾被开除公职的人员不得录用为公务员，以及法律规定不得录用为公务员的其他情形。《刑法》第 100 条规定，依法受过刑事处罚的人，在入伍、就业的时候，应当如实向有关单位报告自己曾受过刑事处罚，不得隐瞒，即规定了前科报告制度。《公务员法》第二十六条中规定禁止有犯罪前科的公民成为公务员，将前科的范围限定在“因犯罪而受过刑事处罚”。按照该条款的规定，当事人如果有被免予起诉或免予刑事处分的前科记录,则并不在《公务员法》第二十六条禁止之列。然而,在《公务员法》实施过程中,有关部门录用公务员实际执行的标准是因违反法纪而受过各种行政处分的事实都可能成为"前科",这些事实只要记录在人事档案中,这些人可能都无法通过公务员录用中的政审关,也就无法成为公务员。

《新录用公务员试用期管理办法(试行)》第十六条规定:新录用公务员有下列情形之一的,应当取消录用:不履行或者不正确履行工作职责,工作严重失误或者给国家和人民群众的利益造成较大损失和不良影响的;在参加公务员录用考试的报名、考试、体检、考察等环节有严重违纪违规行为的;在参加国家法定考试中有严重违纪违规行为的;应当给予降级以上处分的;受到刑事处罚或者劳动教养的;有公务员法规定的应予以辞退情形的;法律、法规规定的其他情形。已经办理录用审批或者备案手续的人员,非因不可抗力因素未按规定时间报到的,取消录用。

【资料 10.1】山西沁水县严守底线把好公务员招录关信息

近年来,山西省沁水县人社局严把公务员招录相关工作环节,确保招录工作的规范和公正。严格公务员招录计划。对政府系统各部门申报的公务员招录计划严格审核把关,坚决做到申报计划"三严守",即严守编制红线、严守职位设置底线、严守职位条件设置底线。同时与组织、编办等部门建立沟通协调机制,强化部门联动,对不符合要求的进行综合调整,确保公务员招录计划规范完善。严格审查报考人员信息。做到"三不三及时",对符合条件的,不得拒绝报名,及时审查通过;对条件不符合的不予审查通过,及时说明理由;对填报材料不全的不予审查通过,注明缺失内容,及时退还报考者。严守审查工作的服务规范性,为考生提供阳光服务。针对网络报名造成考生与人社部门缺乏"面对面"交流,对每一个咨询电话做到"三个认真",即认真对待问题、认真分析问题、认真解答问题。

【资料 10.2】新疆阿克苏市建"诚信档案"把好公务员录用关

近年来,新疆阿克苏市在公务员录用考试工作中建立"诚信档案",作为公务员录用前的重要依据。该市按照"一人一档"的原则,主要对考试过程中作弊、替考等不诚信行为,已经确认参加面试当天无故缺考的行为,已经通过笔试、面试、考察、体检、公示、备案等环节之后又提出放弃录用资格等行为进行记录。要求档案管理有关职能部门及相关工作人员对掌握的相关信息严格保密。"诚信档案"将作为公务员考录的重要依据,对提供虚假报考申请材料的,一经查实,即取消报考资格;对伪造、变造有关证件、材料、信息,骗取考试资格的,按照公务员录用考试违纪违规的有关规定处理;对违纪违规行为和特别严重违纪违规行为的报考者取消当次报考资格,不予录用。

【资料 10.3】甘肃定西"3742"工作法促公务员考录公平公正

近年来,甘肃定西市围绕促进公务员录用公平、公正,探索推行"3742"面试工作法,确保依法考录、科学考录、公平考录。"3"即考前三封闭,将笔试面试考卷管理和抽调工作人员食宿全部封闭、考官与工作人员分区封闭。"7"即人员七抽签,监考人员和考官在考试前一天随机抽签选调,监考人员和考官所在考场、纪检监督人员所在考场、面试主持人和计时计分人员所在考场现场抽签确定,面试考生所在考场由考生代表现场抽签确定、面试顺序由考生现场抽签确定、面试试题由考生代表抽签确定并现场拆封。“4”即考中四隔离，考点与外界、考场与候考室、候考考生与考场内所有人员隔离，考点实行电子信号总隔离。“2”即考后两整理，考试结束后，组织专人收集整理密封面试试题题本、评分表，拷贝视频资料等；对考场内外环境进行排查整理，对考生遗留小件、手机等个人物品和草稿纸、文具等进行登记、拍照、签字，封存备查。

5）聘用合同管理规范

聘任制公务员是指机关在规定的编制限额和工资经费限额内，经中央或者省级公务员主管部门批准，以合同形式聘任、依法履行公职、由国家财政负担工资福利的工作人员。机关聘任公务员，应当按照平等自愿、协商一致的原则，签订书面的聘任合同，确定机关与所聘公务员双方的权利、义务。聘任合同应当具备合同期限，职位及其职责要求，工资、福利、保险待遇，违约责任等必备条款，根据需要可以约定补充条款。聘任合同期限为1年至5年，首次签订聘任合同的，可以约定1个月至6个月的试用期。经双方协商一致，可以变更或者解除聘任合同。签订、变更、解除或终止聘任合同应当采用书面形式并报同级公务员主管部门备案。

《聘任制公务员管理试点办法》第十六条规定，聘任制公务员有下列情形之一的，机关可以单方面解除聘任合同：①未经批准在其他单位兼职的；②患病或者负伤医疗期满后，不能从事原工作的；③因订立合同所依据的客观情况发生重大变化，致使合同无法继续履行，经双方协商，未能就变更聘任合同内容达成协议的；④法律、法规规定或者聘任合同约定的其他情形。机关因前款第②、第③项情形之一解除聘任合同的，应当提前30日以书面形式通知聘任制公务员本人。

第十七条规定，聘任制公务员有下列情形之一的，机关应当解除聘任合同：①经试用不符合聘任条件的；②聘期内年度考核不称职或者有两年为基本称职的；③不履行公务员义务，不遵守公务员纪律，经教育仍无转变，不适合继续在机关工作的；④因个人原因不能正常履行聘任合同约定工作职责的；⑤旷工或者因公外出、请假期满无正当理由逾期不归连续超过15天，或者一年内累计超过30天的；⑥有严重违法行为或者被依法追究刑事责任的；⑦法律、法规规定或者聘任合同约定的其他情形。

第十九条规定，有下列情形之一的，聘任制公务员可以单方面通知机关解除聘任合同：①在试用期内的；②机关未按照聘任合同约定支付报酬的；③未依法为聘任制公务员缴纳社会保险费的；④法律、法规规定或者聘任合同约定聘任制公务员可以解除聘任合同的其他情形。公务员申请解除聘任合同应当提前30日以书面形式通知聘任机关。

第十八条、第二十条、第二十一条对机关和公务员解除聘任合同做出了限制性规定，并对经济补偿、支付报酬、补缴社会保险等事项做出规定。新聘任公务员一律实行人事代理，其人事关系和档案由人才服务机构代理，完善其社会保障，使“单位人”变成“社会人”，实现人力资源社会化。

10.2.2　“用”公务员环节的法治化

公共部门在人力资源管理过程中，对公职人员的职务任免、职务升降、绩效考核、薪酬福利都必须严格执行法律规定，严格按照法律程序进行。《公务员职务任免与职务升降规定（试行）》适用于委任制公务员。选任制公务员以及法官、检察官职务的任免、升降按照有关法律、法规和章程的规定执行。《聘任制公务员管理试点办法》没有对职务升降作出规定。

1）公务员的职务任免

（1）职务任免的含义

职务任免是指任免机关根据有关法律、法规，在任免权限范围内，依照一定的标准、条件和程序，任命或者免去公职人员担任的某一职务的行为，是任职和免职的总称。

公务员任职是指依法享有任免权的机关或个人，根据有关法律规定和公务员任职资格条件，通过法定的程序和手续，任用公务员担任某一行政职务的管理活动，包括经公开考试录用已取得公务员任职资格的公务员的任用，也包括公务员在部门内或跨部门、跨系统流动中的任用。任职不同于录用，被录用只是取得了公务员身份，不一定担任什么职务，任职是给已经具有公务员身份的人授予一定的职务，确定其职责与权限，任职的范围比录用宽，还包括系统内外公务员岗位平行或垂直流动中的任用。

公务员免职是指有任免权的机关依照法律规定和免职条件，通过法定程序和手续，免除公务员所担任的职务的管理活动。免职包括程序性免职和单纯性免职两种：程序性免职是指委任或聘任在职公务员担任新职务之前或同时，免去其原来所担任的职务；单纯性免职是指免除其现任职务。免职不同于辞退、开除公职，免职需要有免职决定和办理免职手续，辞退、开除公职不需要这些决定和手续，两者依据的法定条件也不同。

（2）公共部门职务任用的方式

公务员任职必须在规定的编制限额和职数内进行，并需要相应的职位空缺。公务员因工作需要在机关外兼职，应当经有关机关批准，并不得领取兼职报酬。任用方式分为选任制、委任制、考任制和聘用制。

①选任制。公务员领导职务实行选任制、委任制和聘任制。公务员职级实行委任制和聘任制。领导成员职务按照国家规定实行任期制。选任制公务员在选举结果生效时即任当选职务；任期届满不再连任，或者任期内辞职、被罢免、被撤职的，其所任职务即终止。

②委任制。委任制公务员遇有试用期满考核合格，职务、职级发生变化，以及其他情形需要任免职务、职级的，应当按照管理权限和规定的程序任免其职务。

③考任制。管理机关按照统一标准，通过公开考试、择优录取的程序任用公职人员。主要适用于以下对象：录用担任一级主任科员以下及其他相当职务层次的公务员；确定初任法官、初任检察官的任职人选。

④聘任制。《公务员法》和《聘任制公务员管理试点办法》规定了聘任制公务员的含义、范围、原则、选聘方式以及管理。聘任制公务员的范围主要包括两类职位，即不涉及国家秘密的专业性较强的职位和辅助性职位。法律没有对这些职位做出具体界定，机关的裁量权发挥作用。应当明确聘任制的适应范围，专业性较强的职位主要是在金融、法律、财会、信息技术等方面，包括领导职位和非领导职位。辅助性职位主要是一些负责资

料整理、文件分发、数据录入等方面的事务性职位,这部分工作的社会通用性较强,可与人才市场相衔接。聘任制公务员的选聘方式,分为公开招聘和直接选聘两种。公开招聘应当采取考试与考察相结合的方法进行,一般参照公务员考试录用的程序进行。直接选聘是对符合条件的人员直接进行考核、审查、签订聘任合同,人员主要来源于机关储备、组织或人员推荐、个人自荐等,操作简单,但选人的范围相对比较狭窄,容易受到人为因素和标准不客观等因素的影响,再加上没有直接选聘的相关程序规定,在实际运行中容易滋生腐败。

新录用公务员试用期满考核合格的,招录机关应当及时按照有关规定任职定级。任职定级时间从试用期满之日起计算。新录用公务员试用期满没有考核的,不得任职定级。

(3)任职程序

公职人员的任职程序具有法定性,是完成任职必经的程序。一般经过提名、考核、呈送、审批、任命和归档等步骤。

(4)免职的条件和程序

免职必须符合一定的条件。公务员有下列情形之一的,应当予以免职:转换职位任职的;晋升或者降低职务的;离职学习期限超过一年的;因健康原因不能坚持正常工作一年以上的;退休的;因其他原因职务发生变化的。我国公务员的免职作为一种职务管理形式,不具有纪律惩戒性质,是一种过渡性措施。

我国公务员免职按照统一的权限范围规定,一般应遵循以下程序:①由所在单位、上级或其他机关提出拟免职的建议;②对免职事由进行审核;③按照管理权限,由任免机关领导集体讨论决定;④发布免职通知。

2)公务员的职务升降

公共部门人力资源的流动包括职务升降的垂直管理和职务交流的横向流动。

(1)职务升降的含义

职务升降是公务员升职和降职的总称。公务员的升职是指任免机关使公务员由较低的职位任较高的职位;公务员的降职是指任免机关依法使公务员由较高的职位任较低的职位。

(2)升职

根据晋升人员的选拔方法不同,职务晋升分为委任晋升制、考试晋升制、招聘晋升制和自荐晋升制。公务员升职的条件包括考核结果、思想政治素质、工作能力、文化程度、任职年限、基层经验、符合任职回避的有关规定,职务晋升程序,其他有关规定。

职务晋升遵循公开、公平、公正、竞争的职务晋升原则,实行功绩晋升制原则,依法管理原则和逐级晋升等。公务员晋升职务,应当逐级晋升,根据个人德才表现、工作实绩和任职资历,参考民主推荐或者民主测评结果确定人选,经公示后,按照管理权限审批。特别优秀的或者工作特殊需要的,可以按照规定破格或者越级晋升职务。

公务员晋升领导职务,按照下列程序办理:①协议;②民主推荐;③确定考察对象,组织考察;④按照管理权限讨论决定;⑤履行任职手续。厅局级正职以下领导职务出现空缺且本机关没有合适人选的,可以通过适当方式面向社会选拔任职人选。公务员晋升非领导职务,参照前款规定的程序办理。公务员晋升领导职务的,应当按照有关规定实行任职前公示制度和任职试用期制度。

(3)降职

降职不同于惩戒,降职是由于公务员不胜任现任职务而采取的任用方式,本人的职责、报酬和福利待遇都要降低,含有一定的警示、鞭策和负面激励的意义。公务员降职必须依法管理,一般降低一个职务层次。公务员的职务、职级实行能上能下。对不适宜或者不胜任现任职务、职级的,应当进行调整。公务员在年度考核中被确定为不称职的,按照规定程序降低一个职务或者职级层次任职。科员以上职务的公务员,在定期考核中被确定为不称职的,应予降职。

公务员降职,按照下列程序进行:①提出降职建议;②对降职事由进行审核并听取拟降职人的意见;③按照干部管理权限集体讨论决定;④按照规定办理降职手续。公务员被降职的,其级别超过新任职务对应的最高级别的,应当同时降至新任职务对应的最高级别。降职的公务员,在新的职位工作一年以上,德才表现和工作实绩突出,经考察符合晋升职务条件的,可晋升职务。其中,降职时降低级别的,其级别按照规定晋升;降职时未降低级别的,晋升到降职前职务层次的职务时,其级别不随职务晋升。

3)公务员的绩效考核

我国《宪法》第二十七条规定:"一切国家机关实行精简的原则,实行工作责任制,实行工作人员的考核制度,不断提高工作质量和工作效率,反对官僚主义。"这是建立公共部门人力资源考核制度最直接、最根本的法律依据。《公务员法》第五章对考核的主体、内容、时限、程序、结果都做了明确的规定。《公务员考核规定(试行)》和《关于深入开展公务员平时考核试点工作的通知》进一步规定了对非领导成员公务员的考核,坚持客观公正、注重实绩、实行领导与群众相结合,平时与定期相结合,定性与定量相结合的方法,按照规定的权限、条件、标准和程序进行。这些法律、法规、规定为公共部门人力资源绩效考核提供了依据。

"末位淘汰制"是指根据社会发展的需要和管理系统的现状,确定适当的淘汰比例,定期淘汰部门成员,从而不断优化部门工作的一种制度。末位淘汰制克服了传统人事制度中"能上不能下""能进不能出"等问题;避免考核的形式主义,考核结果与奖惩挂钩,充分发挥考核的激励功能。从实践中看,我国目前在公共部门实行的末位淘汰制主要存在如下缺陷:①盲目性。在没有建立完善的绩效评估制度的情况下,不考虑实际情况一哄而上。②主观性。大部分行业和部门的绩效标准都是采用评议方式,由同事以及上级打分的方式确定出被评者的得分,评价标准混乱,而且评议本身也不是一种制度化的评估程序。③强制性。不考虑影响绩效的各种因素,只重视结果,只要排名处在末位就予以淘汰。这会使那些虽然工作努力、绩效也不错但排名靠后的公务人员产生极大的不公平感,同时也会对其他没有排在末位的人造成恐慌。这种"人人自危"的淘汰方式不利于组织凝聚力的形成和发展,也会降低成员对组织的归属感。学术界目前也在讨论能否将末位淘汰制完全引入以遵守程序为核心的官僚制组织。只有那些职位分类相对成熟，并且容易对其服务绩效进行量化分解的职位、部门或者行业，才能实施末位淘汰制。

末位淘汰制在公务员管理中的合法化途径包括以下几个方面：①制度公开公示与制定明确合理的标准。可比较的指标体系的建构是进行位次比较并最终实施末位淘汰的核心难点。绩效指标体系的设计通过自下而上、顾客参与的程序，设立一定的绩效标杆，找出相对客观的参照标准，在同意的基础上达成一致。对影响绩效的因素进行分类，统一绩效测量的标准，根据实际情况赋予各个绩效因素以不同的比重。实施动态的评估系统，要求绩效信息的输入和输出都具有动态性，并以此为基础定期进行排名，评出先后。②末位处分程序化和监管多元化，在程序上要做到：将全体考核的排名、排名的依据和理由公示；以书面形式通知末位者，同时附上其考核的排名以及末位的因由。③处分的结果不只是单一的淘汰。尤其是定量考核中的末位者，必须以诫勉、待岗学习、降低职务工资档次等不同的等级形式体现处分。④有申诉和复核程序。末位淘汰实质上是对公务员权益的重大处分，因此必须强调保护公务员的救济权。

4）公务员的薪酬福利

私营部门的薪酬福利，除了在最低工资标准、加班工资、法定社会保险等方面有法律规定外，它可以根据劳动力市场的供求关系、企业的经营效益、人员绩效、当地的物价和生活水平以及劳资谈判来进行薪酬福利决策，特别是对不同的人员采取灵活的、有针对性的薪酬激励措施，强化绩效薪酬的激励作用。相比之下，私营部门的精神激励作用要弱于公共部门，而薪酬福利制度的弹性与激励效果一般高于公共部门。

公务员的薪酬福利制度有很强的法定性，在薪酬形式、薪酬水平、薪酬结构、薪酬决策和管理机制等方面都由法律规定，薪酬福利资金由国家财政保障。而且，以职务和级别为主体的工资制度，带有以纵向升职为动力的增资机制。《公务员法》《国务院关于改革公务员工资制度的通知》《〈公务员工资制度改革实施办法〉的通知》《关于公务员受处分工资待遇处理有关问题的通知》和《关于公务员被采取强制措施和受行政刑事处罚工资待遇处理有关问题的通知》等是公务员薪酬福利管理的依据。《关于县以下机关建立公务员职务与职级并行制度的意见》打破了目前的职务决定工资待遇的局面，解决了单一职务通道有碍收入提高的问题。

2014 年的基层公务员“讨薪”事件，主要涉及基本工资之外的津贴补贴和奖金，这类事件属于公共部门的劳动争议型群体性事件，暴露出我国公务员工资制度、争议预防机制以及争议解决机制存在无法回避的矛盾。我国实行国家统一规定公务员职务和职级相结合的工资制度，这种工资制度形成机制上的缺陷主要表现为以下五个方面：一是依据企业相当人员的工资水平调整公务员工资水平，然而统计数据排除了大量私营企业的工资数据，无形中抬高了私营企业工资的平均水平。二是《公务员法》规定调整工资与国民经济发展相协调、与社会进步相适应的原则规定过于纲领化，缺乏可操作性，导致公务员工资调整缺乏规范，政策影响非常明显。三是公务员的工资政策散见于《公务员法》以及人事部和财政部的联合发文，规定粗糙，且对百姓缺乏透明度。四是在我国公务员薪酬结构中，基本工资与津贴补贴等的比例不甚合理，导致津贴补贴对公务员的薪酬影响很大。五是《公务员法》第八十一条第二款规定:“国家实行工资调查制度,定期进行公务员和企业相当人员工资水平的调查比较,并将工资调查比较结果作为调整公务员工资水平的依据。”如果不是由人社部下属的研究机构而是由国家委托的独立民间咨询评估机构作为调查主体,一定会增强公务员工资调整建议的公信力。目前,公务员针对工资权被侵犯能够诉诸的权利救济途径主要是行使控告权和提出信访。依据《公务员法》的规定,公务员享有控告的权利,但公务员如何行使控告权,至今没有相关的配套规定,导致控告权无法真正落实。同时,处理控告的机关属于政府同一行政系统内的职能部门,相互之间存在利益或情感关系,其处理控告的独立性、公正性值得怀疑。按照《信访条例》第十四条、第二十一条第三款的规定,办理这类信访事件的机关是原处理机关的上一级机关或监察局,仍然存在独立性和公正性的问题。适用处理劳动争议的劳动法和调解仲裁法、处理人事争议的处理规定和仲裁规则以及仲裁办案规则都不适用于一般公务员。

聘任制公务员的工资,按照国家规定实行协议工资制,至于如何确定其工资、福利、保险待遇等法律没有规定。考虑到其聘期内的高职业风险和特殊专门的技能等因素,聘用单位依据薪酬的公平性原则,根据其岗位性质、任务多少、难易程度等因素与其协商确定工资,并在聘用合同中予以明确。其他福利、待遇等应按国家和地方关于机关公务员的标准执行。干部在参加组织选派的脱产教育培训期间,一般应当享受在岗同等待遇,一般不承担所在单位的日常工作、出国(境)考察等任务。因特殊情况确需请假的,必须严格履行手续。公务员按规定参加脱产培训期间,其工资和各项福利待遇与在岗人员相同。

10.2.3 “育”公务员环节的法治化

1)公务员的培训

国家机关工作人员的培训是指各级培训机构依照国家机关工作人员的职位分类和工作需要,为提高国家机关工作人员素质而对全体国家机关工作人员进行的终身职业教育。《干部教育培训工作条例(试行)》和《公务员培训规定(试行)》作为干部教育培训和公务员培训的依据,规定了培训的原则、对象、管理体制、内容、方式以及考核和评估等,对于推进干部和公务员培训工作的科学化、制度化、规范化,培养造就高素质的干部和公务员队伍起到了重要作用。

(1)接受培训是干部和公务员的法定权利和义务

《公务员法》第十四条和第十五条、《干部教育培训工作条例》第十二条和《公务员培训规定(试行)》第六条都明确规定了干部和公务员有接受培训的权利和义务。

(2)培训时间有严格的法律规定

省部级、厅局级、县处级党政领导干部应当每 5 年参加党校、行政学院、干部学院以及干部教育培训管理部门认可的其他培训机构累计 3 个月或者 550 学时以上的培训。提拔担任领导职务的,确因特殊情况在提任前未达到教育培训要求的,应当在提任后 1 年内完成培训。其他干部参加教育培训的时间,根据有关规定和工作需要确定,每年累计不少于 12 天或者 90 学时。担任县处级以上领导职务的公务员每 5 年应当参加党校、行政学院、干部学院或经厅局级以上单位组织(人事)部门认可的其他培训机构累计 3 个月以上的培训。其他公务员参加脱产培训的时间一般每年累计不少于 12 天。

(3)培训与考核评估紧密联系

干部教育培训考核不合格的,年度考核不得确定为优秀等次。对无正当理由不参加教育培训的,给予批评教育直至组织处理。干部弄虚作假获取培训经历、学历或者学位的,按照有关规定严肃处理。没有参加初任培训或培训考试、考核不合格的新录用公务员,不能任职定级。没有参加任职培训或培训考试、考核不合格的公务员,应及时进行补训。专门业务培训考试、考核不合格的公务员,不得从事专门业务工作。在职培训考试、考核不合格的公务员,年度考核不得确定为优秀等次。无正当理由不参加培训的公务员,根据情节轻重,给予批评教育或者处分。

2)公务员的交流与回避

(1)交流

①交流的范围、作用。国家实行公务员交流制度,交流的范围既包括在公务员队伍内跨地区、跨部门的交流和在同一部门内的不同职位之间的交流,也包括与公务员以外的其他从事公务的人员进行的交流。这里的交流是指公共部门人员的横向流动。公务员交流的法治化是加强共产党执政能力建设、推进公务员依法行政的必然要求。一方面有利于按照任人唯贤、德才兼备的原则合理配置人才,大大提高公务员系统的整体工作效率;另一方面有利于保证国家机关的清正廉洁,维护公务员的形象和国家机关声誉,在较大程度上预防和消除某些公务员的不廉洁行为,确保公务员在组织实施与执行国家公务的过程中坚持公正。公务员应当服从机关的交流决定。公务员本人申请交流的,按照管理权限审批。

②交流的方式。交流的方式包括调任、转任和挂职。

调任是指国有企业、高等院校和科研院所以及其他不参照《公务员法》管理的事业单位中从事公务的人员,可以调入机关担任领导职务或四级调研员以上及其他相当层次的职务。调任有别于公务员的考试录用,其对象只能是针对职务较高、调入国家机关担任领导职务或者四级调研员以上及其他相当层次的职务。《公务员调任规定(试行)》规定,调任人选除应当具备《公务员法》规定的任职条件外,还应当具备拟任职位所要求的资格条件:第一,具有良好的政治、业务素质,工作能力强、勤奋敬业、实绩突出。第二,具有与拟调任职位要求相当的工作经历和任职资历。第三,具备公务员法及其配套法规规定的晋升至拟任职务累计所需的最低工作年限。专业技术人员调入机关任职的,应当担任副高级专业技术职务 2 年以上,或者已担任正高级专业技术职务。调入中央机关、省级机关任职的,应当具有大学本科以上文化程度;调入市(地)级以下机关任职的,应当具有大学专科以上文化程度。调任厅局级职务的,原则上不超过 55 周岁;调任县(市)领导班子成员职务的,原则上不超过 50 周岁;调任其他处级职务的,原则上不超过 45 周岁;调任科级领导职务的,原则上不超过 40 周岁。第四,符合法律、法规、章程规定的其他条件。调任按照以下程序进行:根据工作需要确定调任职位及调任条件;提出调任人选;征求调出单位意见;组织考察,必要时进行考试;集体讨论决定;调任公示、报批或者备案;办理调动、任职和公务员登记手续。

转任是指公务员因工作需要或者其他正当理由在机关系统内跨地区、跨部门的调动,或者在同一部门的不同职位之间进行的转换任职。它是公务员内部的一种交流方式。公务员范围的扩大,使公务员交流转任的范围也随之扩大。转任分为机关根据工作需要决定公务员转任和经公务员个人申请、机关批准同意的转任。公务员在不同职位之间转任应当具备拟任职位所要求的资格条件。公开遴选是公务员转任方式之一,是指市(地)级以上机关从下级机关公开择优选拔任用内设机构公务员。《公务员公开遴选办法(试行)》详细规定了公务员参加公开遴选应当具有 2 年以上基层工作经历和 2 年以上公务员工作经历、年度考核均为称职以上等次等各项资格条件。

挂职是机关根据工作需要选派公务员承担重大工程、重大项目、重点任务或其他专项工作。

调任和转任必须在有相应职位空缺、在规定的编制限额和职数内进行。调任涉及人员的身份变化。转任和挂职都不改变公务员身份,转任改变了行政隶属关系,即职务关系发生变更;挂职不改变其行政隶属关系,只是临时改变工作关系,占用原机关编制,不办理调动手续。

③公务员跨职类交流。分类管理改革之后,《公务员法》尚未对不同类别公务员间的职务交流办法做出具体规定,导致各试点地区的相关改革部门在公务员职务交流管理实践上严重滞后。《专业技术类公务员管理规定》和《行政执法类公务员管理规定》笼统规定了专业技术类和行政执法类公务员转任的要求,一般是在本职类职位范围内进行。因工作需要,转任其他职类的,一般应有本职类工作满五年的经历,具备拟转任职务所要求的条件。很明显,被划分为行政执法和专业技术类的公务员与综合管理类的职务、岗位进行交流的渠道不畅通,受到限制。由于分类管理改革后,政府的决策权将高度集中于综合管理类少数领导职务中,从而形成了综合管理类公务员优势独占,行政执法和专业技术类公务员劣势集中的现状。深圳市对不同类别的公务员职务交流做出明确规定,允许公务员进行跨类交流,但交流办法限制重重。根据《深圳市行政机关行政执法类公务员管理办法》和《深圳市行政机关专业技术类公务员管理办法》的规定,行政执法类和专业技术类公务员均明确为非领导职务,这使占整体规模 60%的公务员群体脱离了领导职务序列,除少数人能根据上述两个《办法》的相关条件规定,通过民主推荐或竞争上岗方式转任领导职务以外,绝大多数的行政执法类和专业技术类公务员将不能纳入行政职务升迁候选者的序列。即便是有机会转任领导职务的少数人,也受到多重限制。《行政执法类公务员管理办法》中规定,具备本科以上学历,且在行政执法职位工作满 2 年(含试用期)的行政执法类公务员可通过民主推荐或竞争上岗方式,转任其所在单位或同一主管部门内最低一级领导职务。转任后任职时间重新计算,工资按照新任职务确定。

(2)回避

①回避的含义。作为一项人事管理制度,回避是指在国家行政机关中,为了防止公职人员出于某种亲情关系或其他一些关系,不能秉公执行公务,甚至徇私枉法、以权谋私,而对其任职和执行公务等做出的事前限制性规定。

②回避的形式。《公务员法》规定了任职回避、地区回避、公务回避和卸任回避四种情形。《公务员回避规定(试行)》详细规定了有关内容。

任职回避。公务员之间凡有夫妻关系、直系血亲关系、三代以内旁系血亲关系或近姻亲关系等亲属关系的,不得在同一机关担任双方直接隶属于同一领导人员的职务或者有直接上下级领导关系的职务,也不得在其中一方担任领导职务的机关从事组织、人事、纪检、监察、审计和财务工作。公务员不得在其配偶、子女及其配偶经营的企业、营利性组织的行业监管或者主管部门担任领导。直接隶属,是指具有直接上下级领导关系;同一领导人员,包括同一级领导班子成员;直接上下级领导关系,包括上一级正副职与下一级正副职之间的领导关系。因地域或者工作性质特殊,需要变通执行任职回避的,由省级以上公务员主管部门规定。

地区回避。公务员担任乡级机关、县级机关、设区的市级机关及其有关部门主要领导职务的,应当实行地域回避。上述领导职务的范围主要是县、乡党委和政府的县级纪检机关、组织部门、人民法院、人民检察院、公安部门的正职领导成员。民族自治地方的少数民族领导干部的地域回避按照有关法律规定并结合本地实际执行。

公务回避。公务员应当回避的公务活动包括以下几个方面:考试录用、调任、职务升降任免、考核、考察、奖惩、交流、出国审批;监察、审计、仲裁、案件审理;税费稽征、项目资金审批、监管以及其他应当回避的公务活动。公务员执行上述公务活动时,有下列情形之一的,应当回避,不得参加有关调查、讨论、审核、决定,也不得以任何方式施加影响:涉及本人利害关系的;涉及与本人有本规定第五条所列亲属关系人员的利害关系的;其他可能影响公正执行公务的。

卸任回避。公务员辞去公职或者退休的,原系领导成员的公务员在离职三年内,其他公务员在离职两年内,不得到与原工作业务直接相关的企业或者其他营利性组织任职,不得从事与原工作业务直接相关的营利性活动。

③回避的类型和程序。公务员有应当回避情形的,本人应当申请回避,同时利害关系人也有权申请公务员回避。机关根据公务员本人或者利害关系人的申请,经审查后作出是否回避的决定,也可以不经申请直接做出回避决定。回避包括自行回避、申请回避、决定回避 3 种类型。

任职回避和地域回避程序相同,按下列程序办理:一是本人提出回避申请或者所在机关提出回避建议。二是任免机关组织人事部门按照管理权限进行审核,并提出回避意见报任免机关。在报任免机关决定前,应当听取公务员本人及相关人员的意见。三是任免机关做出决定。需要回避的,予以调整。职务层次不同的,一般由职务层次较低的一方回避。

公务回避按以下程序办理:一是本人或者利害关系人提出回避申请,或者主管领导提出回避要求;二是所在机关进行审查做出是否回避的决定,并告知申请人;三是需要回避的由所在机关调整公务安排。特殊情况下,所在机关可以直接做出回避决定。

10.2.4 "留"公务员环节的法治化

1)公务员的辞职

辞职、辞退、退休是国家机关人力资源管理的出口环节,是保证国家机关工作人员精干、高效的主要措施,也是国家机关人力资源保障管理的重要组成部分。

(1)辞职的含义

辞职是指国家机关工作人员根据本人意愿,经任免机关或主管部门批准,辞去所担任的领导职务或解除与所在单位的职务关系的行为。辞职是建立在国家机关工作人员自愿的基础上,是对国家机关工作人员自由择业权利的重要保障。它对实现公共部门人力资源的合理配置,促进人员的合理流动具有一定的意义,同时也要防止出现核心管理、专业技术等岗位人才大规模辞职现象的发生。

(2)辞职的形式

依据《公务员法》和《公务员辞去公职规定(试行)》的规定,担任领导职务的公务员辞去领导职务可以分为以下 4 种形式:

①因公辞职。它是指担任领导职务的公务员,因工作变动依照法律规定辞去现任职务的行为。辞职不是基于个人的原因,主要是选举任免的公务员进行调动和交流需要履行的一种法律程序,组织安排其调任其他公职,需要先辞去现任职务。

②自愿辞职。它是指担任领导职务的公务员,因个人或者其他原因,自愿提出辞去领导职务的行为。辞职的原因基于个人或其他原因,如不能胜任工作、因病不能胜任领导工作、职业倾向等。辞职后可以担任非领导职务,也可以不再担任公共职务,离开公务员队伍。

③引咎辞职。领导成员因工作严重失误、失职造成重大损失或者恶劣社会影响的,或者对重大事故负有领导责任的,由本人主动提出辞去现任领导职务。

④责令辞职。领导成员应当引咎辞职或者因其他原因不再适合担任现任领导职务,本人不提出辞职的,由任免机关责令其辞去领导职务。

(3)辞职的条件或限制性条件

公务员有下列情形之一的,不得辞去公职:①未满国家规定的最低服务年限的;②在涉及国家秘密等特殊职位任职或者离开上述职位不满国家规定的脱密期限的;③重要公务尚未处理完毕,且须由本人继续处理的;④正在接受审计、纪律审查、监察调查,或者涉嫌犯罪,司法程序尚未终结的;⑤法律、行政法规规定的其他不得辞去公职的情形。

公务员与所在机关因专项培训订立协议约定工作期限的,在未满约定工作期限内一般不得申请辞去公职。申请辞去公职的,应当向所在机关支付违约金或者履行相应义务。违约金的数额不得超过机关提供的专项培训费用。机关要求辞去公职公务员支付的违约金不得超过约定工作期限尚未履行部门所应分摊的培训费用。

(4)辞职的程序

符合条件的公职人员辞去公职,应当向上级主管部门和任免机关提出书面申请。任免机关应当自接到申请之日起三十日内予以审批,其中对领导成员辞去公职的申请,应当自接到申请之日起九十日内予以审批。任免机关以书面形式将审批结果通知呈报单位及申请辞职的公职人员。公务员在辞去公职审批期间不得擅自离职。对擅自离职的,给予开除处分。

(5)辞职的待遇

公职人员辞职后,任免机关安排新任职务的,职级待遇按新任职务确定。与公共部门完全解除工作关系的,将不再享受公职人员待遇。

辞职公职人员的个人档案由原单位人才交流中心负责保存。

自批准之日的次月起停发工资。

经批准辞去公职的公务员,离职前应当办理公务交接手续,必要时按照规定接受审计。公务员申请辞去公职未予批准的,可以按照规定申请复核或者提出申诉。复核、申诉期间不停止该人事处理的执行。

公务员辞去公职后重新就业的,其辞去公职前在机关的工作年限合并计算。

公务员辞去公职的,原系领导成员、县处级以上领导职务的公务员在离职三年内,其他公务员在离职两年内,不得到与原工作业务直接相关的企业或者其他营利性组织任职,不得从事与原工作业务直接相关的营利性活动。《关于规范公务员辞去公职后从业行为的意见》(组通字〔2017〕22 号)指出,"原任职务"或"原工作业务",一般应包括辞去公职前三年内担任过的职务或从事过的工作业务。公务员申请辞去公职时应当如实报告从业去向,签署承诺书,对遵守从业限制规定、保守国家秘密和工作秘密,以及在从业限制期限内主动报告从业变动情况等做出承诺。公务员辞去公职后有违规从业行为的,由公务员主管部门会同原单位责令其限期解除与接收单位的聘任关系或终止违规经营性活动;逾期不改正的,对其违规从业所得数额进行调查核定,由县级以上工商、市场监管等部门依法没收,责令接收单位将该人员清退,并根据情节轻重,对接收单位处以被处罚人员违规从业所得一倍以上五倍以下罚款。公务员主管部门会同有关部门将辞去公职人员违规从业行为纳入个人信用记录。建立健全公务员辞去公职后从业备案和监督检查制度。

2)公务员的辞退

(1)辞退的含义

辞退,是指机关依照法律、法规规定,解除与公务员的任用关系。由于其涉及公职人员的切身利益,辞退必须经过严格的程序和条件审查,国家机关不得随意辞退公职人员,应当依照《公务员法》和《公务员辞退规定(试行)》来执行。

(2)公职人员辞退的条件以及限制性条件

辞退的条件:①在年度考核中,连续两年被确定为不称职的;②不胜任现职工作,又不接受其他安排的;③因所在机关调整、撤销、合并或者缩减编制员额需要调整工作,本人拒绝合理安排的;④不履行公务员义务,不遵守法律和公务员纪律,经教育仍无转变,不适合继续在机关工作,又不宜给予开除处分的;⑤旷工或者因公外出、请假期满无正当理由逾期不归连续超过十五天,或者一年内累计超过三十天的。

辞退的限制性条件:①因公致残,被确认丧失或者部分丧失工作能力的;②患病或者负伤,在规定的医疗期内的;③女性公务员在孕期、产假、哺乳期内的;④法律、行政法规规定的其他不得辞退的情形。

(3)公职人员辞退的程序

辞退公务员,按照下列程序办理:①所在单位在核准事实的基础上,提出建议并填写《辞退公务员审批表》报任免机关。只有公职人员所在的机关才有权提出辞退建议,辞退建议必须说明辞退的法定事由。②任免机关组织人事部门审核。③任免机关审批。辞退决定以书面形式(《辞退公务员通知书》)直接送达被辞退公务员本人,并应当告知辞退依据和理由。《辞退公务员审批表》和辞退决定等存入本人档案。

(4)公职人员辞退的待遇

被辞退的公务员,可以领取辞退费或者根据国家有关规定享受失业保险。公务员被辞退前连续工作满一年以上的,自被辞退的次月起,由有关的人才服务机构按月发放辞退费。辞退费发放标准为公务员被辞退前上月基本工资。辞退费发放期限根据被辞退公务员在机关的工作年限确定。工作年限不满两年的,按照三个月发放;满两年的,按照四个月发放;两年以上的,每增加一年增发一个月,但最长不得超过二十四个月。

自批准之日的次月起停发工资。

被辞退公务员离职前应办理公务交接手续,必要时按照规定接受审计。公务员对辞退决定不服的,可以按照规定申请复核或者提出申诉。复核、申诉期间不停止该人事处理的执行。

3)公务员的退休

(1)退休的含义

公务员达到国家规定的退休年龄或者完全丧失工作能力的,应当退休。退休制度是国家机关工作人员权益在职业期外的重要保障制度。

(2)公职人员退休的方式和条件

根据退休时个人意愿的不同,把退休分为自愿退休和强制退休。只要满足以下3个条件之一的,即①工作年限满三十年的;②距国家规定的退休年龄不足五年,且工作年限满二十年的;③符合国家规定的可以提前退休的其他情形的。公职人员都可以提出自愿退休的申请,经任免机关批准。强制退休是指国家公职人员具备了法定退休条件,不管个人意愿如何,任免机关均令其退休。只要满足以下两个条件之一的,即①达到法定退休年龄的,男满60周岁,女满55周岁;②丧失工作能力的。任免机关都应当令其退休。

(3)公职人员退休后的待遇和管理服务

公务员退休后,享受国家规定的养老金和其他待遇,国家为其生活和健康提供必要的服务和帮助,鼓励发挥个人专长,参与社会发展。退休的公务员与辞去公职的公务员一样,受到相关的竞业限制,依照《公务员法》第一百零七条的规定执行。

10.2.5　奖惩、申诉控告等权益保障规定

1) 奖惩制度

(1) 奖励制度

公务员奖励是指对工作表现突出,有显著成绩和贡献,或者有其他突出事迹的公务员或者公务员集体,给予奖励。

公务员奖励坚持公开、公平和公正的原则,坚持精神奖励为主、精神奖励与物质奖励相结合的原则,坚持及时奖励与定期奖励相结合的原则,按照规定的条件、种类、标准、权限和程序进行。

采取嘉奖、记三等功、记二等功、记一等功、授予荣誉称号等方式实行奖励。

公务员、公务员集体做出显著成绩和贡献需要奖励的,由所在机关(部门)在征求群众意见的基础上,提出奖励建议;按照规定的奖励审批权限上报;审核机关(部门)审核后,在一定范围内公示;审批机关批准,并予以公布。

给予公务员、公务员集体的奖励,经同级公务员主管部门或者市(地)级以上机关干部人事部门审核后,按照下列权限审批:嘉奖、记三等功,由县级以上党委、政府或者市(地)级以上机关批准。记二等功,由市(地)级以上党委、政府或者省级以上机关批准。记一等功,由省级以上党委、政府或者中央机关批准。授予荣誉称号,由省级以上党委、政府或者中央公务员主管部门批准。

(2) 处分、惩戒制度

公务员因违法违纪应当承担纪律责任的,依照《公务员法》给予处分或者由监察机关依法给予政务处分;违纪行为情节轻微,经批评教育后改正的,可以免予处分。对同一违纪违法行为,监察机关已经作出政务处分决定的,公务员所在机关不再给予处分。处分分为警告、记过、记大过、降级、撤职、开除。

对公务员的处分,应当事实清楚、证据确凿、定性准确、处理恰当、程序合法、手续完备。公务员违纪的,应当由处分决定机关决定对公务员违纪的情况进行调查,并将调查认定的事实及拟给予处分的依据告知公务员本人。公务员有权进行陈述和申辩。处分决定机关不得因公务员申辩而加重处分。处分决定机关认为对公务员应当给予处分的,应当在规定的期限内,按照管理权限和规定的程序做出处分决定。处分决定应当以书面形式通知公务员本人。

公务员在受处分期间不得晋升职务和级别,其中受记过、记大过、降级、撤职处分的,不得晋升工资档次。受处分的期间为:警告,六个月;记过,十二个月;记大过,十八个月;降级、撤职,二十四个月。受撤职处分的,按照规定降低级别。公务员受开除以外的处分,在受处分期间有悔改表现,并且没有再发生违纪行为的处分期满后自动解除。解除处分后,晋升工资档次、级别和职务、职级不再受原处分的影响。但是,解除降级、撤职处分的,不视为恢复原级别、原职务、原职级。

《公务员法》《行政机关公务员处分条例》和《关于公务员纪律惩戒有关问题的通知》作为公务员处分的依据。企业中由行政机关任命的人员,行政机关任命的事业单位工作

人员,党的机关、人大机关、政协机关、各民主党派和工商联机关公务员参照执行《行政机关公务员处分条例》。

2)申诉、控告制度

(1)公职人员申诉、控告制度的含义

申诉控告是国家公职人员通过法律渠道获得权益保障的一项重要制度。申诉是指国家机关工作人员依照有关法规,就自身权益问题要求处理或重新处理的行为。控告是指国家机关工作人员对国家机关或其领导人员侵害自身合法权益行为予以揭露,以求依法进行处理的行为。公务员提出申诉、控告,不得捏造事实,诬告、陷害他人,对捏造事实、诬告、陷害他人的,依法追究法律责任。申诉与控告在提出的目的、前提条件、受理主体与时限等方面存在一定的区别。

(2)申诉的条件、受理机关与程序

《公务员法》第九十五条列举了七种具体针对公务员本人的人事处理行为不服即处分、辞退或者取消录用、定期考核定为不称职、申请辞职、免职、提前退休未予批准、未按规定确定或者扣减工资、福利、保险待遇以及法律、法规规定的其他情形兜底条款,可以提起申诉或再申诉。列举法无法囊括所有可申诉的处理行为,不利于保护公务员的合法权益,可以采用概括式和排除式的规定把大部分的人事处理行为都纳入申诉范围。

《公务员申诉规定(试行)》规定公务员可以自知道该人事处理之日起三十日内向原处理机关申请复核;对复核结果不服的,可以自接到复核决定之日起十五日内,按照规定向同级公务员主管部门或者做出该人事处理的机关的上一级机关提出申诉;也可以不经复核,自知道该人事处理之日起三十日内直接提出申诉;对省级以下机关做出的申诉处理决定不服的,可以向做出处理决定的上一级机关提出再申诉。《公务员法》第九十五条规定,受理公务员申诉的机关应当组成公务员申诉公正委员会,负责受理和审理公务员的申诉案件。公务员对监察机关作出的涉及本人的处理决定不服向监察机关申请复审、复核的,按照有关规定办理。第九十六条规定,公务员不因申请复核、提出申诉而被加重处理。

申诉受理机关有四个,即原处理机关、同级人民政府人事部门、行政监察机关、上级行政机关。这些申诉和再申诉机关主要是行政系统的机关,存在自我保护意识,它的监督效果不是很理想。我国现实的做法可以在保留上级行政机关或人事主管部门作为先行申诉处理机关的基础上,设立专门权威的行政机关履行受理公务员申诉控告以及公务员的管理的职责。针对缺乏严格的申诉控告程序和明确的再申诉时限和法律责任规定,我们应当完善相关的程序,引入听证程序,确定提出控告的期限和处理机关的处理期限等规定。

(3)控告的条件、受理机关与程序

公务员认为机关及其领导人员侵犯其合法权益的,可以依法向上级机关或者有关的专门机关提出控告。提出控告不受时间限制。控告的目的不仅是恢复其合法权益或获得补偿,而且要求追究实施不法侵害的机关或领导人员的法律责任。

3)人事争议仲裁制度

人事争议仲裁制度是针对聘任制公务员、聘任聘用的事业单位人员等合法权益维护的一项重要制度。人事争议仲裁委员会一般受理以下人事争议:国家行政机关与工作人员之间因录用、调动、履行聘任合同发生的争议;事业单位与工作人员之间因辞职、辞退及履行聘任合同或聘用合同发生的争议;法律、法规、规章规定可以仲裁的其他人事争议。

人事争议仲裁遵循合法、公正和及时原则。人事争议仲裁委员会是仲裁的主体,一般都设置在行政机关内部,虽然它不隶属于公务员主管部门,但它和行政机关有利益牵涉,独立性不强。人事争议仲裁委员会的组成人员由公务员主管部门的代表、聘用机关的代表、聘任制公务员代表以及法律专家组成,各个机构的地位不对等,很难保障其立场的中立性。《公务员法》对人事争议仲裁的规定不明确,如人事争议仲裁机关是常设的还是临时设立的?常设的人事争议仲裁机关究竟应该设置在哪一级政府里面?根据“需要”设立人事争议仲裁委员会的规定没有强制性,赋予了设立机关很大的裁量权,导致人事争议仲裁机关的设立不够普及,制度的可操作性不强。《公务员法》中人事争议仲裁制度没有规定统一的执行标准,不像经济仲裁有《仲裁法》、劳动仲裁有《劳动法》这样统一、效力高的法律规范作保障,执行过程难免发生偏差。为了保证仲裁的公正性,人事争议仲裁机构的财政来源、权力行使等应独立于相应的有利益牵涉的行政机关,直接选举产生聘用制公务员的代表作为仲裁委员会的组成人员。

因履行聘任合同发生争议而提请仲裁的聘任制公务员、事业单位聘任聘用人员是仲裁的客体,聘任制公务员具有公务员和民事主体的双重身份,可以申请人民法院执行生效的仲裁裁决,也可以针对不服的仲裁裁决提起诉讼。它完善了公务员权利救济体系,克服了以往复核、申诉、控告等行政救济途径的局限性,并且把人事仲裁决定纳入司法救济的范围。扩大人事争议仲裁的受案范畴和适用范围,使得聘任制以外的公务员甚至是企业及其工作人员都能获得人事争议仲裁和司法的双重权利救济。《公务员法》对聘任合同的司法救济,在管辖法院、审查范围、举证责任、证明标准等方面还存在一定的问题。

10.3　事业单位人力资源管理的法治化

目前事业单位人力资源管理的法律规定主要有《事业单位人事管理条例》《关于加快推进事业单位人事制度改革的意见》和《关于在事业单位试行人员聘用制度的意见》等。事业单位制定或者修改人事管理制度,应当通过职工代表大会或者其他形式听取工作人员意见。国家建立事业单位岗位管理制度,明确岗位类别和等级。事业单位根据职责任务和工作需要,按照国家有关规定设置岗位,岗位应当具有明确的名称、职责任务、工作标准和任职条件。事业单位拟订岗位设置方案,应当报人事综合管理部门备案,并依照相关条例、办法等规定的程序进行公开招聘。

10.3.1 规范聘用合同

事业单位是我国专业技术人才的主要集中地,做好事业单位人力资源的保障管理,对于调动各类人才的积极性、解除人才流动的后顾之忧,具有十分重要的意义。实行人员聘用制度是我国事业单位人事制度改革的核心内容,在新的聘用制度下保证事业单位人员的合法权益,最重要的就是要规范聘用合同的内容。聘用合同由聘用单位的法定代表人或者其委托的人与受聘人员以书面形式订立。聘用合同必须具备聘用合同期限、岗位及其职责要求、岗位纪律、岗位工作条件、工资待遇、聘用合同变更和终止的条件、违反聘用合同的责任等条款,同时经双方当事人协商一致,可以约定试用期、培训和继续教育、知识产权保护、解聘提前通知时限等条款。聘用合同订立后,聘用单位与受聘人员双方都应当严格遵守、全面履行合同的约定。当聘用合同履行过程中出现争议时,为保障自身权益,当事人可以申请当地人事争议仲裁委员会仲裁。仲裁结果对争议双方具有约束力。

事业单位公开招聘的人员实行试用期制度,试用期一般不超过 3 个月;情况特殊的,可以延长,但最长不得超过 6 个月。被聘人员为大中专应届毕业生的,试用期可以延长至 12 个月。试用期包括在聘用合同期限内。试用期满合格的,予以正式聘用;不合格的,取消聘用。聘用单位与受聘人员订立聘用合同时,不得收取任何形式的抵押金、抵押物或者其他财物。

事业单位与工作人员订立的聘用合同,期限一般不低于 3 年。初次就业的工作人员与事业单位订立的聘用合同期限在 3 年以上的,试用期为 12 个月。

事业单位工作人员在本单位连续工作满 10 年且距法定退休年龄不足 10 年,提出订立聘用至退休的合同的,事业单位应当与其订立聘用至退休的合同。

事业单位可以在以下两种情况下解除聘用合同:第一,事业单位工作人员连续旷工超过 15 个工作日,或者 1 年内累计旷工超过 30 个工作日的;第二,事业单位工作人员年度考核不合格且不同意调整工作岗位,或者连续两年年度考核不合格的,事业单位提前 30 日书面通知。事业单位工作人员受到开除处分的,解除聘用合同。事业单位工作人员提前 30 日书面通知事业单位,可以解除聘用合同。但是,双方对解除聘用合同另有约定的除外。自聘用合同依法解除、终止之日起,事业单位与被解除、终止聘用合同人员的人事关系终止。

10.3.2 事业单位人员的奖惩与权利救济

事业单位对那些长期服务基层、爱岗敬业、表现突出的;在执行国家重要任务、应对重大突发事件中表现突出的;在工作中有重大发明创造、技术革新的;在培养人才、传播先进文化中做出突出贡献的以及有其他突出贡献的工作人员或者集体给予奖励。奖励以精神奖励为主,结合物质奖励。奖励分为嘉奖、记功、记大功、授予荣誉称号。

根据《事业单位人事管理条例》《事业单位工作人员处分暂行规定》和《〈事业单位工作人员处分暂行规定〉若干问题的意见》的规定,事业单位工作人员有下列行为之一的,给予处分:①损害国家声誉和利益的;②失职渎职的;③利用工作之便谋取不正当利益的;④挥霍、浪费国家资财的;⑤严重违反职业道德、社会公德的;⑥其他严重违反纪律的。处分分为警告、记过、降低岗位等级或者撤职、开除。受处分的期间为:警告,6个月;记过,12个月;降低岗位等级或者撤职,24个月。给予工作人员处分,应当事实清楚、证据确凿、定性准确、处理恰当、程序合法、手续完备。工作人员受开除以外的处分,在受处分期间没有再发生违纪行为的,处分期满后,由处分决定单位解除处分并以书面形式通知本人。

我国事业单位人员的权益保障、法律救济规定基本参照国家公务员的相关规定进行管理,《事业单位工作人员申诉规定》也做出了相关规定。事业单位人员所具有的权利救济手段包括提起仲裁、申请复核、提出申诉和投诉举报等。

事业单位工作人员与所在单位发生人事争议的,依照《中华人民共和国劳动争议调解仲裁法》等有关规定处理。受聘人员与聘用单位在公开招聘、聘用程度、聘用合同期限、定期或者聘期考核、解聘辞聘、未聘安置等问题上发生争议的,当事人可以申请当地人事争议仲裁委员会仲裁。仲裁结果对争议双方具有约束力。

根据最高人民法院《关于人民法院审理事业单位人事争议案件若干问题的规定》,事业单位与其工作人员之间因辞职、辞退及履行聘用合同所发生的争议,适用《中华人民共和国劳动法》的规定处理。当事人对依照国家有关规定设立的人事争议仲裁机构所作的人事争议仲裁裁决不服,自收到仲裁裁决之日起十五日内向人民法院提起诉讼的,人民法院应当依法受理。一方当事人在法定期间内不起诉又不履行仲裁裁决,另一方当事人向人民法院申请执行的,人民法院应当依法执行。

事业单位工作人员对涉及本人的考核结果、处分决定等不服的,可以按照国家有关规定申请复核、提出申诉。对事业单位人事管理工作中的违法违纪行为,任何单位或者个人可以向事业单位人事综合管理部门、主管部门或者监察机关投诉、举报,有关部门和机关应当及时调查处理。负有事业单位聘用、考核、奖励、处分、人事争议处理等职责的人员履行职责,有下列情形之一的,应当回避:与本人有利害关系的;与本人近亲属有利害关系的;其他可能影响公正履行职责的。

10.4　公共部门人力资源管理中的法律风险防范

10.4.1　公共部门在人力资源"入口"环节的法律风险防范

随着劳动力多样化以及来自政治的压力,招募和录用弱势群体公务人员时需要考虑合理份额的代表和社会公平等价值。弱势群体保护造成了社会公平和功绩制之间的冲突,影响了人力获取功能所赖以推行的各种规则。

1)公平就业权与就业歧视

发布招聘信息,撰写招聘广告文本时应当注意有关招聘中的就业歧视问题。户籍歧视、地域与方言歧视、性别和年龄歧视、学历和经验歧视、身体状况(主要是身高、相貌、体型、残疾和血型等方面)的歧视、婚育状况歧视、经历歧视(主要是刑释解教人员因前科失去就业竞争机会)、姓氏歧视等都是人员选拔中的法律约束。就业歧视与合理甄选的实质性区别在于,就业歧视是以与工作无关的理由剥夺部分应聘者的竞争机会,这些条件与工作效果没有关系。

【资料 10.4】刘家海不服广西壮族自治区人事厅不准报考公务员行政决定案

原告刘家海报名参加被告组织的 2004 年下半年广西壮族自治区国家公务员和机关工作者的录用考试,其填报了广西壮族自治区司法厅机关处室和法学会的职位。本次招考的年龄条件为 35 岁以下,而原告的年龄已超过 35 周岁,因此在被告广西壮族自治区人事厅设定的报名网站系统上对原告的两次报名分别作出了"此次招考录用要求年龄在 35 周岁以下,你已超龄"和"对不起,你已经超龄了——35 岁以下"的信息反馈意见,并据此不同意原告参加本次国家公务员和机关工作者的录用考试。广西南宁市青秀区人民法院根据有关事实和证据认为:根据《国家公务员暂行条例》第八十五条第二款规定,被告作为省级人事主管部门,负有对本行政区域内国家公务员录用管理的行政管理职责,并享有制定本行政辖区内国家公务员考试录用的有关规定的法定职权。《国家公务员录用暂行规定》第十四条规定:"报考国家公务员,必须具备下列基本条件:……(六)身体健康,年龄为三十五岁以下……"《2004 年下半年广西壮族自治区国家公务员和机关工作者考试录用简章》是依据《国家公务员暂行条例》《国家公务员录用暂行规定》等有关规定制定的,是合法有效的。根据上述规定,报考 2004 年下半年广西壮族自治区国家公务员和机关工作者的报考者必须具备考试录用简章规定的资格条件。原告的年龄已满 36 岁,超过了 35 岁以下的年龄条件,被告根据招考单位的审核意见,通过网上报名系统对原告作出的反馈意见,事实清楚,证据充分,依法有据,被告作出不同意原告参加本次公务员录用考试的决定是合法的。同时,《国家公务员暂行条例》和《国家公务员录用暂行规定》及《广西壮族自治区国家公务员录用实施办法》均没有对报考者如不符合报考条件,应以何种形式通知该报考者的具体规定。法律、法规无明文规定,行政机关可以在不违反法律授权目的和行政程序基本原则的前提下,采取口头通知,也可以用书面形式通知,因此,被告以网络信息传递的形式在其指定的网站报名系统上通知原告的行为,不违法。综上所述,被告作出的不同意原告报考本次公务员的具体行政行为,事实清楚,证据确凿,程序合法,适用的法律、法规正确。驳回原告刘家海的诉讼请求。

报考公务员是宪法赋予公民的平等权利和政治权利,《公务员法》《考试录用国家公务员暂行规定》和《广西壮族自治区国家公务员录用实施办法》没有对年龄方面的强制性限制,虽然国家公务员录用的省级主管部门具有负责本行政辖区国家公务员录用管理工作的职权,但是也不能违背宪法的精神要求,剥夺公民的基本权利,进而损害公民的公平就业权。

公平就业始终是就业立法关注的焦点,我国法律把平等就业作为劳动者应享有的基本权利和劳动就业工作的基本原则,反对就业歧视,保障劳动者的合法权利。《劳动法》第十二条规定,劳动者就业,不因民族、种族、性别、宗教信仰不同而受到歧视。《劳动力市场管理规定》第十一条规定，用人单位在招用职工时，除国家规定不适合从事的工种和岗位外，不得以性别、民族、种族、宗教信仰为由拒绝或者提高录用标准。《劳动法》第十三条规定，妇女享有与男子平等就业权利。在录用职工时，除国家规定的不适合符合的工种或岗位外，不得以性别为由拒绝录用妇女或者提高妇女的录用标准。《女职工劳动保护规定》规定，凡适合妇女从事劳动的单位，不得拒绝招收女职工。《残疾人保障法》第三十四条规定，在职工的录用、聘用、转正、晋级、职称评定、劳动报酬、生活福利、劳动保险等方面，不得歧视残疾人。我国还出台了大量政策照顾少数民族、军队转业人员、下岗职工等特殊群体的就业。但就业歧视仍然侵犯了劳动者的平等就业权，亵渎劳动者的个人尊严。

【资料 10.5】凌源市人力资源和社会保障局取消赵志超事业单位聘用资格行政处理行为纠纷案件

2016 年 10 月 11 日，辽宁省朝阳市中级人民法院审理上诉人凌源市人力资源和社会保障局因取消事业单位聘用资格行政处理行为一案。因被上诉人赵志超未能在期限内出具中国高等教育学生信息网（学信网）的学历证书电子注册备案表和验证报告，亦未能提供辽宁省教育厅出具未注册原因或承认学历的证明，2015 年 8 月 27 日，被告经局长办公会研究决定，取消赵志超聘用资格。本院认为，原判认定事实不清，证据不足。上诉人在其颁布的《2015 年事业单位公开招聘工作人员计划信息表》中，界定的招聘条件为学历专科及以上。被上诉人报考时提供的中央农业广播电视学校二年制相当于大学专科同等学历的中专后继续教育学习毕业证书中没有明确载明该毕业证是否为专科或相当于专科同等学历。被上诉人持有的毕业证书，与上诉人在招聘条件中界定的专科及以上学历的效力是否等同事实不清。2004 年 1 月 18 日，辽宁省人事厅、辽宁省农业厅下发的《关于进一步加强中专后继续教育工作的通知》规定：由中央农业广播电视学校颁发具有大学专科同等学历的中专后继续教育毕业证书，经省人事厅验印后，可以作为持证上岗和专业技术人员评聘中级以下专业技术职务的依据。该文件规定的持证上岗和评聘专业技术职务针对的是在岗人员，此文件对具有大学专科同等学历的中专后继续教育毕业证书的界定，是否可作为事业单位公开招聘工作人员的依据事实不清。综上，依照《中华人民共和国行政诉讼法》第八十九条（三）项之规定，裁定如下：一、撤销凌源市人民法院（2015）凌行初字第 52 号行政判决；二、发回凌源市人民法院另行组成合议庭进行审理。

2）招聘程序风险

搜集招聘信息时，重点在于了解关键信息，并且只能了解与岗位胜任条件和被组织价值观零容忍方面的关键信息。需要搜集的这些信息可以设计在面试指导书、结构化面试提纲等表格中。

在进行甄选、面谈时，招聘单位对一些信息负有强制性告知义务。为了将这些信息告知应聘者，应当要求应聘者手工填写《员工信息登记表》并对真实性负责，在表的后面把需要告知给应聘者的工作内容、劳动报酬等内容附上。

背景调查时，防范连带责任，应当甄别离职证明，甚至调阅档案和政审，避免出现和原单位没有解除或终止合同的情况出现。

在试用管理上,需要注意以下几个问题:注意录用通知的内容措词,发出要约邀请或录用意向书、签订劳动合同意向书,告知符合“试用的条件”而不是“录用条件”,录用通知书中逐一列出不予录用的情形、明确应聘者应予承诺的期限和违约责任。入职体检最好安排在发出录用通知书之前,避免就业歧视。

注意反强迫劳动,认真贯彻执行不得扣押证件和提供押金的规定。严格执行试用期的期限,不得随意延长,不能把试用期独立于合同之外。以劳动者在试用期内不符合录用条件而解除合同必须满足以下三个条件:合法、清晰和明示的录用条件、有效的试用期评估、必须在试用期届满前做出解除决定。试用期薪酬给付《劳动法》没有明确,参照相同岗位最低档工资。组织必须有完善的工作分析和工作评价制度。转正评估阶段,注意评估流程和标准,形成“录用条件”的书面文件记录,并和招聘条件、胜任特征相区别。

【资料 10.6】王涛因不予录用公务员决定上诉案

2015 年 3 月,上诉人王涛报考云南省普通公务员禄丰县公安局警务保障民警岗位,在笔试和面试环节获得综合成绩第一,通过了体能测试。2015 年 9 月 8 日,上诉人在楚雄州人民医院新区医院体检中心进行体检,楚雄州人民医院出具的体检报告为体检合格。2015 年 9 月 24 日,原告经当地派出所政审合格。2015 年 10 月 22 日下午 3 时,二被告通知上诉人到被告州人社局会议室召开通报会并口头通报了被举报体检事宜等相关情况。2015 年 10 月 26 日,二被告共同作出关于王涛考生体检不合格不予录用为公务员的决定,并送达原告,主要原因是上诉人不符合所报岗位对身体条件的特殊要求。法院认为,2015 年 9 月 8 日州医院出具的体检表记载了上诉人所有的体检项目结果,每一项体检项目都是该表的一个组成部分,而且上诉人二审中提交的关于就王涛对公务员招录体检结果存有异议的回复也对该体检表进行了说明,州医院出具的体检表、关于楚雄州考试录用公务员体检结论的更正通知、关于就王涛对公务员招录体检结果存有异议的回复互相印证,证实了王涛的体检结论由“合格”更正为”不合格”的过程和事由,因此州医院的体检表是真实的,上诉人王涛主张体检表视力检查数据不真实的主张不能成立。州医院在出具体检结论时,由于没有接到执行职位的通知,出具了不符合王涛所报岗位身体条件特殊要求的体检结论,对此,州人社局、州公安局在委托医疗机构、组织体检时工作存在疏漏及其对体检结论审核不严谨是分不开的,但是州人社局、州公安局工作的失误并不影响王涛视力检查的结果。州医院出具的关于楚雄州考试录用公务员体检结论的更正通知是按照王涛所报岗位对身体条件的特殊要求对体检表上的体检结论进行的更正,上诉人王涛对州医院更正其体检结论为不合格有异议并申请对视力项目进行复检与《公务员录用体检特殊标准(试行)》操作手册说明第 4 条“公务员录用体检特殊标准(试行)中的所有体检项目均不进行复检”的规定不符,上诉人主张体检程序不合法的主张不能成立。二审法院维持原判。

公务员系统的这种体检标准,是否与医院的体检标准存在冲突,适用标准是否符合对公民平等就业权的要求,同时公务员系统的体检标准是否侵犯公民的知情权,是否间接对公民的公平就业权造成损害,也是值得思考的问题。

【资料 10.7】张洋诉陕西省公务员局公务员录用行政纠纷案

2009 年 3 月,被告陕西省公务员局在其官方网站公布了《2009 年全省统一考试录用公务员和参照管理单位工作人员职位表》,西安市城改办招录城市规划专业科员职位一名,陕西省公务员局在本次招录工作中委托原西安市人事局对报考公务员的考生进行资格审查。原告张洋、第三人张竞均报名参加了由被告统一组织的本次招录考试。原告张洋 2008 年 7 月毕业于西安建筑科技大学,所学专业为城市规划与设计,研究生学历,硕士学位。第三人张竞 2006 年 7 月毕业于云南财贸学院,所学专业为资源环境与城乡规划管理,大学本科学历,其两人均通过报名资格审查。经过笔试和面试后,第三人张竞总成绩排名第一,原告张洋总成绩排名第二。又经过体检、政审、公示等程序,2009 年 10 月被告下发通知录用第三人张竞为西安市城中村(棚户区)改造办公室科员。同年 10 月 15 日西安市人事局向张竞发出了《西安市公务员录用通知书》。2009 年 12 月 15 日,原告张洋以第三人张竞不符合招录职位的专业资格条件、被告陕西省公务员局录用第三人张竞为西安市城改办科员的行政行为违法为由诉至法院。

另查明:用人单位第三人西安市城改办对其招录科员(城市规划)职位的要求为“具有城市规划类相关背景,熟悉规划、土地方面有关法规和政策,了解相应的工作程序和工作方法,有城市规划编制或管理工作经验最佳”。第三人张竞在校学习城市规划原理、房地产开发与经营、小区生态与园林等课程,并于 2009 年 9 月取得土木工程助理工程师的专业证书。在招录过程中,针对原告张洋的父母对第三人张竞专业资格所提出的异议,被告陕西省公务员局及陕西省人力资源和社会保障厅分别作了书面答复,均认为第三人张竞所学专业符合其报考职位要求。后原告不服一审判决,以(1)省公务员局对张竞报考资格条件直接进行审查,违反了《公务员录用规定(试行)》第十九条的规定,对张竞的资格审查应该由西安市城改办负责。(2)张竞所学专业为资源环境与城乡规划管理,按照教育部的规定,该专业属于理学当中地理科学类专业,而招录公告中要求的城市规划专业是工学中土建类专业,故张竞所学专业不符合招录基本条件为由提起上诉,认为省公务员局录取张竞的具体行政行为不具有合法性,原审判决认定事实不清,适用法律错误,请求二审法院依法撤销原审判决,撤销省公务员局 2009 年录取张竞为西安市城改办科员的具体行政行为。

西安市新城区人民法院一审判决,驳回原告张洋的诉讼请求。原告张洋不服一审判决,提起上诉,陕西省西安市中级人民法院作出终审判决,驳回上诉,维持原判。公务员录用行为符合被诉具体行政行为的要件,属于司法审查的范畴,人民法院依法应予受理;招录机关有权对报考公务员的考生进行资格审查和复审;教育部规定的《普通高等学校本科专业目录》是针对全国普通高等学校面向全国高考设定的每个学校专业分类,该专业目录不能作为相关公务员招录工作的法定依据。

【资料 10.8】谢匡宇与辽宁省公务员局等因公务员录用审批行为上诉案

中共辽宁省委组织部、辽宁省人力资源和社会保障厅与被告辽宁省公务员局联合发布 2015 年辽宁省各级机关和参照公务员法管理单位考试录用公务员(工作人员)公告,共计划招录 7 997 人。其中鞍山市铁东区分局城区派出所民警职位拟录取六人,经过笔试,该岗位前十名成绩排名为:刘禹含、冯赓、李强、韩清沂、王圳、刘天骄、金洪杨、张家瑞、邢维涛及原告谢匡宇。笔试排名前九人中仅刘禹含、冯赓、王圳、金洪杨、邢维涛通过了考生资格审查或体能测试,张家瑞因资格审查时提交的教育部学历证书电子注册备案表中缺少本人照片,从而被确定为暂定合格人员。根据 1∶1.5 的面试比例,被告经研究决定递补笔试排名第十的原告及第十一名至第十三名考生。在辽宁省公安厅于 2015 年 6 月 19 日组织开展的递补考生的资格审查、体检、体能测试中,仅原告一人合格。故中共鞍山市委组织部、鞍山市人力资源和社会保障局及鞍山市公务员局于 2016 年 6 月 24 日联合发布一份进入面试人选名单为:刘禹含、冯赓、王圳、金洪杨、邢维涛、谢匡宇共六人。公示期限从 2015 年 6 月 24 日至 26 日,共三天。张家瑞于 2015 年 6 月 25 日提出异议并于 2015 年 6 月 26 日将带有本人照片的学历认证材料送交至辽宁省公安厅,经审核通过,被告将张家瑞确定为资格审查合格人员参加面试。同年 6 月 26 日,中共鞍山市委组织部、鞍山市人力资源和社会保障局、鞍山市公务员局再次发布一份包括张家瑞在内的七人面试名单,并最终确定面试人员。面试后,考生加权总成绩前六名为:刘禹含、冯赓、王圳、张家瑞、邢维涛、金洪杨,原告成绩排名第七。经过对排名前六人的体检与政审考察,第三名王圳在考察环节自动放弃,其余五人全部通过。中共鞍山市委组织部、鞍山市人力资源和社会保障局、鞍山市公务员局于 2015 年 9 月 17 日公示通过考察的五人名单为:刘禹含、冯赓、张家瑞、邢维涛、金洪杨。公示期满后,于同年 9 月 24 日公布上述录用人员名单并通知其办理录用手续。现原告不服,认为考生张家瑞的资格审查并未通过,被告对报考岗位的本次公务员录取行为有误,应继续录取原告,故起诉到法院。

原审法院认为被告被诉的公务员录用审批行为证据确凿,适用法律、法规正确,符合法定程序,原告的诉讼请求依法应当予以驳回。二审法院认为,根据《中华人民共和国公务员法》第二十二条、《公务员录用规定(试行)》第九条第一款(三)项规定,鞍山市人力资源和社会保障局并非本次公务员考核录用机关,故鞍山市人力资源和社会保障局并非本案适格主体,本案适格主体仅为辽宁省公务员局。本案审查的客体为辽宁省公务员局的录取行为是否合法。其中上诉人谢匡宇在录取过程中,笔试及面积成绩加权排名第七,因涉案岗位仅招六人,谢匡宇笔试面试成绩为最后一名,最终未能进入体检政审即下一个录取环节,故谢匡宇系由于录取名额已满,不能予以录取。关于上诉人提出另一考生张家瑞不符合录取条件的主张,由于无照片状态是教育部学历认证网客观因素导致,张家瑞本人不具有过错,故经核实后,认定其符合相关条件,遂将其加入公示名单。面试后,张家瑞成绩为第四名,笔试面试加权后最终排名第四,经体检、考察后均合格方被录取。故辽宁省公务员局上述录取程序并无不当,上诉人的主张不能成立,本院不予支持。综上,原审法院认定事实清楚,适用法律正确,驳回上诉,维持原判。

10.4.2 公共部门在人力资源“用、育”环节的法律风险防范

公共部门在依据《劳动合同法》进行人力资源管理时,主要涉及选拔进入(合同的签订),到培训开发(涉及服务期和保密等),到轮岗、晋升(合同的变更),再到合同续签或者离职(合同的终止、解除、续订)等环节。内容包括起草、制定和修改劳动合同本文;劳

动合同的文件档案管理;签订、履行、变更、解除、终止、续订劳动合同的流程、操作管理;集体谈判与集体合同管理等。本章后续阐述的薪酬规定以及离职阶段的法律风险防范主要是指公共部门在依据《劳动合同法》进行人力资源管理时应遵守的规定和注意防范的法律风险。

公共部门奖惩权力来源于法律、法规的规定,例如《公务员法》规定了处罚措施的种类,必须严格按照员工奖惩管理、员工申诉及劳动争议管理的相关规定执行。规章制度包括劳动合同管理、工资支付、福利待遇、工时休假、职工奖惩以及其他劳动管理制度等。

【资料 10.9】冯缤状告孝感市中级人民法院后被免职

冯缤和妻子胡敏同在孝感市中级人民法院工作,冯缤是一名助理审判员,胡敏是一名后勤人员。2008 年,孝感市中级人民法院以清退"临时人员"为名,要求胡敏和一家劳务派遣公司签合同。胡敏认为,自己在孝感市中级人民法院工作了 10 年,按新施行的《劳动合同法》,法院应当和她签订无固定期限劳动合同,而不是两年一签的劳务派遣合同。法院方面没有理会胡敏的要求,直接停掉了她的工作。冯缤认为,法院违反了《劳动合同法》,遂亲自代理妻子的案件,将自己的工作单位孝感中院告上法院。案件一审虽然认可胡敏与孝感中院 10 年的事实劳动合同关系,但没有判决孝感中院和胡敏签订无固定期限劳动合同,只是要求孝感中院补齐胡敏 10 年的社会保险金。案件二审维持原判,另行判决孝感中院补偿胡敏 6 000 元。冯缤不服判决,2009 年 10 月又向湖北省高级人民法院提出申诉,要求启动再审程序。同年 7 月 8 日,经孝感市中级人民法院第 17 次审判委员会研究决定,免去冯缤职务。

通过民主程序制定绩效管理制度,把"不能胜任工作"与绩效考核结果"不及格"关联起来或等同。绩效目标的确定及变更应该协商一致、书面记载。考核双方共同讨论目标计划,确定目标实现的衡量标准,注意搜集信息进行绩效评估以及评估过程中的沟通,形成绩效反馈的书面记录。根据绩效来进行晋级或降级,必须将绩效评估存档,否则将会产生法律问题。

薪酬设计和管理解决外部公平性和内部公平性的薪酬合理问题,薪酬合法问题涉及薪酬符合相关劳动法律法规的问题。人力资源管理中的薪酬、工资等概念与劳动法中的劳动报酬、工资的含义是不同的,目前只有理论界对于薪酬概念的界定,相关的劳动法律中没有对工资和劳动报酬进行定义,《关于工资总额组成的规定》(1989 年国务院批准、国家统计局发布)和《〈贯彻执行劳动法若干问题的意见〉的通知》(劳动部 309 号文)列举了工资的构成,也排除了一些不在工资范围内的项目。我国劳动法律法规以及各种规范性文件中都有关于工资、报酬的各种规定。例如,用人单位在招聘录用中告知劳动报酬;劳动合同的必备条款必须包括劳动报酬;当地最低工资标准;加班费支付、病假等特殊情形的工资支付;未休的年假兑换和社会保险缴费基数都与工资数额有关。劳动法语境下的劳动报酬与人力资源管理语境下的薪酬同义,劳动法语境下的工资含义更广,包括人力资源管理语境下的工资和奖金,劳动法语境下的回报和人力资源管理语境下的福利含义接近。薪酬管理体系各个构成部分一方面要与人力资源管理的理念相结合,发挥薪酬激励功能;另一方面又要与劳动法律法规以及相关政策文件相结合,发挥薪酬约束功能。

目前,组织在薪酬管理方面遇到的最大挑战是如何把薪酬管理与组织战略结合起来考虑,使其适应组织的内在需求、战略要求和组织文化。《劳动合同法》第十八条规定,劳动报酬的种类、金额、支付方式、支付时间以及拖欠劳动报酬的法律后果等在劳动合同中予以明确,劳动合同约定的应该是标准工资,而不包括加班工资、效益工资、奖金等。劳动条件的标准必须按照国家安全、卫生法规的标准。劳动合同应明确约定劳动合同期限、工作内容、工作地点、社会保险等事项,双方协商一致可以变更合同内容,劳动报酬与劳动条件约定不明确引发争议可以采用书面形式协商重新明确,协商不成的,适用集体合同中约定的标准,并且集体合同中劳动条件和劳动报酬的标准不得低于当地人民政府规定的最低标准。没有集体合同或集体合同未规定劳动报酬的情况,实行同工同酬。第二十条规定,试用期工资不得低于本单位同岗位最低档工资或者劳动合同约定工资的百分之八十,并不得低于用人单位所在地的最低工资标准。最低工资的概念为实得收入,个人应缴纳的基本社会保险费和住房公积金,由单位另行支付。第八十五条规定,用人单位有下列情形之一的,由劳动行政部门责令限期支付劳动报酬、加班费或者经济补偿;劳动报酬低于当地最低工资标准的,应当支付其差额部分;逾期不支付的,责令用人单位按应付金额百分之五十以上百分之一百以下的标准向劳动者加付赔偿金:(一)未按照劳动合同的约定或者国家规定及时足额支付劳动者劳动报酬的;(二)低于当地最低工资标准支付劳动者工资的;(三)安排加班不支付加班费的;(四)解除或者终止劳动合同,未依照本法规定向劳动者支付经济补偿的。2004 年劳动部和社会保障部出台了《最低工资规定》。能力的衡量与薪酬标准紧密相关,薪酬制度和劳动合同中体现能力的衡量方式、标准、任职资格的分级、角色定义以及薪酬浮动的标准,通过民主程序确定,并保存相关记录。劳动合同的变更包括同一职位级别内的变动也包括不同职位级别间的变动,要采用协商一致书面记录的方式来进行。薪酬设计中应充分注意沟通以及相关记录的保留,在劳动合同的补充条款、薪酬制度、职位轮换制度中明确表达,以使其具备协商、合意的基础和证明。

10.4.3 公共部门在人力资源“出口”环节的法律风险防范

离职阶段是劳动争议高发时期,需要处理好以下几个问题:离职过程合法化,避免非法解除终止的法律风险;降低离职带来的负面影响;离职交接手续的办理;离职的法定情形(解除和终止)和法律责任;离职的流程和工作交接等。《劳动合同法》第三十七条规定劳动者解除劳动合同遵守解除预告期和书面形式通知用人单位两个要求。第五十条规定用人单位出具解除或者终止劳动合同的证明,1999 年《社会保险条例》规定这个证明是进行失业登记的必要要件。《劳动合同法》第八十九条还规定了用人单位不履行出具证明的法律责任,由劳动行政部门责令改正,给劳动者造成损失的,应当承担赔偿责任,并在十五日内为劳动者办理档案和社会保险关系转移手续。第八十四条规定,用人单位违反本法规定,扣押劳动者居民身份证等证件的由劳动行政部门责令限期退还劳动者本人,并依照有关法律规定给予处罚。用人单位违反本法规定,以担保或者其他名义向劳动者收取财物的，由劳动行政部门责令限期退还劳动者本人，并以每人五百元以上二千元以下的标准处以罚款；给劳动者造成损害的，应当承担赔偿责任。第五十条第二款规定劳动者按照约定办理工作交接，用人单位按照规定需要支付经济补偿的，在办结工作交接时交付。第八十五条规定了由劳动行政部门责令限期支付，逾期不支付的，按应付金额的百分之五十以上百分之百以下的标准加付赔偿金的法律责任。第五十条第三款规定解除或终止劳动合同的文本，用人单位保存至少两年以备查。

【资料 10.10】李某诉某国有公司不予办理档案转移手续案

2001 年 9 月李某进入某国有公司工作，双方签订了为期 10 年的劳动合同，合同中对岗位、工资、合同解除条件、违约金赔偿等均有明确约定。2010 年 11 月李某向公司提出辞职，三日后李某离开公司，从此双方劳动关系已经实际解除，但李某未办理档案的迁移手续，后来李某过来办理档案转移手续，因受到公司阻挠未迁移成功。事后进入诉讼阶段，公司以李某在合同期内辞职，未提前 30 日以书面形式通知公司，辞职后又不按合同内容交纳违约金，所以不予办理档案转移手续。该案的争议焦点是该公司能否以劳动者违约或拖欠违约金为由不为劳动者办理档案转移手续。根据劳动部、国家档案局在《企业职工档案管理工作规定》的规定：企业职工调动、辞职、解除劳动合同或被开除、辞退等，应由职工所在单位在一个月内将其档案转交其新的工作单位或其户口所在地的街道劳动（组织人事）部门。通过上述规定，用人单位无权以任何理由扣留已离职员工的档案。对于员工拒绝承担违约责任不辞而别，用人单位可以依据《劳动合同法》第五十条的规定维护自身权利。

离职提出实践当中，公共部门应该在员工入职上岗培训阶段就履行民主程序，告知离职的有关程序规定，由用人部门而不是人力资源部门主导来提出离职事项，应当注意明确解除或终止劳动合同的事由以及期限，采用《员工离职通知书》。在工作交接阶段应当进行离职面谈，填写《离职工作人员交接清册》《员工离职周转告知书》，日常建立严格的信息控制制度，加强日常商业秘密的保护，核心人员的脱秘期和竞业禁止管理。在薪资结算阶段，主要是合理支付工资报酬、经济补偿金、赔偿金等。同时，应当按照相关规定为员工办理档案转移以及出具离职证明手续等。

【资料 10.11】王某对单位的除名申请劳动争议仲裁

2007 年 3 月王某与某事业单位签订为期三年的劳动合同，试用期 3 个月，没有辞职流动等限制性约定。2008 年 3 月王某向单位负责人书面提出解除劳动合同，但是单位没有同意。2008 年 4 月，王某不辞而别。2008 年 5 月王某所在单位以未经单位同意，擅自离职并且连续旷工超过 15 日为由，对王某作出除名处理，解除与王某的劳动关系，并要求王某赔偿损失。王某对此不服，向劳动争议仲裁委员会提出仲裁申请。首先，对于王某此时辞职是否需要用人单位同意的问题。王某 3 个月的试用期已满，按照《劳动合同法》第三十七条的规定，王某应该提前 30 天以书面形式通知用人单位，才可以解除劳动合同。虽然在双方的劳动合同中没有写入辞职流程的限制性约定，但王某的辞职还是不符合程序，不是合理合法；其次，关于公司对王某作出除名决定，要求王某赔偿损失的做法是否合法的问题。依据《劳动合同法》第五十、九十条的规定，王某辞职后应当主动办理业务和财务交接。但是王某不辞而别,存在过错,并可能造成经济损失,因此,给予王某处罚显然是必要的。但是,公司对王某的除名处理超出了单位行为范围。《劳动合同法》实施条例第三十六、三十七条规定了对违反劳动合同行为的投诉、举报及争议解决适用《劳动保障监察条例》和《中华人民共和国劳动争议调解仲裁法》。在这种情况下,应该由单位依法向劳动监察和劳动仲裁部门提出,而单位自己的处罚行为显然是不合法的,即便是单位以违反单位纪律为由对其进行处理,也应与工会协商,以及报告单位的党委,以此方可给予王某必要的纪律处分。

【本章小结】

公共部门与私营部门在人力资源管理法治化层面具有很大的区别。本章从基本概念出发,围绕公共部门选人、用人、育人、留人的法治化而展开。重点探讨了对公务员管理的法治化,主要涉及招募甄选、职务任免、职务升降、交流回避、绩效考核、薪酬福利、培训开发、奖惩制度、申诉控告仲裁制度以及辞职、辞退、退休制度。介绍了事业单位人力资源管理法治化的内容。最后对于如何防范公共部门人力资源管理的入口、育留、出口环节的法律风险进行了探索,期望能够提升公共部门人力资源管理法治化的水平,避免法律纠纷。

【案例分析】

【案例 10.1】陈爱社诉泰州市人力资源和社会保障局公务员录用纠纷案

2010 年 3 月,被告泰州市人力资源和社会保障局及泰州市委组织部在泰州市人事编制网等网站,发布了《泰州市 2010 年度考试录用公务员简章》《泰州市 2010 年考试录用公务员工作政策解答》等。原告陈爱社报名参加考试,通过了笔试、面试、体检后,被告经考察,确认原告违反计划生育行为,考察不合格,决定不予录用。另查明,原告所在地泰兴市珊瑚镇计划生育办公室出具证明认定,2007 年 1 月 13 日,陈爱社与宋佳生一女;2007 年 2 月 16 日,两人登记结婚。2010 年 8 月 8 日,泰兴市人口和计划生育委员会出具婚育证明,确认陈爱社夫妇的生育行为系非婚生育,违反了《江苏省人口和计划条例》第二十一条规定。2010 年 12 月 22 日,陈爱社向法院提起行政诉讼,请求判决确认被告行为违法并予以录用,赔偿原告精神损失费 50 000 元及交通、住宿费 1 000 元。

江苏省泰州市海陵区人民法院一审认为:本案争议焦点是被告以原告存在违反计划生育行为属考察不合格为由,决定不予录用原告为公务员理由是否成立。首先,《泰州市 2010 年度考试录用公务员简章》规定,考试录用公务员需经过报名、考试、考察等程序;《泰州市 2010 年考试录用公务员工作政策解答》第十七条规定,报考人员违反国家计划生育政策视为考察不合格。原告对考察不合格情形是明知的。第二,《公务员法》第二十一条规定,录用公务员应当进行严格考察;《公务员录用规定(试行)》第二十六条规定,考察内容应包括遵纪守法等情况。第三,《人口与计划生育法》第十七条规定:“公民有生育的权利,也有依法实行计划生育的义务,夫妻双方在实行计划生育中负有共同的责任。”因此,公民的生育应遵守计划生育管理法律规定,实行计划生育属遵纪守法的范畴。第四,被告根据原告所在地人口和计划生育主管部门的认定,即泰兴市人口和计划生育委员会的婚育证明,原告陈爱社夫妇所生小孩系非婚生育,违反《江苏省人口与计划生育条例》第二十一条规定,确定原告考察不合格,决定不予录用并无不当,应予支持。第五,最高人民法院《关于适用〈中华人民共和国婚姻法〉若干问题的解释(一)》第四条规定:“男女双方根据婚姻法第八条规定补办结婚登记的,婚姻关系的效力从双方均符合婚姻法所规定的结婚的实质要件时起算。”并不排除夫妻双方的生育行为应符合计划生育管理的法律规定。原告认为其已补办结婚登记,因而婚姻关系的效力溯及至举办婚礼之时,主张其生育属婚内生育,与计划生育相关法律相悖,不予采信。综上,被告决定不予录用原告为公务员的行政行为事实清楚、证据充分、适用法律亦正确。原告要求确认被告决定行为违法理由不能成立,应予驳回。被告的行政行为合法,且原告要求赔偿损失无事实和法律依据,原告的赔偿诉求亦应一并予以驳回。宣判后,陈爱社向江苏省泰州市中级人民法院提起上诉。二审法院审理查明的事实与原审一致。另查明,2010 年 9 月 3 日泰州市人力资源和社会保障局在泰州市人事编制网发布泰州市 2010 年度考试录用公务员和参照管理单位工作人员拟录用人员公示,其中陈爱社不在录用人员范围内。二审判决驳回上诉,维持原判。

案例讨论:

1.法院的判决正确吗?

2.本案对公共部门人力资源管理的法治化有何启示?

【思考与练习】

1.公务员具有哪些权利和义务?

2.我国国家公务员体系中,交流调配管理的作用是什么?形式有哪些?每一种交流调配形式的对象、条件与限制各是什么?

3.公共部门职务任免的方式和程序是什么?

4.公共部门职务升降的条件是什么?

5.为什么要建立公职人员回避制度?回避的原则是什么?公共部门回避管理的类型和内容是什么?

6.公共部门人力资源的“出口”管理方式有哪些?

7.辞职、辞退、退休的含义与条件是什么?辞职与辞退有哪些区别?

8.公共部门人力资源管理的法律风险有哪些?如何防范?

附 录

法律、法规、规章和规范性文件：
《中华人民共和国宪法》
《中华人民共和国公务员法》
《中华人民共和国劳动法》
《中华人民共和国劳动合同法》
《党政领导干部选拔任用工作条例》
《公务员录用面试组织管理办法（试行）》
《新录用公务员试用期管理办法（试行）》
《关于进一步规范公务员招考年龄设置的通知》
《公务员考试录用违纪违规行为处理办法》
《公务员录用规定》
《公务员录用体检特殊标准（试行）》
《国家公务员通用能力标准框架（试行）》
《国家公务员行为规范》
《加强公务员职业道德建设的意见》
《行政执法类公务员管理规定（试行）》
《专业技术类公务员管理规定（试行）》
《聘任制公务员管理试点办法》
《新录用公务员任职定级规定》
《干部教育培训工作条例》
《公务员培训规定（试行）》
《公务员公开遴选办法》
《公务员调任规定（试行）》
《公务员职务任免与职务升降规定（试行）》
《公务员回避规定（试行）》
《公务员考核规定（试行）》
《人事部关于实施国家公务员考核制度有关问题的通知》

《关于深入开展公务员平时考核试点工作的通知》

《公务员工资制度改革实施办法》

《最低工资规定》

《关于公务员被采取强制措施和受行政刑事处罚工资待遇处理有关问题的通知》

《关于公务员受处分工资待遇处理有关问题的通知》

《公务员辞去公职规定(试行)》

《关于规范公务员辞去公职后从业行为的意见》

《公务员辞退规定(试行)》

《公务员奖励规定(试行)》

《行政机关公务员处分条例》

《关于公务员纪律惩戒有关问题的通知》

《关于解除国家公务员行政处分有关问题的通知》

《关于解除国家公务员行政处分有关问题的补充通知》

《公务员申诉规定(试行)》

2004 年公开选拔、竞争上岗等 5+1 法规性文件

2005 年诫勉谈话和函询、述职述廉两个法规文件

《国家中长期人才发展规划纲要(2010—2020 年)》

《2010—2020 年深化干部人事制度改革规划纲要》

《分类推进事业单位改革配套文件》

《事业单位人事管理条例》

《关于在事业单位试行人员聘用制度意见》

《〈事业单位岗位设置管理试行办法〉实施意见》(国人部发〔2006〕87 号)

《事业单位岗位设置管理试行办法》(国人部发〔2006〕70 号)

《事业单位公开招聘人员暂行规定》

《关于进一步规范事业单位公开招聘工作的通知》

《事业单位工作人员考核暂行规定》

《事业单位工作人员处分暂行规定》

《事业单位工作人员申诉规定》

《关于贯彻执行〈事业单位工作人员处分暂行规定〉若干问题的意见》

《关于人民法院审理事业单位人事争议案件若干问题的规定》

《机关事业单位基本养老保险关系和职业年金转移接续有关问题的通知》(人社部规〔2017〕1 号)

《机关事业单位基本养老保险关系和职业年金转移接续经办规程(暂行)》(人社厅发〔2017〕7 号)

《国务院批转人事部、国家计委、财政部一九八九年调整国家机关、事业单位工作人员工资实施方案的通知》(国发〔1989〕82 号)

《机关和事业单位工作人员工资制度改革问题的通知》(国发〔1993〕79 号)

《机关事业单位工资收入分配制度改革实施中有关问题的意见》(国人部发〔2007〕100号)

《事业单位试行人员聘用制度有关工资待遇等问题的处理意见(试行)》(国人部发〔2004〕63号)

《事业单位工作人员养老保险制度改革试点方案的通知》(国发〔2008〕10号)

《机关事业单位工作人员养老保险制度改革的决定》(国发〔2015〕2号)

《调整机关、事业单位工作人员工龄津贴标准的通知》(1991年12月31日)

《〈事业单位工作人员收入分配制度改革实施办法〉的通知》(国人部发〔2006〕59号)

《国务院关于机关、事业单位离退休人员增加离退休费的通知》(国发〔1995〕32号)

《机关事业单位职业年金办法》(国办发〔2015〕18号)

《职工带薪年休假条例》

《机关事业单位工作人员带薪年休假实施办法》人事部令(第9号)

《国务院关于职工工作时间的规定》

《国家机关、事业单位贯彻〈国务院关于职工工作时间的规定〉的实施办法》(人薪发〔1995〕32号)

《关于构建和谐劳动关系的意见》(2015年3月22日,中共中央、国务院发)

《劳务派遣暂行规定》2014年正式实施

《关于县以下机关建立公务员职务与职级并行制度的意见》

《事业单位聘用合同(范本)》

参考文献

[1] 孙柏瑛,祁凡骅.公共部门人力资源开发与管理[M].4 版.北京:中国人民大学出版社,2016.

[2] 康茵.公共部门人力资源管理[M].2 版.北京:对外经济贸易大学出版社,2013.

[3] 孙柏瑛.公共部门人力资源管理[M].2 版.北京:首都经济贸易大学出版社,2013.

[4] 孙柏瑛,祁凡骅.公共部门人力资源管理[M].北京:中国人民大学出版社,1999.

[5] 魏成龙.公共部门人力资源管理[M].北京:北京师范大学出版社,2008.

[6] 唐纳德·E.克林纳,约翰·纳尔班迪,贾里德·洛伦斯.公共部门人力资源管理:系统与战略[M].6 版.孙柏英,扬铭,译.北京:中国人民大学出版社,2013.

[7] 赵曼,陈全明.公共部门人力资源管理[M].2 版.北京:清华大学出版社,2010.

[8] 朱国云.公共组织理论[M].南京:南京大学出版社,2003.

[9] 陈春花,段淳林.中国行政组织文化[M].广州:华南理工大学出版社,2005.

[10] 尼古拉斯·亨利.公共行政与公共事务[M].8 版.张昕,等,译.北京:中国人民大学出版社,2002.

[11] 傅明贤.行政组织理论[M].北京:高等教育出版社,2004.

[12] 姚先国.公共部门人力资源管理[M].北京:科学出版社,2004.

[13] 陈庆.职位分析与岗位评价[M].2 版.北京:机械工业出版社,2011.

[14] 倪星,谢志平.公共部门人力资源管理[M].大连:东北财经大学出版社,2015.

[15] 王挺.人力资源规划[M].北京:中国电力出版社,2014.

[16] 赵永乐.人力资源规划[M].2 版.北京:电子工业出版社,2014.

[17] 赵曼.公共部门人力资源管理[M].武汉:华中科技大学出版社,2008.

[18] 李和中.公共部门人力资源学[M].武汉:武汉大学出版社,2008.

[19] 孙柏瑛,祁凡骅.公共部门人力资源开发与管理[M].北京:中国人民大学出版社,2004.

[20] 戴尔.员工招聘与选拔[M].李峥,韩颖,译.北京:中国轻工业出版社,2009.

[21] 边文霞.招聘管理与人才选拔:实务、案例、游戏[M].北京:首都经济贸易大学出版社,2012.

[22] Duane Davis. Business Research for Decision Making[M]. sixth edition. Belmont Calif:

Duxbury Press,2004.
[23] 方振邦,葛蕾蕾.政府绩效管理[M].北京:中国人民大学出版社,2012.
[24] 方振邦,冉景亮.绩效管理[M].2 版.北京:科学出版社,2016.
[25] 方振邦.公共部门人力资源管理[M].北京:中国人民大学出版社,2014.
[26] 方振邦,等.绩效管理——理论、方法与案例[M].北京:人民邮电出版社,2018.
[27] 方振邦,唐健.战略性绩效管理[M].5 版.北京:中国人民大学出版社,2018.
[28] 刘旭涛.政府绩效管理:制度、战略与方法[M].北京:机械工业出版社,2003.
[29] 彭剑锋.人力资源管理概论[M].2 版.上海:复旦大学出版社,2011.
[30] 赵曙明,周路路,罗伯特·马希斯,等.人力资源管理[M].13 版.北京:电子工业出版社,2012.
[31] 郑晓明.人力资源管理导论[M].3 版.北京:机械工业出版社,2011.
[32] 姜定维,蔡巍.KPI,“关键绩效”指引成功[M].北京:北京大学出版社,2004.
[33] 滕玉成,于萍.公共部门人力资源管理[M].3 版.北京:中国人民大学出版社,2012.
[34] 萧鸣政.工作分析的方法与技术[M].4 版.北京:中国人民大学出版社,2014.
[35] 刘昕.薪酬管理[M].3 版.北京:机械工业出版社,2011.
[36] 魏秀丽.员工管理实务[M].北京:机械工业出版社,2008.
[37] 翟继满,等.劳动合同法再入门:人力资源管理挑战·误区·对策[M].北京:中国法制出版社,2008.
[38] 北大法宝网的案例库。
[39] 赵曼.公共部门人力资源管理[M].北京:清华大学出版社,2005.
[40] 唐纳德·E.克林纳,约翰·E.纳尔班迪.公共部门人力资源管理:系统与战略[M].北京:中国人民大学出版社,2005.
[41] 伍贺兴,张顺昌.中国组织人事报,2017-07-21.
[42] 孙柏瑛,祁凡骅.公共部门人力资源开发和管理[M].3 版.北京:中国人民大学出版社,2012.
[43] 孙柏瑛.公共部门人力资源开发与管理[M].3 版.北京:中国人民大学出版社,2014.
[44] 倪星.公共部门人力资源管理[M].大连:东北财经大学出版社,2008.
[45] 欧阳君君,马岩.论公共部门人力资源管理的特点及发展趋势[J].中国集体经济,2008(3):106-107.
[46] 董克用.公共组织人力资源管理及其特点[J].中国人力资源开发,2004(9):4-7.
[47] 潘友亮,赵江丰. 浅析我国公共组织管理中的人员激励问题[J].经营管理者,2011(7):153.
[48] 王瑜,伍志廷. 浅议公共部门人力资源管理中职位分析的重要性[J]. 消费导刊,2008(2):83.
[49] 赵柯. 工作分析在公共职位分类管理的应用研究[D].上海:复旦大学, 2013.
[50] 王瑜. 职位分析在公共部门人力资源管理中的运用研究[D].贵阳:贵州大学, 2009.
[51] 刘务勇. 从政府人事管理到政府人力资源管理[J]. 天水行政学院学报, 2010(2):

57-60.

[52] 张文君. 我国政府初级公务员管理中的胜任力模型研究[D].北京:首都经济贸易大学, 2010.

[53] 李人杰. 论我国政府部门人力资源管理制度的完善与创新[D].长沙:湖南大学,2006.

[54] 宇长春. 基层政府组织职位分析若干问题探析[J]. 中国人力资源开发, 2006(2): 79-82.

[55] 高景洲. 把工作分析引入政府机构人力资源管理[J]. 学术交流, 2007(2):45-46.

[56] 高玉贵. 试论心理契约与公共部门人力资源管理[J]. 行政与法, 2015(3):17-25.

[57] 基层公务员的“忙”与“茫”.《瞭望》,2014(15):20-23.

[58] 魏江茹, 杨东涛, 王庆燕. 中国企业人力资源规划现状与剖析——基于战略导向的调查[J]. 生产力研究, 2007(19):120-121.

[59] 陈社育,余嘉元.行政职业能力倾向测验效度的研究报告[J]. 心理科学,2002,25(3):325-327.

[60] 张桥, 贺先志. 我国公务员考试录用制度存在的问题及对策[J]. 中国考试, 2012(10):45-49.

[61] 李英武, 于宙, 彭坤霞丽,等. 公务员面试测量了什么? 我国公务员面试的构想效度[J]. 心理学探新, 2016,36(5):472-480.

[62] 孙晓敏, 张厚粲. 国家公务员结构化面试中评委偏差的 IRT 分析[J]. 心理学报, 2006,38(4):614-625.

[63] 刘慧, 刘小刚. 将无领导小组讨论引入公务员面试环节[J]. 管理观察, 2008(Z1): 314-315.

[64] 王丽娜, 郭忠良, 车宏生,等. 行政职业能力倾向测验:历史、现状与未来研究[J]. 心理学探新, 2012, 32(3):240-245.

[65] 卓越.以公共部门绩效评估为基点的评估类型比较[J].湘潭大学学报:哲学社会科学版,2005(3):25-28.

[66] 周晓玮.我国公务员测评的困境和原因初探[J].理论探讨,2003(3):22-23.

[67] 唐纳德 · E.克林纳,约翰 · 纳尔班迪.公共部门人力资源管理:系统与战略[M].4版.孙柏瑛,等,译.北京:中国人民大学出版社,2001.

[68] 中国人民大学公共管理学院.公共部门人力资源管理与社会保障案例 [M].北京:中国人民大学出版社,2010.

[69] 张定安.平衡计分卡与公共部门绩效管理[J].中国行政管理,2004(6):69-74.

[70] 颜海娜,鄞益奋.平衡计分卡在美国公共部门的应用及启示[J].中国行政管理,2014(8):120.

[71] 孙柏瑛,祁凡骅.公共部门人力资源管理[M].4 版.北京:中国人民大学出版社,2013.

[72] 李志,唐波.三位一体的绩效考评[J].企业管理,2009(12):72.

[73] 吴春波,于强,曹仰峰.关键事件法在公共组织绩效管理中的应用——以台湾省宜兰

县为例[J]//中国人民大学公共管理学院.公共部门人力资源管理与社会保障案例.北京:中国人民大学出版社,2010.
[74] 方振邦,侯纯辉,陈曦.美国联邦政府高级公务员绩效考核体系及借鉴[J].国家行政学院学报,2016(2):128-132.
[75] 晓山.发挥干部考核指挥棒作用.中国组织人事报[N].2017-08-02.
[76] 刘昕,董克用. 公务员工资水平调查比较制度:我国政府的困境与对策[J]. 公共管理学报, 2016, 13(1):44-45.
[77] 西奥多·舒尔茨 .论人力资本投资[M].北京:北京经济学院出版社 ,1990.
[78] 陈振明.从国外的经验看我国对教育及其课程的设置[J].学位与研究生教育,1999(3):75.
[79] 马秀玲.我国公务员培训模式的发展与展望[J].政策分析,2003(7):67-68.
[80] 段华洽.公共部门人员培训方案设计[J].管理观察,2008(8):30-31.
[81] 曹华.基于成人学习特点的有效培训[J].中国质量,2012(8):19-21.
[82] 石俊.培训效果如何评估[J].学习与培训,2001(11):102-104.
[83] 吴金钟.干部培训须高举学风教育"杀威棒".红网,2017-07-20.
[84] 段华洽,苏立宁.论公共部门人力资源管理与企业人力资源管理的区别与互动[J].中国行政管理,2006(6):65-68.
[85] 胡玲莉.对何耘韬执行市政府违法命令案件的反思——兼谈对《公务员法》第 54 条的理解[J].湖北经济学院学报:人文社会科学版,2011(9):89-90.
[86] 王彬,赵绘宇.前科制度与就业歧视——对我国《公务员法》第 24 条第 1 项的学理反思[J].政治与法律,2009(8):98-106.
[87] 山西沁水县严守底线把好公务员招录关信息.中国组织人事报,2017-07-10.
[88] 新疆阿克苏市建"诚信档案"把好公务员录用关.中国组织人事报,2017-07-03.
[89] 甘肃定西"3472"工作法促公务员考录公平公正.中国组织人事报,2017-06-22.
[90] 邢传,毕争.在公共部门推行"末位淘汰制"的困境与对策[J].组织人事学研究,2003(1):63-64.
[91] 洪兆平.公务员劳动争议的预防与解决机制研究[J].南通大学学报:社会科学版,2016(6):131-135.
[92] 张洋.公务员法中公务员聘任制度研究[J].理论月刊,2009(12):116-118.
[93] 冯青淑.依法交流高效廉政——解读我国公务员法关于公务员交流制度的新规定[J].探索,2006(3):61-64.
[94] 萧鸣政,唐秀锋,金志峰.我国公务员职位分类与管理:30 年的改革实践与分析[J].中国行政管理,2016(9):8-9.
[95] 纪培荣,王立荷.对《公务员法》中"聘任制"规定的解读[J].政法论丛,2007(5):60-62.
[96] 杨金键.《公务员法》中人事争议仲裁制度之完善[J].行政论坛,2007(6):49-51.